贺海仁 **主** 编

黄金荣 **副主编**

横琴粤澳深度合作
法治问题研究

RESEARCH ON THE LEGAL ISSUES IN
GUANGDONG-MACAO
IN-DEPTH COOPERATION
IN HENGQIN

社会科学文献出版社
SOCIAL SCIENCES ACADEMIC PRESS (CHINA)

"粤港澳大湾区重大法治问题研究"课题组

课题负责人 ···

    贺海仁　中国社会科学院法学研究所研究员、博士生导师、博士后合作导师，中国社会科学院大学法学院教授，第三届北京市人民政府法律专家委员会委员、中国案例法学研究会常务理事、"粤港澳大湾区重大法治问题研究"课题组首席研究员

    黄金荣　中国社会科学院法学研究所研究员、硕士生导师，"粤港澳大湾区重大法治问题研究"课题组高级研究员

课题组成员 ···

    李广德　中国社会科学院法学研究所助理研究员

    王裔莹　中国发展改革报社研究员

  冯韩美皓　国际关系学院法学院讲师

    汪晓翔　中国社会科学院法学研究所博士后

    王　星　中国社会科学院法学研究所博士后

  袁乌日嘎　中国社会科学院法学研究所博士后

序

　　粤港澳大湾区是我国开放程度最高、经济活力最强的区域之一，在国家发展大局中具有重要战略地位。2019年2月18日，为全面贯彻党的十九大精神，全面准确贯彻"一国两制"方针，充分发挥粤港澳综合优势，深化内地与港澳合作，进一步提升粤港澳大湾区在国家经济发展和对外开放中的支撑引领作用，支持香港、澳门融入国家发展大局，增进香港、澳门同胞福祉，保持香港、澳门长期繁荣稳定，让港澳同胞同祖国人民共担民族复兴的历史责任、共享祖国繁荣富强的伟大荣光，中共中央、国务院发布了《粤港澳大湾区发展规划纲要》，就粤港澳大湾区建设的总体要求、空间布局、目标任务及规划实施保障等作出了具体部署。

　　为了推动《粤港澳大湾区发展规划纲要》的实施，中央决定在珠海横琴建立粤澳深度合作区。横琴地处珠海的南端，与澳门仅有一水一桥之隔，两者间所具有的地理亲缘性、发展互补性、文化通融性等特征，使得横琴具有粤澳合作的得天独厚优势。习近平总书记强调，新形势下做好横琴粤澳深度合作区开发开放，是深入实施《粤港澳大湾区发展规划纲要》的重点举措，是丰富"一国两制"实践的重大部署，是为澳门长远发展注入的重要动力，有利于推动澳门长期繁荣稳定和融入国家发展大局。2021年9月，为全面贯彻落实习近平总书记关于粤澳合作开发横琴的重要指示精神，支持横琴粤澳深度合作区发展，中共中央、国务院制定了《横琴粤澳深度合作区建设总体方案》。该《方案》明确提出横琴粤澳深度合作区的四大战略定位，即"促进澳门经济适度多元发展的新平台""便利澳门居民生活就业的新空间""丰富'一国两制'实践的新示范""推动粤港澳大湾区建设的新高地"。由此可见横琴粤澳深度合作区对粤港澳大湾区所具有的重要地位。

《粤港澳大湾区发展规划纲要》、《横琴粤澳深度合作区建设总体方案》以及其他相关中央文件的出台，掀开了粤港澳大湾区发展史上新的一页。当今时代，任何国家和地区的发展都离不开法律制度的保障，都与该国、该地区的法治建设水平息息相关。有鉴于此，《粤港澳大湾区发展规划纲要》明确把"一国两制"和依法办事作为必须坚持的基本原则之一，要求把坚持"一国"原则和尊重"两制"差异有机结合起来，坚守"一国"之本，善用"两制"之利，把维护中央的全面管治权和保障特别行政区的高度自治权有机结合起来，尊崇法治，严格依照宪法和基本法办事。《横琴粤澳深度合作区建设总体方案》更是在其"保障措施"部分明确提出一系列"强化法治保障"的具体要求：充分发挥"一国两制"制度优势，在遵循宪法和澳门特别行政区基本法前提下，逐步构建民商事规则衔接澳门、接轨国际的制度体系；研究制定横琴合作区条例，为横琴合作区长远发展提供制度保障；用足用好珠海经济特区立法权，允许珠海立足合作区改革创新实践需要，根据授权对法律、行政法规、地方性法规作变通规定；加强粤澳司法交流协作，建立完善国际商事审判、仲裁、调解等多元化商事纠纷解决机制；研究强化拓展横琴新区法院职能和作用，为合作区建设提供高效便捷的司法服务和保障。从某种意义上说，这些要求能否得到切实的实施决定了横琴粤澳深度合作区乃至整个粤港澳大湾区发展的质量和成效。

建设粤港澳大湾区，既是新时代推动形成全面开放新格局的新尝试，也是推动"一国两制"事业发展的新实践。无论是粤港澳大湾区的发展，还是横琴粤澳深度合作区的建设，都是国家的大战略。对国家法治建设中战略性、全局性问题进行研究是中国社会科学院法学所职责所在，粤港澳大湾区建设和横琴粤澳深度合作区建设中的法治问题理所当然成为我所研究的重点领域。从 2019 年起，我所便联合珠海市人大常委会、原横琴管委会等机构发起成立了珠海经济特区法治协同创新中心，对大湾区尤其是横琴粤澳深度合作区的法治问题开展了系列研究，为国家关于粤港澳大湾区建设的进一步决策发挥思想库的作用。

我所法理研究室主任贺海仁研究员早年曾在珠海工作多年，他对粤港澳大湾区的发展特别是横琴粤奥深度合作区的建设别有情怀，在中央的有关决策出台后即力促建立法治协同创新中心；在法治协同创新中心建立之后，又力主其事。他主编的《横琴粤澳深度合作法治问题研究》一书，坚持以习近平法治思想为指导，以横琴粤澳深度合作区的体制机制建设及其运转为背景，直面横琴粤澳深度合作的法治难题，抓住共商共建共管共享新体制建设这个"牛鼻子"，对合作区法治建设的基础性问题作出了较为深入的法理诠释。在内容上主要包括与横琴粤澳深度合作区有关法律制度的历史研究、重要的政策关键词解读、合作区条例的制定、合作区管理机构的设置、合作区内法律的适用、特区立法变通权行使、合作区司法建设以及网络趋同等关键性主题，涵盖了《总体方案》中法治保障的整体要求。总的感觉，该书指导思想明确，问题导向突出，内容丰富，论述详备，对横琴粤澳深度合作区乃至整个粤港澳大湾区的法治建设都具有一定的参考价值。

由于涉及"一国两制"，并且内地与港澳之间存在制度差异，对包括横琴粤澳深度合作区法治保障在内的粤港澳大湾区法治问题进行系统研究，是一项意义重大而又富有挑战的工作。本书的出版只是此项研究工作的开端之作，希望能起到抛砖引玉的作用，期待更多的法学专家能参与其中，共同为粤港澳大湾区法治建设提供有力的智力支持！

中国社会科学院法学研究所、国际法研究所联合党委书记

陈国平

2022 年 8 月 7 日

目　录

绪　论

建设粤港澳大湾区（以下简称"大湾区"），是以习近平同志为核心的党中央所作出的重大决策。2021 年 9 月 5 日，中共中央、国务院发布《横琴粤澳深度合作区建设总体方案》（以下简称《总体方案》）。开发横琴粤澳深度合作区是新时代推进全面改革开放的重大国家战略。作为马克思主义中国化的最新理论成果，我们必须把习近平法治思想贯彻到横琴粤澳深度合作区开发开放全过程中，不断丰富新时代"一国两制"的伟大实践，从而为澳门长远发展注入强大动力，持续推动澳门长期繁荣稳定，促进融入国家发展大局。

一　全面加强党对横琴粤澳深度合作区的领导

国家实施全面依法治国战略，坚持走中国特色社会主义法治道路，统筹推进国内法治和涉外法治。党的领导是新时代治国理政之魂，推进国家治理体系和治理能力现代化的法治战略必须坚持党的领导。从法理角度看，党对全面依法治国的领导是全国各族人民行动和全国各项事业发展的元规矩。元规矩是规矩的规矩，是基本规则和根本法则。《总体方案》深刻体现了党对横琴粤澳深度合作区建设所具有的领导地位。

一是全面贯彻落实习近平总书记关于粤澳合作开发横琴的重要指示精神。习近平总书记先后四次视察横琴，多次就粤澳合作开发横琴事项发表重要讲话。习近平总书记关于粤澳合作开发的核心指示主要包括以下几个方面：一是横琴新区建设初心论；二是粤澳合作天然优势论；三是做好珠澳合作开发横琴这篇文章论；四是横琴粤澳深度合作区建设加快论；五是横琴粤澳深度合作区建设规则衔接论。"初心论""优势论""文章论""加快论""衔接论"这五个方面共同形成了横琴粤澳深度合作区的基本理论内涵，为研究制定合作区条例和建立健全横琴法治体系提供了理论基础和指导方向。

二是旗帜鲜明地加强党的领导在合作区所具有的政治保障功能。《总体方案》规定了党的建设对合作区所具有的重大意义以及建设的具体方法和步骤，并确立了有关党对合作区领导的"三个明确"。其一是在指导思想上，以习近平新时代中国特色社会主义思想为指引，全面贯彻中国共产党第十九次全国人民代表大会与第十九届中央委员会第二次至第五次全体会议精神，明确党的领导是丰富新时代"一国两制"实践的重要内涵。其二是把党的领导贯穿于合作区开发建设的全过程之中，在合作区毫不动摇地坚持和加强党的全面领导，增强"四个意识"，坚定"四个自信"，做到"两个维护"，使党的领导成为合作区开发建设的核心力量。其三是适应合作区开发建设新模式和对外开放新要求，明确要求对国际化环境中党的建设工作积极创新，把党的政治优势、组织优势充分转化为合作区全面深化改革和扩大开放的坚强保障。

三是高效赋权粤港澳大湾区建设领导小组，以强化中央对合作区的组织领导。粤港澳大湾区建设领导小组是研究解决大湾区建设过程中所出现的政策实施、项目安排、体制机制创新、平台建设等重大问题的中央组织机构。加强党对合作区的领导，其中一个重要方面是加强中央对合作区的指导和规划作用，正确处理中央事权与合作区地方事权二者的关系。在《粤港澳大湾区发展规划纲要》（以下简称《规划纲要》）的基础上，《总体方案》对粤港澳大湾区建设领导小组作出了新的赋权规定。一是在粤港澳大湾区建设领导小组领导下，粤澳双方联合组建合作区管理委员会，在职权范围内统筹决定合作区的重大规划、重大政策、重大项目和重要人事任免。二是对在合作区内享受优惠政策的高端人才和紧缺人才实行清单管理，具体管理办法由粤澳双方研究后提出，并提请粤港澳大湾区建设领导小组审定。三是在粤港澳大湾区建设领导小组领导下，粤澳双方加快构建开放共享、运行有效的制度体系和管理机制，高标准、高质量地推进合作区建设。四是粤港澳大湾区建设领导小组办公室会同有关部门，加强统筹协调，及时研究解决合作区建设中所遇到的突出困难和重点问题，重大事项按程序向党中央、国务院请示报告。

四是强化党的建设在合作区所具有的机构保障功能。把党的政治建设摆在首位，明确落实新时代党的建设总要求，使其成为广东省委所需履行的重要属地管辖职责。《总体方案》规定了合作区的属地管理原则，同时明确广东省委在横琴设立的工委与广东省人民政府设立的横琴办联署办公，共同对党的领导、国家安全、刑事司法和社会治安等关涉政治安全、意识形态安全和刑事司法等的重大公法行为履行属地管理职责。广东省委在合作区履行属地管理职责为丰富新时代"一国两制"内涵确立了体制机制方案，为合作区探索在党的领导下建立"共商共建共管共享"的共治模式提供制度保障。

二　用好合作区这个不同规则和机制交错共存的区域，积极探索两地规则衔接和机制对接

《粤港澳大湾区发展规划纲要》明确指出，用法治化、市场化方式来协调解决大湾区合作发展中出现的问题。大湾区法律规则衔接和机制对接是

构建粤港澳大湾区法律规范体系的重要内容。

第一，习近平总书记高度重视大湾区规则衔接、机制对接作用并作出了一系列重要指示。习近平总书记在深圳经济特区建立 40 周年庆祝大会上发表讲话时指出："要抓住粤港澳大湾区建设的重大历史机遇，推动三地经济运行的规则衔接、机制对接，加快粤港澳大湾区城际铁路建设，促进人员、货物等各类要素高效便捷流动，不断提升市场一体化水平。"① 2021 年 4 月，习近平总书记主持召开中央政治局常委会会议，审议《总体方案》。在这次会议上，习近平总书记作出重要指示：要用好合作区这个不同规则和机制交错共存的区域，积极探索两地规则衔接和机制对接，为粤港澳大湾区市场一体化探索经验。②《总体方案》从不同方面体现和反映了习近平总书记对规则衔接、机制对接的重要论述：一是从民商事规则角度，建立衔接澳门、接轨国际的民商事制度体系；二是从丰富"一国两制"实践新示范的角度，推进规则衔接、机制对接；三是要在澳门回归祖国 30 周年时，从琴澳一体化发展的角度，确立合作区与澳门经济高度协同、规则深度衔接的制度体系。

第二，规则衔接、机制对接是促进大湾区创新要素高效便捷流动、推进大湾区市场一体化的基础条件，也是当前社会各界反映的最为迫切的先导性问题。规则衔接、机制对接是大湾区法律适用问题之一。根据宪法性法律的规定，大湾区内地九市的法律适用问题与大湾区香港、澳门的法律适用问题是两个不同的问题，前者是内地的法律适用问题，故而遵循内地法律适用的原则、程序和规定，后者是香港、澳门的法律适用问题，故而遵循宪法和香港、澳门基本法的原则、程序和规定。粤港澳大湾区规则衔

---

① 习近平：《在深圳经济特区建立 40 周年庆祝大会上的讲话》，《人民日报》2020 年 10 月 14 日，第 2 版。

② 参见徐金鹏等《做好粤澳合作开发横琴这篇大文章——以习近平同志为核心的党中央关心横琴粤澳深度合作区建设纪实》，《人民日报》2021 年 9 月 11 日，第 1 版。

接、机制对接并不是指香港、澳门的法律规则在内地直接适用，也不是说内地的法律规则在香港、澳门直接适用。大湾区法律规则的适用要满足不同规则共存的特征。规则共存的机理在于相互尊重不同规则的存在，就同一规则的调整对象分别或共同发挥规则效力。因此，如果说满足规则共存的方法是构建规则衔接机制，而规则衔接之道无他，其诀窍在于达成承认或认可的技术。当人们掌握了规则衔接的认可技术，在很大程度上也就掌握了规则衔接的方法。

第三，在尊重内地与港澳三地法域、法系相对独立的前提下，在尊重大湾区规则衔接务必由中央授权的前提下，确立认可型法律适用。这主要体现在以下三个方面：一是内地与港澳通过签订政府间协议，如司法互助协议、执法协议等，从而使他法域的法律在本法域获得法的效力；二是间接地承认他法域的法律在本法域的效力，如果两个以上立法性主体通过签订立法性协议对同一法律调整对象设定了相同的权利和义务，那么这种法律的效力虽未超出本法域，实则产生了域外效果；三是通过签订立法性协议使不同法域的立法者对同一主体实施授权行为，从而使该授权主体享有某种法定权力和法定职责。

第四，在合作区积极寻求两种制度规则的"最大公约数"。新时代的"一国两制"实践意味着从具体法治向协同法治转化。如果说具体法治强调不同法域法律规则的差异和特殊性，协同法治则强调不同法域法律规则的相同、协同、普遍性、共性、包容乃至一致。在区域合作发展和全球化一体化背景下，从具体法治走向协同法治体现了粤港澳大湾区规则衔接的基本精神。作为朝向深度合作而不是一般合作的新体制机制，在合作区内实施规则衔接、机制对接，不在于使不同法律规则"车同轨"，而是要通过一种有效的衔接、对接或接轨技术生成一种共存的规则体系，使不同法域的规则协同共振，从而推动新时代和全球化背景下的良法共治局面形成。

三　打造具有中国特色、体现"两制"优势的深度合作示范区

2018 年 11 月 12 日，习近平总书记在会见香港、澳门各界庆祝国家改革开放 40 周年访问团时指出："建设好大湾区，关键在创新。……大湾区是在一个国家、两种制度、三个关税区、三种货币的条件下建设的，国际上没有先例，要大胆闯，大胆开出一条新路来。"① 从有利于保障香港、澳门繁荣稳定的角度看，"一国两制"的变和不变都是相对的。邓小平指出："变也并不都是坏事，有的变是好事，问题是变什么？……把香港引导到更健康的方面不也是变吗？向这样的方面发展变化，香港人是会欢迎的，香港人自己也会要求变，这是确定无疑的，我们也在变。"② 习近平总书记指出："'一国两制'的制度体系也要在实践中不断加以完善。"③ 邓小平关于"我们也在变"的唯物辩证法原则和习近平总书记关于"大湾区建设大胆开出一条新路"的重要指示，确立了粤港澳大湾区建设发展进程中需要始终遵循创新发展的新发展道路的指导思想。

一是积极探索"两制"优势的制度转化。《总体方案》明确提出要将合作区打造成为具有中国特色、彰显"两制"优势的区域开发示范区，加快

---

① 习近平：《会见香港澳门各界庆祝国家改革开放 40 周年访问团时的讲话》，《人民日报》2018 年 11 月 13 日，第 2 版。
② 《邓小平文选》（第三卷），人民出版社，1993，第 73 页。
③ 习近平：《在庆祝澳门回归祖国二十周年大会暨澳门特别行政区第五届政府就职典礼上的讲话》，《人民日报》2019 年 12 月 21 日，第 2 版。

实现同澳门的一体化发展。中国特色与彰显"两制"优势二者之间是辩证统一的关系。中国特色社会主义的一个重要方面是实行"一国两制",彰显"两制"优势是中国特色社会主义实践的逻辑结果。"两制"优势是指中国内地社会主义制度与香港、澳门资本主义制度之间优势的结合和相互补充,是中华民族对人类政治文明和政治制度所作出的的突出贡献。习近平总书记指出:"在新时代国家改革开放进程中,香港、澳门仍然具有特殊地位和独特优势,仍然可以发挥不可替代的作用。"① 中国内地社会主义制度与香港、澳门资本主义制度都是中国特色社会主义制度的组成部分。只讲一方面而淡化、忽略另一方面,或者把二者割裂开来、对立起来,都是不完整、不准确的,这既不符合"一国两制"方针,不符合宪法和基本法,也不符合香港、澳门回归后的实际情况。

二是巩固基础设施硬联通,强化规则衔接、机制对接软联通。横琴规则衔接机制主要分为以下几个层次或方面:一是建立与澳门衔接、同国际接轨的市场准入监管标准和规范制度;二是在建筑工程、医疗、教育、法律、仲裁、会计、旅游等领域实现对港澳职业资格的认可或便利安排;三是基于琴澳一体化发展目标,就公共服务和社会保障体系与澳门实现有序衔接;四是打通与澳门民商事衔接、同国际惯例接轨的通道,构建衔接澳门、接轨国际的横琴民商事法治体系。

三是基于横琴粤澳深度合作区这一粤港澳大湾区建设的重要平台,确立深度合作的共治模式。《总体方案》从指导思想、合作区范围、发展目标和体制机制等方面提出了"共商共建共管共享"的治理模式。《总体方案》中共有四处提到了"共商共建共管共享"的"四共"原则。一是在指导思

---

① 习近平:《会见香港澳门各界庆祝国家改革开放40周年访问团时的讲话》,《人民日报》2018年11月13日,第2版。

想部分中提到"不断健全粤澳共商共建共管共享的新体制，支持澳门更好融入国家发展大局，为澳门'一国两制'实践行稳致远注入新动能"。二是在合作区范围部分中提到"粤澳双方共商共建共管共享区域采用电子围网监管和目录清单方式"，明确了"共商共建共管共享"区域的概念。三是在发展目标部分中提出，到 2024 年澳门回归祖国 25 周年时，粤澳"共商共建共管共享"体制机制运行顺畅。四是在《总体方案》第五部分的标题中，直接使用了"健全粤澳共商共建共管共享新体制"。制度创新、法治协同和制度合作是落实和贯彻习近平法治思想的重大举措和必要路径。通过落实"四共"原则并推动其法治化，率先在大湾区实现国家治理体系和治理能力现代化，最终建成国际一流的法治湾区和世界级的法治城市群。

四是用足用好澳门自由港和珠海经济特区的双重有利因素，构建粤港澳大湾区建设的新高地。《总体方案》提出了在横琴开展制度创新的新方法、新方案。其一，用足用好澳门自由港的有利因素。自由港是国际最高的开放形态，它以制度性开放为标志，适应了全球零关税、零补贴、零壁垒的大趋势。通过对标国际自由港的一般规则和制度，坚持以零关税、低税率、简税制为主要特征，构建自由港要素向合作区延伸和实施的具体办法、体制和机制。其二，用足用好珠海经济特区的有利因素，进一步加大对外开放力度。不忘经济特区初心，牢记经济特区使命，敢闯敢试、敢为人先地为大湾区建设和全国示范探路。横琴作为经济特区中的特区，自然承担着建设深度合作区的国家使命，这就需要充分利用好澳门自由港、独立关税区的优势，积极探索一种不同于一般国家级功能区的新发展模式。其三，用足用好特区立法变通权，运用立法手段将澳门自由港有利因素纳入横琴法治规则体系之中，使在合作区延伸适用的澳门自由港政策惯例或行为模式充分法治化。

四　本书的主题、结构及基础概念

"大湾之事，须有大湾之学。"本书以习近平法治思想为引领，以共治理论为基础，以问题为导向，紧紧围绕《总体方案》所提出的四项战略定位和发展目标，对合作区性质、管理机构法律地位、横琴法律适用、创新特区立法变通权、合作区条例、合作区司法建设、合作区网络法治等基础性问题作出法理解释。

本书在结构上分为十章，主要包括制度史视域下的横琴地位（第一章），以考察国家盛衰与地方治理之间的内在关联。《总体方案》创造和诠释了大湾区法治建设所急需必备的制度关键词，丰富了新时代中国特色社会主义法治话语体系（第二章）。通过与行政区域和国家功能区开展比较研究，揭示合作区所具有的法定共治区域的法律地位，并赋予合作区管委会及其执委会、广东省人民政府驻横琴办公室等机构共治机构的属性（第三章）。基于制定合作区条例这一基础规范的立法需求，探讨合作区基本制度的生成和保障机制，在合作区积极探索"一国两制"下协同立法的可能性（第四章）。在合作区构建民商事规则衔接澳门、接轨国际的制度体系是横琴法律适用所需回答的先导问题，也是合作区法治建设所要着力解决的难题，而特区立法变通权在合作区的效力延伸及运用也同样面临机遇和挑战（第五、第六章）。合作区执行委员会及其内设机构职权的科学定位和划分是保障合作区依法治区的必要法律行为（第七章）。"共商共建共管共享"的共治实践在社会建设方面同样不可或缺。在大湾区逐渐发展成熟的联营律师事务所模式奠定了大湾区法律服务公共机制成长的基础，为在大湾区构建联合型调解、仲裁机构提供了能够参照适用的实践案例（第八章）。未来社会是网络社会，趋同澳门网络环境有助于合作区网络法律制度的创新（第九章）。为合作区的建设提供高效便捷的司法服务，首先面临规范和完善横琴粤澳深度合作区人民法院职责的任务，横琴的司法合作命题为拓展新时代司法体制改革提供了清晰视角（第十章）。

本书紧紧围绕共治理论提出或重新解释了一些基础性的概念，如制度创新、规则共存、法定共治区域、共治机构、协同立法、民商事规则衔接、法律适用、合作司法、趋同澳门网络环境等。基于粤港澳大湾区法治建设概念框架的不断发展，本书深化了开展深度合作所需回答的四个具有挑战性的理论前沿问题。一是新型跨行政区域合作的机理。横琴粤澳深度合作区是"一国两制"背景下跨行政区域合作体制的新尝试。二是规则共存论。探讨与澳门衔接、同国际接轨的规则体系，从而打造不同规则交错共存的国家级特殊功能区。三是制度开放新方法。用足用好澳门自由港和珠海经济特区两个有利因素，通过建立、提升和完善琴澳一体化战略，构建粤港澳大湾区建设的新高地。四是"两制"优势论。探索打造具有中国特色、彰显"两制"优势的区域开发示范，加快实现与澳门的一体化发展。

本书所讨论的主题是合作区建设的基础性问题，这些问题的回答对推动粤港澳大湾区规则深度衔接和法治湾区建设大有裨益，同时对丰富"一国两制"内涵也具有积极的规范理论价值和政策参考作用。对这些问题的研究及所得出的结论仍是初步的，有待在合作区建设中继续深化和挖掘，也请方家不吝赐教，共同助力大湾区的法治研究。

贺海仁

2022 年 6 月 28 日

第一章 制度变迁中的横琴

一 认识横琴

(一) 横琴概貌

横琴岛位于现在的珠海市南端、珠江口西侧,南濒南海,北面湾仔,西接磨刀门水道,东临澳门凼仔、九澳岛。清乾隆年间所修的《香山县志》记载了横琴名称的由来:"在县南二百里,海中二山相连,故名横琴。"[1] 史料中,与澳门一衣带水的地理位置让横琴成为一个重要的地理坐标。《澳门纪略》在描述澳门地理时写道:"濠镜澳之名,著于《明史》。其曰澳门,则以澳南有四山离立,海水纵横贯其中,成十字,曰十字门,故合称澳门。"[2] 其中"四山"就包括大横琴山与小横琴山。书中又引用薛蕴《澳门记》:"又十里许,右横琴,左九澳"[3] 来描述横琴与路环九澳的相对位置。

历史上,大、小横琴一带曾经是南宋君臣殊死抵抗元军、宋端宗溺水之地,[4] 承载了文天祥"惶恐滩头说惶恐,零丁洋里叹零丁"的喟叹。而

---

[1] (清)暴煜:《香山县志》(卷一)《山川篇》,清乾隆十五年(1750年)修。
[2] (清)张汝霖、印光任:《澳门纪略》(上卷)《形势篇》(一),此处所用的是清嘉庆五年(1800年)的版本,下文如无特别说明亦同。
[3] (清)张汝霖、印光任:《澳门纪略》(上卷)《形势篇》(三)。
[4] 参见申良瀚《香山县志》卷一《山川篇》,民国三年(1914年)修。

今，横琴已然是另一副面貌。《总体方案》于 2021 年 9 月正式发布，横琴这一位于南中国海上的岛屿承载了更为丰富和重要的历史使命。除了在经济上要成为粤澳合作的载体以外，横琴还承担着"一国两制"实践的示范功能：推进规则衔接、机制对接，打造具有中国特色、彰显"两制"优势的区域开发示范，从而加快实现与澳门的一体化发展。

（二）横琴的称谓、范围与制度变迁

在我们谈到"横琴"时，这个概念本身可能是交叠的、模糊的。而横琴称谓的每次变化，均标志着其发展史上的重要节点，并意味着横琴在这一节点上成为制度变迁的见证者和受事者。在葡萄牙殖民者那里，大横琴岛被称为 Ilha de Tai-Vong-Cam，小横琴岛则被称为若望一世岛或马卡里拉（Ilha de D. João，Macarira 或 Sio-Vong-Cam），[①] 这些称谓是殖民管辖史打下的烙印。澳葡政府曾认为，横琴是澳门的附属岛屿，并且宣称："根据《万国公法》，我们对澳门所享有的主权毫无疑问。"[②] 新中国成立后，因偷渡等边境问题，横琴又成为所谓的"边防区"。[③] 而现在，横琴可以是一个地理概念——作为近岸岛屿的"横琴岛"[④]；它也可以是一个行政区划——作为横琴镇；它还可能标识着经济功能——1992 年的"横琴经济开发区"、2009

[①] Cf. *Breve Memórias acercada soberania e jurisdição portuguesa nas águas do porto interior de Macau，Ilha Verde，Lapa，Taipa，Coloane，D. João，Montaha e Território Neutro.* 2ª edição，Macau，Impresa Macional，1951.

[②] "…sem a menor dúvida，segundo o direito das gentes，" *Breve Memórias acercada soberania e jurisdição portuguesa nas águas do porto interior de Macau，Ilha Verde，Lapa，Taipa，Coloane，D. João，Montaha e Território Neutro.* 2ª edição，Macau，Impresa Macional，1951.

[③] 珠海市香洲区地方志编纂委员会：《珠海市香洲区志》（上册），方志出版社，2012，第 30 页。

[④] 原先的大横琴岛与小横琴岛在 20 世纪 70 年代通过填海造陆连为一体。参看珠海市国土局、珠海市地方志办公室《珠海市国土志》，广东人民出版社，1997，第 16 页。

年的"横琴新区"、2015 年的"横琴自贸区";当下,它又有了更为重要的战略意义——横琴粤澳深度合作区。横琴俨然成为"一国两制"的交汇处和粤澳合作、制度创新的最前沿。

横琴拥有多重身份,而这些身份经常出现交错现象。由于这种交错在日常语言中不甚明显,研究者们总是太容易忽略此类基础问题。然而,目前作为合作区的横琴如果要回答《总体方案》中的"制度衔接"是什么,就需要用一些篇幅去解释:横琴与澳门到底有什么渊源?实现制度衔接的基础是什么?横琴在当下"一国两制"中的地位是如何形成的?它在何种程度上成为法治协同的载体?这些问题的存在,使得横琴的历史源流和它在制度变迁中的样貌成为探寻合作区制度协同所必须掌握的重要背景。同时,掌握这一背景也有助于未来构筑合作区的规则框架。

不过,在目前大部分有关合作区的研究中,有关横琴基础性的历史研究却始终缺位。在中国知网以主题搜索"横琴历史",显示的 167 条结果中大多数是报纸文章,真正涉及横琴历史梳理的文章仅有寥寥几篇。① 即便"大湾区研究"迅速升温,大多数研究的关注焦点却仍局限于"现实问题",鲜少关心横琴在历史上的定位,对横琴自葡人勘界争议以来的制度变迁、地位演变几乎没有进行任何系统的整理。实际上,近代以来的横琴历史是中国百年巨变的一个重要片段。横琴经历了殖民管辖时代的管辖争议,见证了新中国成立初期严格的边防管控,更直接参与了改革开放后珠三角不

---

① 这几篇文章包括钱林霞《横琴蝶变:从荒岛到"第二个澳门"》,《新经济》2020 年第 6 期,在文章的第二部分,作者简单交代了珠海从边防禁区逐步演变为助力澳门经济的多元平台的过程;向阳《珠海外文石刻档案寻踪》,《中国档案报》2015 年 9 月 21 日,第 3 版,借助在横琴发现的葡语碑文,作者交代了葡萄牙人自 19 世纪末开始在横琴生活的状态和澳葡政府对横琴的领土要求;吴玉娴《19 ~ 20 世纪澳葡的拓殖工具:小横琴岛白沙栏麻风病院研究》,《深圳大学学报》(人文社会科学版)2015 年第 4 期,作者在文中讨论了 1878 年葡萄牙人以在小横琴岛开办麻风病院为由,试图强行占有小横琴岛主权的历史;徐智慧《横琴:一岛两制》,《南风窗》2009 年第 21 期,作者简单交代了横琴在 1999 年澳门回归后的发展历程。

断扩大对外开放的实践，此后又在横琴新区、横琴自贸区、横琴粤澳深度合作区的身份转换中不断实现自身的蜕变和发展。

横琴粤澳深度合作区备受瞩目，但它不是凭空出现的。如果不了解横琴过去的地位和制度变迁，必然会影响当下的思考。本章将以"制度变迁"作为整理横琴近代以来发展历程的线索，以近代澳葡殖民者在横琴实行殖民管辖为起点，通过清末民国勘界谈判、新中国成立初期边防管制、改革开放、横琴开发等重要节点的逐步推进，最终到达"横琴粤澳深度合作区"这一新阶段。制度是规则体系，但它同样蕴含着"人"和"事"。制度本身要通过制度事实呈现出来，而制度的制造者和受事者则构成了我们所说的"历史"。历史叙述既能够帮助人们看到横琴与澳门深度联系的伏线，也能够帮助人们理解当下横琴在粤澳深度合作中所具有的核心地位。这不是"务虚"，而是非常必要的。

二　拓殖前沿：殖民管辖争议中的横琴岛

（一）葡人涉足横琴

1. 殖民管辖在澳门的推行

横琴岛原本由大横琴岛和小横琴岛组成，明清时期隶属于香山县。清乾隆年间《香山县志》记载："自竹仔林而西北，曰古镇，自竹仔林而南，曰黄梁，都地近新会。又南曰三灶，又南为高澜，接连大洋番船，往来帆樯相望。又南为大横琴，为小横琴，为北山，为濠镜澳，立关栅山寨。"①

---

① （清）暴煜：《香山县志》（卷一）《疆域篇》，清乾隆十五年（1750年）修。

不难看出，大、小横琴岛与澳门（即濠镜澳）在地理上有着天然的联系，而横琴在近代史上的命运也与葡萄牙人在澳门的殖民管辖活动密不可分。

葡萄牙人早在1553年就已经开始在澳门定居，并在1582年至1583年建立了商人自治的市政组织。① 葡人入居澳门大大促进了当地的海上贸易，使澳门成为远东重要的国际贸易商埠。② "香山澳，皆西洋人贸易者居之，闽、广人亦有杂处者。"③ 政府通过开埠吸引闽广地区的华人涌入澳门，澳门逐渐形成了华洋杂居的局面。

随着澳葡殖民管辖的不断深入，葡萄牙对澳门治权的诉求也愈发强烈。在中英《南京条约》签订后，位于澳门的葡萄牙人趁火打劫，通过强制征税、褫夺司法管辖权等手段，在实质上逐渐控制了澳门。在费雷拉·亚马留（Ferreira do Amaral，任期1846~1849年）担任澳门总督的四年中，澳葡政府以强硬手段破坏了清政府在澳门外交、经济和司法上的建制和权威地位。④

亚马留时期澳葡政府实现殖民管辖的突破口首先是税收管辖。亚马留抵达澳门不到半年就开始向华人征税。⑤ 其次是行政管辖权，澳葡政府在1849年2月停止向清政府支付租金，并强行驱离了清政府在澳门的衙门和海关。⑥ 再次是司法管辖权，亚马留任期内凡是涉及华人的刑事案件均不

---

① 参见〔葡〕叶士朋（António Manuel Hespanha）《澳门法制史概论》，周艳平、张永春译，澳门基金会，1996，第14~15页。
② 参见张廷茂《清代中叶澳门华人社会研究》，暨南大学出版社，2019，第6页。
③ （清）王世祯：《皇华纪闻》（第4卷）《香山澳》，《四库全书存目丛书》（子部）第245册，《四库全书存目丛书补编》，齐鲁书社，2001，第15页。
④ Rui Afonso, Francisco Gonçalves Pereira, "The Political Status and Government Institution of Macao," *Hong Kong Law Journal*, 16 (1), 1986, pp. 28 – 57.
⑤ 参见吴志良《澳门政治制度史》，广东人民出版社，2010，第124页。
⑥ Rui Afonso, Francisco Gonçalves Pereira, "The Political Status and Government Institution of Macao," *Hong Kong Law Journal*, 16 (1), 1986, pp. 28 – 57.

再向清政府移交，在清政府退场并出现权力真空之后，华政衙门和华务理事官开始管辖澳门华人案件，并自 1851 年起在《澳门宪报》刊登中文公告。[①] 最后，在亚马留遇刺身亡后，继任的几位总督逐渐完善了华人涉及不动产及合同的登记制度，并诱导华人将民事纠纷提交澳葡政府下设的理事官衙门处理。[②] 至此，在《中葡和好通商条约》签订之前，澳门在事实上已经处于葡萄牙的殖民管辖之下了。也正是在这一时期，葡萄牙人开始谋划将殖民管辖延伸至大、小横琴岛。

2. 澳葡政府管辖权在横琴的延伸

澳葡政府在 1922 年的一份备忘录中写道："根据当地传统，在 1830 年至 1840 年之间，该岛（指小横琴）的整个海岸线——主要是正对着氹仔的那部分海岸线——都有一些居民居住，这些人主要从事种植业和渔业。"[③] 澳葡政府制作这份备忘录的初衷，是强行列举占有横琴岛的法理和事实依据，不过从这段文字中还是可以推断出，在 19 世纪上半叶，横琴岛已经有一些中国农民和渔民常居于此。

至于葡萄牙人是何时开始在大、小横琴岛活动的，这份备忘录并没有说明。从另外一些记录当中可以推测出，葡萄牙人在攫取澳门治权后便开始试图将管辖权延伸到大、小横琴岛，并利用清朝的保甲制度控制岛上的华人村民。1875 年，当时的海岛行政官马丁斯·马德拉（Martins Madeira）召集小横琴岛上的村民，主持选举了一位地保（tipú）为澳葡政府办差。马德拉还向这些村民收取

---

① 参见张廷茂《晚清澳门华政衙门源流考》，载《法律文化研究》（第八辑），社会科学文献出版社，2015，118～138 页。

② 参见〔葡〕叶士朋（António Manuel Hespanha）《澳门法制史概论》，周艳平、张永春译，澳门基金会，1996，第 33 页。

③ *Breve Memórias acercada soberania e jurisdição portuguesa nas águas do porto interior de Macau, Ilha Verde, Lapa, Taipa, Coloane, D. João, Montaña e Território Neutro.* 2ª edição, Macau, Impresa Macional, 1951, p. 112.

"什一税"①。葡萄牙人干涉大横琴岛的事务，也是通过类似的方式。1864年，澳葡政府向路环荔湾村派出了一支军队，并建炮台驻军把守。大横琴岛上的马尿村（Man-ló）、鸭公仔村（Nga-Cong-Chai）和竹沙湾村（Chu-Sá-Van）与炮台仅隔着一条水道，即银坑河道（Canal da Prata）。② 这几个村落在选举地保时，都获得了葡萄牙军事指挥官的认可。此外，澳葡殖民者还开始对大横琴岛的主要产业——采矿业、生蚝养殖业征税。③

除了税收管辖的延伸外，澳葡殖民者还将一些机构设置在横琴，其中最为典型的是1878年小横琴岛上设置的麻风病院。④ 从16世纪开始，澳门天主教仁慈堂就开始设置专门机构以收治麻风病人。⑤《澳门纪略》记载："东城外有发疯寺，内居风蓄，外卫以兵，月有禀。"⑥ 这说明当时的麻风病人是与澳门城内居民进行严格隔离的。澳门人口自清朝中叶起开始迅速增加，专门由澳门天主教仁慈堂管理的麻风病院已经无法满足隔离的需要，加之澳门居民十分忌惮麻风病人，因此在小横琴岛的白沙栏（Pac Sa Lan）设置了一处麻风病人收容所，院内麻风病人的吃穿用度均需向澳葡政府申请。⑦ 虽然麻

① "Padre Manuel Teixeira, Taipa e Coloane, Macau," *Direccao dos Servicos de Educacao e Cultura*, 1981, p. 23.
② 此处的几个村落名称在备忘录原文中是按粤语发音，用葡萄牙语拼写出来的，很难确定其对应的汉字。在地名翻译过程中，广东工业大学法学院助理教授王华博士给予了宝贵的帮助，此处同样也参考了王华博士2020年在中山大学的博士后出站报告《二十世纪初葡萄牙对涉及澳门内港水域、青州、对面山、氹仔、路环、大小横琴及中立区主权及管辖权的备忘录评述》中关于各个粤语地名的考据。
③ *Breve Memórias acercada soberania e jurisdição portuguesa nas águas do porto interior de Macau, Ilha Verde, Lapa, Taipa, Coloane, D. João, Montaha e Território Neutro.* 2ª edição, Macau, Impresa Macional, 1951, p. 120.
④ 参见吴玉娴《19~20世纪澳葡的拓殖工具：小横琴岛白沙栏麻风病院研究》，《深圳大学学报》（人文社会科学版）2015年第4期。
⑤ 参见吴宏歧、吴渭《澳门仁慈堂慈善机构的发展》，《澳门历史研究》2015年第14期；董少新《明清时期澳门麻风病院》，《澳门杂志》2005年总第45期，第156~163页。
⑥ （清）张汝霖、印光任：《澳门纪略》（下卷）《澳番篇》。
⑦ 参见吴玉娴《19~20世纪澳葡的拓殖工具：小横琴岛白沙栏麻风病院研究》，《深圳大学学报》（人文社会科学版）2015年第4期。

风病院有照管、隔离病人的功能，但其根本上仍是澳葡殖民者不断拓殖、扩张的产物。麻风病院也成为后来澳葡政府主张小横琴岛管辖权的依据之一。

19 世纪中后叶澳葡政府对大、小横琴岛的涉足和试探，侵害了中国的领土主权以及清政府对香山县边境事务的管辖权，也为后来持续数十年的澳门边界问题埋下了伏笔。

（二）清末澳门勘界争端中的横琴岛

1. 中葡勘界谈判的背景

1887 年《中葡和好通商条约》（*Tratado de Amizade e Comécio entre Portugal e a China*）正式签订，1888 年互换生效。《中葡和好通商条约》第二条约定："大西洋国永居、管理澳门"①，该条意味着葡萄牙人"永居、管理澳门"有了国际法依据。② 不过，《中葡和好通商条约》还约定："俟两国派员妥为会订界址，再行特立条约，其未经定界以前，一切事宜，俱照现时情形勿动，彼此均不得有增减改变之事。"这个补充条款意味着，条约并未对最关键的澳门边界问题和管辖权范围进行明确约定，而是留下了补充协议的空间。③ 然而，《中葡和好通商条约》对界址问题的"另行约定"，是清末到民国期间持

---

① 对《中葡和好通商条约》原文的引用，出自王铁崖主编《中外旧约章汇编》（第一册），生活·读书·新知三联书店，1982，第 522 页。

② 何志辉教授在综合史学界意见后得出结论：不论"永居、管理"字样、"会订界址"的补充，还是"不得让与他国"的限制，实际上都证明，《中葡和好通商条约》签订后，中国政府依然在法律上拥有对澳门的主权，所让与的仅仅是澳门的治权，且澳门只是葡萄牙的"租界"，并不是割让给葡萄牙的。参见何志辉《治理与秩序：全球化进程中的澳门法（1553–1999）》，社会科学文献出版社，2013，第 190~196 页。

③ *Breve Memórias acercada soberania e jurisdição portuguesa nas águas do porto interior de Macau, Ilha Verde, Lapa, Taipa, Coloane, D. João, Montana e Território Neutro.* 2ª edição, Macau, Impresa Macional, 1951, p. 10.

续几十年边界争议的重要背景，而这些争议自然也将与路环一水之隔的大、小横琴岛牵扯了进去。

　　勘界直接关系到税收管辖、准照效力、司法管辖等一系列问题，在未经明确划定"永驻、管理澳门"的界线之前，澳葡政府对澳门周边事务的任何干涉其实都是缺乏法律依据的。中葡勘界谈判的导火索是1908年的"二辰丸"案。清政府与葡方的争议一开始主要针对私运军火的准照效力和澳葡政府对附近水域的管辖权，[①] 其后逐渐升级到清政府的驻军问题和澳门的边界争议问题。[②] 当时的两广总督张人骏已经认识到，这实际上是葡萄牙企图联手英国，对澳门附近诸岛进行占领和管辖的举动，而这些岛屿中就包括横琴。他致电外务部道："葡人狡诈，以禁运军火要我撤兵，允撤即实为彼界，所关甚大，钧部远见，钦佩之至。查，老望河山即横琴岛，面积约二三十里，居十字门西南隅，……照金登干与葡外部所订第十条，虽有准葡国永驻管理澳门以及属澳之地等语，并未允葡人有该处领海，若隔海并不连属澳门各岛，岂能借口为属澳之地。"[③]

　　在1909年7月中葡正式进行边界谈判之前，民间舆论中坚决维护主权的呼声已经非常高。1908年12月29日，《申报》刊登《澳门占界之证据》一文，强调中国对澳门和周边岛屿的主权："其过路环一处，为澳门出海要

① 交涉过程参见《外务部就商请澳门政厅嗣后不得给发军火执照事致葡国公使柏德罗照会稿》，清光绪三十四年二月十九日（1908年3月21日），中国第一历史档案馆、澳门基金会、暨南大学古籍研究所编《明清时期澳门档案文献汇编》（四），人民出版社，1999，第90页。
② 交涉过程参见《两广总督张人骏为陈明中国有在拱北驻兵护关之权请驳复葡人事至外务部电文》，清光绪三十四年四月初八日（1908年5月7日）；《葡国公使森达为拱北关驻扎兵队事与外务部会办大臣那桐会晤问答节略》，清光绪三十四年四月初九日（1908年5月8日），中国第一历史档案馆、澳门基金会、暨南大学古籍研究所编《明清时期澳门档案文献汇编》（四），人民出版社，1999，第104~105页。
③ 《两广总督张人骏为陈明澳门附近各岛驻营填扎原因事至外务部电文》，清光绪三十四年四月十四日（1908年5月13日），中国第一历史档案馆、澳门基金会、暨南大学古籍研究所编《明清时期澳门档案文献汇编》（四），人民出版社，1999，第107页。

区，左九澳，右横琴，大于澳门数倍。向由拱北口轮缉私，光绪初年竟派轮设营，并在荔枝湾石澳硬以兵力从事，随及于湾仔、银坑各地。然均有中国炮台官署多所，足为证据。"① 另外，以本地士绅为主的勘界维持总会在 1909 年 5 月致函勘界专员，痛陈澳葡政府违约越界，干涉周边各岛及水域税收、不准中国船只停泊等恶行，并指出："按国际法，结约之一国不守条约，他之一国亦无遵守之义务。"② 可以说，国内舆论和地方士绅的态度有力地支持了清政府在维护主权问题上的立场。

2. 勘界谈判过程中的横琴归属问题

1909 年 7 月，中葡勘界谈判正式在香港开启，横琴岛的归属成为谈判的焦点之一。在第二次勘界会议中，葡方勘界谈判官员马沙度（Machado）直接提出对大、小横琴岛的领土要求："对面山、青州、氹仔、过路环、大小横琴、舵尾等岛并及附近小岛。"③ 中方勘界谈判钦差大臣高而谦致电外务部，认为中葡条约并未涉及水域海岛，可以据此驳回葡方的无理要求。④ 在第三次勘界会议中，葡方又以国际法上的先占取得领土所有权为由，认为舵尾与横琴本为荒岛，自从西洋人管理保护后才有人居住，而长期管理的事实则证明横琴等岛屿为澳门属地。此等强盗逻辑引发了激烈争论。⑤ 其

---

① 《澳门占界之证据》，《申报》1908 年 12 月 29 日，第 10 版。
② 《勘界维持总会郭乃心等为陈澳门勘界管见所及事致澳门勘界专员高而谦函》，清宣统元年三月二十一日（1909 年 5 月 10 日），中国第一历史档案馆、澳门基金会、暨南大学古籍研究所编《明清时期澳门档案文献汇编》（四），人民出版社，1999，第 244～248 页。
③ 《会勘澳门及其属地界务第二次会议简明议案》，清宣统元年六月初六日（1909 年 7 月 22 日），中国第一历史档案馆、澳门基金会、暨南大学古籍研究所编《明清时期澳门档案文献汇编》（四），人民出版社，1999，第 280 页。
④ 《澳门勘界大臣高而谦为仅允葡永管澳门及附属地未言海与岛事致外务部电文》，清宣统元年六月十一日（1909 年 7 月 27 日），中国第一历史档案馆、澳门基金会、暨南大学古籍研究所编《明清时期澳门档案文献汇编》（四），人民出版社，1999，第 284 页。
⑤ 《会勘澳门及其属地界务第三次会议简明议案》，清宣统元年六月十七日（1909 年 8 月 2 日），中国第一历史档案馆、澳门基金会、暨南大学古籍研究所编《明清时期澳门档案文献汇编》（四），人民出版社，1999，第 287～290 页。

后，在第六次①及第八次②勘界会议中，葡方坚持要求对横琴及对面山的管辖权，但清政府并未让步。

而到了最后一次勘界会议即第九次会议，马沙度首先辩称："本大臣一方面所交出应划界线各处作为划界范围，均不出葡国历代以来管理之地，足见本大臣并无丝毫扩张土地之心。"又声明对横琴问题已经作出了让步："其后复愿将对面山、大小横琴争执之地彼此分辖，以期保守葡国属地，而使永远不生轇轕。"高而谦则质问："至于对面山、大小横琴等处，葡国实无丝毫占据之迹，乃先则肆言要索，后则始允分辖，岂非尚存多索广取之计？"③ 此次谈判中，因双方意见不合，葡使马沙度提出终止谈判，决意离开，并坚持将此次谈判结果提交国际，清政府方面也不再挽留。④ 中葡双方在数次博弈中，均未作出实质性让步，谈判破裂，勘界问题也并未因谈判而得以解决。不过，清政府在此次谈判中对主权的坚持，还是在一定程度上捍卫了国家主权，并为中葡边界的划定争取了一些周旋空间。⑤

清末中葡勘界谈判之后，澳葡政府涉足横琴管辖权的尝试却仍在继续。1910 年至 1911 年，因清政府在横琴驻军，澳葡政府数次提出照会，反对华

① 《会勘澳门及其属地界务第六次会议简明议案》，清宣统元年八月初二日（1909 年 9 月 15 日），中国第一历史档案馆、澳门基金会、暨南大学古籍研究所编《明清时期澳门档案文献汇编》（四），人民出版社，1999，第 353 ~ 354 页。

② 《会勘澳门及其属地界务第八次会议简明议案》，清宣统元年九月十七日（1909 年 10 月 30 日），中国第一历史档案馆、澳门基金会、暨南大学古籍研究所编《明清时期澳门档案文献汇编》（四），人民出版社，1999，第 427 ~ 429 页。

③ 《会勘澳门及其属地界务第九次会议简明议案》，清宣统元年十月初一日（1909 年 11 月 13 日），中国第一历史档案馆、澳门基金会、暨南大学古籍研究所编《明清时期澳门档案文献汇编》（四），人民出版社，1999，第 447 ~ 450 页。

④ 《澳门勘界大臣高而谦为第九次会议彼此意见不合葡使去意已决自不挽留事致外务部电文》，清宣统元年十月初一日，（1909 年 11 月 13 日），中国第一历史档案馆、澳门基金会、暨南大学古籍研究所编《明清时期澳门档案文献汇编》（四），人民出版社，1999，第 450 ~ 451 页。

⑤ 参见黄雁鸿《清末中葡澳门勘界谈判过程中的博弈与周折》，《中国文化研究》2014 年夏之卷，第 122 ~ 135 页。

兵驻扎横琴。① 其间，澳门华务理事官又数次派人前往横琴，通知当地居民订造人丁户册，企图将横琴人口户籍纳入澳葡政府管辖，遭到清政府强烈反对，并重申中国对小横琴岛拥有完全主权。② 其后，清帝退位，中华民国成立。澳门界址这一历史遗留问题，在民国时期又有了后续发展。

（三）民国时期的横琴管辖争议

1. 1922 年澳葡政府备忘录中的管辖权论证

时至民国，中葡两国政治形势发生了巨大变化。1910 年，葡萄牙国内爆发共和党革命，君主制被推翻，共和国成立,③ 而中国则经历了辛亥革命，推翻了封建帝制。此时大、小横琴岛实际上已经被中国控制，而凼仔、路环则已经被葡萄牙实际控制。在这一背景下，中葡双方在 1914 年再次针对划界问题展开交涉。不同于 1909 年，葡方在非正式谈判中表示愿意放弃大、小横琴岛和对面山，但希望比照新界租借 99 年；而中方则愿意接受凼仔、路环平分。正是自此次谈判开始，双方各自在陆地、岛屿的实际控制区域已经很难改变，因此后续的管辖冲突则主要发生在水域。④ 如 1919 年前后发生的冲突主要就是针对澳葡政府在青洲水域填海造地一事。⑤

1922 年，澳葡政府针对此前关于澳门勘界的一系列争议，撰写了一份

---

① 参见《中葡横琴岛交涉：葡人亦看俄人样乎?》,《申报》1911 年 4 月 11 日，第 4 版。

② 参见《外务部为小横琴为我完全主权葡请禁造册一节已查案照驳事致署理两广总督袁树勋电文》，清宣统二年八月二十三日（1910 年 9 月 26 日）、《外务部为查案小横琴为中国完全主权葡请转饬禁造册一节疑难照允事复葡国公使左治照会》，清宣统二年八月二十四日（1910 年 9 月 27 日），中国第一历史档案馆、澳门基金会、暨南大学古籍研究所编《明清时期澳门档案文献汇编》（四），人民出版社，1999，第 605～606 页。

③ 参见〔瑞士〕戴维·伯明翰《转动罗盘：葡萄牙史》，周巩固、周文清等译，中国出版集团东方出版中心，2020，第 139～140 页。

④ 参见许昌《论澳门水域法律性质的调整及管理制度的相应变化》,《港澳研究》2017 年第 1 期。

⑤ 参见许昌《论澳门水域法律性质的调整及管理制度的相应变化》,《港澳研究》2017 年第 1 期。

文件，名为《关于澳门内港水域，青洲，对面山，氹仔，路环，大、小横琴及中立区主权及管辖权的简要备忘录》（*Breve Memórias acercada soberania e jurisdição portuguesa nas águas do porto interior de Macau*，*Ilha Verde*，*Lapa*，*Taipa*，*Coloane*，*D. João*，*Montaha e Território Neutro*）。该备忘录用非常牵强模糊的论证，以所谓的《万国公法》、占有事实、历史沿革为依据，试图为葡萄牙在以上地域的主权和管辖权寻找"正当性"。从这份文件可以看出，澳葡政府对大、小横琴岛的管辖权仍然存有企图："显然，只有一份备忘录（Memoria）才能阐述清楚葡萄牙对澳门政府四个附属岛屿的管辖权。这四个岛屿分别是氹仔（Taipa）、路环（Coloane）、小横琴岛（D. João）、大横琴岛（Tai-Vong-Cam）。"[1]

撰写文件的退役军官若瑟·路易士·马科斯（José Luis Marques）进行论证的依据主要有以下几个方面。

其一，大、小横琴岛本为无人岛，可以援引国际法上的先占原则而取得主权，因此属于《中葡和好通商条约》中"永居、管理"的地域。马科斯写道："国际法有一项基本原则，即在没有其他先在条件的前提下，对土地的占有构成无可争辩的权利，且基于先占而享有的主权可以对抗善意第三人。"[2]"葡萄牙对小横琴岛的占领是一个公开事实，不仅仅是默示，甚至也是中国自身所明确认可的。"[3]

---

[1] *Breve Memórias acercada soberania e jurisdição portuguesa nas águas do porto interior de Macau*，*Ilha Verde*，*Lapa*，*Taipa*，*Coloane*，*D. João*，*Montaha e Território Neutro*. 2ª edição，Macau，Impresa Macional，1951，p. 72.

[2] *Breve Memórias acercada soberania e jurisdição portuguesa nas águas do porto interior de Macau*，*Ilha Verde*，*Lapa*，*Taipa*，*Coloane*，*D. João*，*Montaha e Território Neutro*. 2ª edição，Macau，Impresa Macional，1951，p. 115.

[3] *Breve Memórias acercada soberania e jurisdição portuguesa nas águas do porto interior de Macau*，*Ilha Verde*，*Lapa*，*Taipa*，*Coloane*，*D. João*，*Montaha e Território Neutro*. 2ª edição，Macau，Impresa Macional，1951，p. 115.

其二，澳葡政府对大、小横琴岛进行了事实上的管理和控制，其中包括澳葡政府及其派出机构的存在、税收管辖、司法管辖、户籍管辖等。马科斯说："我们的有效统治是在 1846 年至 1847 年前后，由于临近氹仔，小横琴岛当时已经处于我们的管辖之下。"① "彰显我们管治的显著证据有：属于国家和市政区的建筑；麻风病院；在所有居民点进行的物业登记编号；在澳门法院提起的与在该岛逮捕的罪犯有关的诉讼；在《殖民地宪报》刊登的与该岛有关的各种刊文；保存于澳门和氹仔分署的与居民纳税相关的会计记录；在葡萄牙国家大陆中升起的葡萄牙国旗；等等。"②

其三，横琴岛上的居民希望接受葡萄牙人的管辖。马科斯声称："为解决'二辰丸'（Tatsu-Maru）事件，外交场合上的谈判仅能代表中国单方立场，大横琴岛上受葡萄牙管辖的居民对葡萄牙终止他们村子的主权管辖确实感到十分担忧，因此他们在 1908 年 5 月 19 日上书澳门政府，请求葡萄牙军队立即占领他们的土地。"③

实际上，以上几点理由是对国际法原则的扭曲。其一，大、小横琴岛并非葡萄牙人所说的"无主物"，而是中国的固有领土，因此不适用国际法的先占原则。中国主权的存在是其后一切推论的前提。从中葡清末勘界谈判的过程来看，澳葡政府所说的"公开占领"和中国政府的默示同意是无稽之谈。其二，所谓的事实管理和控制只是葡萄牙人的单方面意志，并没

---

① *Breve Memórias acercada soberania e jurisdição portuguesa nas águas do porto interior de Macau*, *Ilha Verde*, *Lapa*, *Taipa*, *Coloane*, *D. João*, *Montaha e Território Neutro*. 2ª edição, Macau, Impresa Macional, 1951, p. 112.

② *Breve Memórias acercada soberania e jurisdição portuguesa nas águas do porto interior de Macau*, *Ilha Verde*, *Lapa*, *Taipa*, *Coloane*, *D. João*, *Montaha e Território Neutro*. 2ª edição, Macau, Impresa Macional, 1951, p. 116.

③ *Breve Memórias acercada soberania e jurisdição portuguesa nas águas do porto interior de Macau*, *Ilha Verde*, *Lapa*, *Taipa*, *Coloane*, *D. João*, *Montaha e Território Neutro*. 2ª edição, Macau, Impresa Macional, 1951, p. 121.

有任何条约依据。在横琴驻军镇压海盗也体现了清政府实际上实施了对横琴事务的控制和管辖，具有正当权源，且同时具有排他性。其三，至于横琴岛居民接受管辖的意愿，不论真实与否，[①] 由于中国主权与治权的存在，即便有部分岛民表达了愿意被管辖的意愿，也不能构成澳葡政府对横琴岛管辖权的合法性来源。

2. 1932 年横琴勘界争端

由于民国初期军阀割据、南北分裂，直至 1921 年华盛顿会议时期，澳门界务问题仍是"澳门殖民管辖地与广东省之交涉也"，在一定程度上又回到了地方层次。[②] 1928 年国内局势趋于稳定，国民政府开始落实废除不平等条约的外交政策。此时恰逢《中葡和好通商条约》40 年届至，国民政府决定借修订条约一举解决中葡冲突。[③] 不过，就《中葡和好通商条约》的内容看来，这实际上是一个关税贸易协定，对于最为关键的划界问题避而不提。中葡双方的秘密照会中写道："关税及其相关问题包括领事裁判权，在任何情形或借口下，上述条约之完成均不得理解为包括或涉及任何其他问题。"[④] 可以看出，中葡双方在订约过程中，试图用回避争议的方法，缓和此前的一系列冲突。

《中葡和好通商条约》并没有给澳门勘界问题提供一个国际法解决方案，而横琴问题依然悬而未决。1932 年 11 月，横琴岛再起争端。中山县政府派数名测量员前往横琴测绘，以明确界线，但澳葡政府以横琴为租借之地，测量

---

① 根据史料，横琴岛民对澳葡政府并非完全归顺。事实上，清末横琴岛民仍在对葡方的侵犯行为进行持械抗击，因此葡人所言只是一厢情愿。参见《苏松太道蔡乃煌为委派试用同知颜德赴粤查探海线情形事致外务部呈文》，清宣统二年八月二十六日（1910 年 9 月 29 日），中国第一历史档案馆、澳门基金会、暨南大学古籍研究所编《明清时期澳门档案文献汇编》（四），人民出版社，1999，第 606 页。

② 参见吴志良《澳门政治制度史》，广东人民出版社，2010，第 157～158 页。

③ 参见吴志良《澳门政治制度史》，广东人民出版社，2010，第 158～160 页。

④ "Arquivo do MNE, Tratados-Tratado de 1928"，载吴志良《澳门政治制度史》，广东人民出版社，2010，第 163 页。

员越界执法为由，拘捕了中山县政府测量员，并将其押解澳门审讯。① 虽然其后中方测量员被葡方释放，但澳葡政府越界管辖、逮捕国民政府公务员的行径已经引起国内舆论的极大愤慨。② 在解决葡人越界管辖问题、营救中方测量员的过程中，时任中山县县长的唐绍仪发挥了重要作用。他首先及时向广东省、西南政务会及中央政府报告此事，同时与葡方交涉，并详述案件呈报外交部，③ 并再次向中央提出请求以解决中葡勘界事宜。④

1932 年"测量勘界案"后，界址虽仍未划定，但在其后的政府文件中可以看出，国民政府对管辖权的界分愈发重视，与澳葡政府的关系也出现了一定程度的缓和。从 1936 年对横琴鲫鱼湾大规模械斗案件的处理中我们就可以看出这种"提防—缓和"的张力。当时，横琴出现械斗死伤，中山县派警员会同边防军及澳门水师共同前往逮捕凶犯、收缴枪械，双方呈现合作态势。但中山县政府事后处分了主办此事的湾仔巡官，指出横琴属中国领土，虽然澳门军警的协助可能出于善意，但有损国体，应付失当，又可以看出地方政府对澳葡政府越界执法的警觉。⑤

抗战开始后，横琴一度被日军占领，居民饱受海盗侵扰。⑥ 此时的管辖权问题因战争状态而不再出现在主流视野之中，这一状态一直持续到新中

---

① 参见《中山县县政季刊》1932 年第 2 期，"工作报告：中山县政府公安局十月份工作报告关于行政事项。"

② 此类文章有《澳门当局图侵占横琴岛》，《申报》1932 年 11 月 7 日，第 4 版；《粤横琴岛交涉案：澳门葡政府越界捕中山测量员，唐绍仪提出进行中葡划界事》，《申报》1932 年 11 月 14 日，第 7 版；Attempt of Macao Authorities to Seize Huangching（《澳门葡当局有占据横琴岛意》），《英语周刊》1932 年第 10 期。

③ 《本会为横琴岛案请中央依法解决电》，《西南国民周刊》1932 年第 2 卷第 13 期。

④ 《粤横琴岛交涉案：澳门葡政府越界捕中山测量员，唐绍仪提出进行中葡划界事》，《申报》1932 年 11 月 14 日，第 7 版。

⑤ 《办理第七区横琴鲫鱼湾械斗案》，《中山县县政年刊》，1936，第 131～132 页。

⑥ 《粤海情势 横琴岛又被敌占》，《大公报》（汉口版）1938 年 5 月 27 日，第 2 版；另参见《横琴岛及湾仔海面货船遭骑劫海盗掳掠　货物值二万余元日　扣三船损失约十二万》，《大公报》（香港版）1940 年 9 月 14 日，第 5 版。

国成立前。

三　开放前哨："边防区"在改革开放中的蜕变

（一）　中华人民共和国成立初期至改革开放前的"边防区"

1949 年新中国成立后，解放军并未越过关闸、进入澳门。但由于当时澳葡政府与国民党政府仍然保留着外交关系，而且放任特务活动，政治气氛依然较为紧张。这一时期的主题是清除土匪、阻止特务破坏、防范澳葡军队越境，因此实行较为严格的边境管控。

1952 年 7 月，澳门关闸发生武装冲突事件，澳葡军队武装侵犯边界，解放军予以坚决反击，边防局加强了边境防卫与检查。[①] 8 月 16 日，葡方接受中方提出的"三个条件"，并赔偿损失、道歉。[②] 在紧张的政治氛围中，20 世纪 50 至 60 年代，边境管控呈现愈发严格的趋势。如 1955 年 8 月，珠海县在香洲地域开展反偷渡工作。[③] 到了 1955 年 12 月，珠海县正式划香洲地域为边防区，设立上涌、下栅边防检查站，并发放边防居民证，以进一步加强边境管理。[④] 1961 年 10 月，珠海县（香洲区域）全境被划为边防区。[⑤]

在意识形态斗争和边防形势严峻的背景下，位于南中国海边陲的横琴成为边防重点。1949 年 11 月，中国人民解放军攻占大、小横琴岛，俘虏残

① 珠海市香洲区地方志编纂委员会：《珠海市香洲区志》（上册），方志出版社，2012，第 26 页。
② 珠海市香洲区地方志编纂委员会：《珠海市香洲区志》（上册），方志出版社，2012，第 26 页。
③ 珠海市香洲区地方志编纂委员会：《珠海市香洲区志》（上册），方志出版社，2012，第 27 页。
④ 珠海市香洲区地方志编纂委员会：《珠海市香洲区志》（上册），方志出版社，2012，第 28 页。
⑤ 珠海市香洲区地方志编纂委员会：《珠海市香洲区志》（上册），方志出版社，2012，第 30 页。

匪 42 名，缴获炮舰一艘。① 1952 年，后获称"南海前哨钢八连"的中国人民解放军广东省珠海警备区某部守备八连官兵开始驻守横琴岛，彼时岛上敌特势力仍然十分猖獗，企图将该岛变成攻击新生政权的"桥头堡"。② 从当时的报刊文章来看，横琴俨然成为意识形态斗争的重要阵地："盘踞在某地的美蒋特务机关，时刻在进行阴谋破坏，是同美蒋斗争的前哨；同时，这个小岛与资本主义社会隔海相望，也是两种社会制度、两种生活方式斗争的前哨。"③ 驻守横琴的八连也在 1964 年被授予"南海前哨钢八连"的称号。④

在横琴乃至整个香洲进行严格边防管控的同时，澳门的政治法律地位也在逐步发生着变化。1966 年"一二·三"事件后，澳葡政府发出公告，禁止在澳门开展与中华人民共和国敌对的活动，澳葡政府逐渐开始调整殖民管辖政策和手段，为澳门社会的政治过渡和现代化转型创造了积极条件。⑤ 1971 年之后，葡萄牙政府与中华人民共和国政府的外交接触开始恢复。1975 年，台湾驻里斯本公馆关闭。这一切都为未来中葡建交和解决澳门前途问题奠定了基础。⑥

（二）改革开放、观念巨变与经济特区的建立

1. 珠海在改革开放中的蜕变

作为边防区域的珠海，它的命运是在粉碎"四人帮"和中国共产党第

---

① 参见珠海市香洲区地方志编纂委员会《珠海市香洲区志》（上册），方志出版社，2012，第 25 页。
② 参见《大力弘扬"钢八连精神"，凝聚强军兴军意志力量——魏亮政委在纪念"南海前哨钢八连"命名 50 周年大会上的讲话》，《战士报》2014 年 4 月 28 日。
③ 项而躬：《听党的话当美术突击队——〈南海前哨钢八连〉》，《美术》1964 年第 4 期，第 10 ~ 12 页。
④ 参见珠海市香洲区地方志编纂委员会《珠海市香洲区志》（上册），方志出版社，2012，第 31 页。
⑤ 参见吴志良《澳门政治制度史》，广东人民出版社，2010，第 197 ~ 217 页。
⑥ 参见吴志良《澳门政治制度史》，广东人民出版社，2010，第 197 ~ 217 页。

十一届中央委员会第三次全体会议召开后发生深刻改变的。"解放思想是当前的一个重大政治问题"①,这一论断为后来的中国共产党第十一届中央委员会第三次全体会议定下了主基调。而在中国共产党第十一届中央委员会第三次全体会议之后,以经济建设为中心成了国民经济重整旗鼓的关键推力,自此珠海才有可能从严防死守的"边防区"一跃蜕变为改革开放的最前沿。

1978 年 12 月,中国共产党第十一届中央委员会第三次全体会议决定:"全党工作的着重点应该从一九七九年转移到社会主义现代化建设上来。"②会议还指出:"实践证明,保持必要的社会安定,按照客观经济规律办事,我们的国民经济就高速度地、稳定地向前发展,反之,国民经济就发展缓慢甚至停滞倒退。"③中国共产党第十一届中央委员会第三次全体会议引发了中国社会的一系列转变,社会主义改革开放自这次"具有深远意义的伟大转折"起逐渐拉开序幕。

由于毗邻港澳,广东省当仁不让地成为改革开放的先行者。早在 1978 年 5 月,国家计划委员会、对外贸易部就已经在香港、澳门考察过,并建议借鉴港澳经验,在广东宝安县、珠海县实行特殊管理办法,建设对外生产基地、加工基地及面向港澳游客开放的游览区。中央领导同志对此表示肯定。1979 年 1 月 6 日,广东省和交通部向国务院报送《关于我驻香港招商局在广东宝安建立工业区的报告》,得到了中央的批准。④

出于对外开放的形势需要,珠海的行政建制也随之发生变化。1979 年,

---

① 《解放思想,实事求是,团结一致向前看》,载中共中央文献研究室编《十一届三中全会以来党的历次全国代表大会中央全会重要文件选编》(上),中央文献出版社,1997,第 2 页。
② 《中国共产党第十一届中央委员会第三次全体会议公报》,载中共中央文献研究室编《十一届三中全会以来党的历次全国代表大会中央全会重要文件选编》(上),中央文献出版社,1997,第 17 页。
③ 《中国共产党第十一届中央委员会第三次全体会议公报》,载中共中央文献研究室编《十一届三中全会以来党的历次全国代表大会中央全会重要文件选编》(上),中央文献出版社,1997,第 22 页。
④ 参见曲青山、黄书元主编《中国改革开放全景录(中央卷)》(上册),人民出版社,2018,第 56 页。

珠海县改为珠海市，以珠海县的行政区域为珠海市的行政区域。同时在香洲地域设立香洲区和拱北区，均为市政府派出机构。①

允许广东沿海的深圳、珠海成为对外开放的前沿，就意味着在经济活动中，中央需要赋予这些地方更多的自主权，实行与对外开放相一致的新经济体制。邓小平首先确定了"经济特区"这一概念："可以划出一块地方来，叫作特区。陕甘宁就是特区嘛。中央没有钱，要你们自己搞，杀出一条血路来。"② 这句话一方面意味着，社会主义的经济发展模式并非铁板一块；另一方面，"要你们自己搞"也释放出赋权给经济特区的信号。1979 年 7 月 15 日，党中央和国务院发文批准广东、福建两省关于试办特区的请示报告，并决定在深圳、珠海、汕头及厦门四市，分别划出一部分区域试办出口特区，而深圳和珠海又先于汕头、厦门，成为首批出口特区。③

一开始，经济特区的定位是"出口特区"。④ 1980 年 5 月 16 日，党中央和国务院发出文件，将我国要办的特区正式称为"经济特区"。同年 8 月 26 日，第五届全国人大常委会第十五次会议作出决定，批准在深圳、珠海、汕头、厦门设置经济特区，并通过了《广东省经济特区条例》。⑤ 这意味着，我国经济特区的主要功能在于经济而非政治，其定位不仅仅是出口、加工，而是综合性特区。⑥ 特区之所以特别，就体现在制度上的敢为人先和不断探

---

① 参见珠海市香洲区地方志编纂委员会：《珠海市香洲区志》（上册），方志出版社，2012，第 35 页。
② 黄越：《中国海外建筑工程公司在香港》，《瞭望》1984 年第 24 期，第 17 页。
③ 参见钟坚《中国经济特区发展历程的考察与思考》，《中共党史研究》1993 年第 3 期。
④ 陈东林、邢茹玉：《三中全会前后中央设立经济特区决策的形成》，《当代中国史研究》2008 年第 4 期。
⑤ 参见曲青山、黄书元主编《中国改革开放全景录（中央卷）》（上册），人民出版社，2018，第 58 页。
⑥ 参见钟坚《中国经济特区发展历程的考察与思考》，《中共党史研究》1993 年第 3 期，第 1~7 页；陈东林、邢茹玉《三中全会前后中央设立经济特区决策的形成》，《当代中国史研究》2008 年第 4 期。

索：依靠外资，多种所有制并存，实行不同于内地的管理体制，财政大包干，部分商品免征进口税，等等。①

在改革开放实践中，珠海由"边防区"蜕变为改革开放探索的先行者。随着对外开放的不断扩大，珠海经济特区的范围也不断扩大。1980年，经全国人大常委会批准，在珠海市设置经济特区，总面积为6.81平方千米。②1983年6月29日，经国务院批准再次调整珠海经济特区范围，总面积扩展为15.16平方千米。③

邓小平于1984年视察珠海，在会见霍英东、马万祺时说道："办特区是我倡议的，看来路子走对了。"④ 在珠海经济特区设立后，珠海的工农业总产值几乎每年都成倍地高速增长，从1980年到1992年，珠海的年工农业总产值就从不足一亿元跃升至109亿元。⑤ 当时的珠海市市长梁广大总结道："改革开放是解放和发展特区生产力的成功之路。"⑥ 珠海由原本封闭的边陲小镇蜕变成为以外向型经济为主要推力的经济特区，这一身份转换也只有在改革开放的深刻变革中才能完成。

2. 改革开放中珠澳关系的变化

新中国成立初期因意识形态和边防问题而被动封闭的珠海，在改革开放后因毗邻澳门而遇到了新的发展契机。除了对外开放的不断扩大以外，逐步解决澳门前途问题也是珠澳实现良性互动的重要前提。

20世纪70年代中期至80年代末，是澳门逐步实现地区自治和进入过

---

① 参见曲青山、黄书元主编《中国改革开放全景录（中央卷）》（上册），人民出版社，2018，第58页。
② 珠海市香洲区地方志编纂委员会：《珠海市香洲区志》（上册），方志出版社，2012，第36页。
③ 珠海市香洲区地方志编纂委员会：《珠海市香洲区志》（上册），方志出版社，2012，第36页。
④ 李岚清：《突围——国门初开的岁月》，中央文献出版社，2008，第152~153页。
⑤ 参见《珠海经济起飞的奥秘》，《党政干部学刊》1992年第8期。
⑥ 梁广大：《改革开放是发展特区生产力的成功之路》，《生产力研究》1992年第4期。

渡时期的重要时间段。1976 年 2 月，《澳门组织章程》颁布生效。在去殖民化的呼声中，澳门拥有了自治立法的权限，澳门"葡萄牙管治下的中国领土"这一政治地位初步形成。① 另外一个标志性事件是 1979 年 2 月 8 日中葡建交，双方高层互访逐渐频繁。1985 年，葡萄牙总统埃亚内斯访华，中葡双方经磋商一致认为，解决澳门问题的时机已经成熟，并发表联合公报："双方同意于近期内通过外交途径就解决澳门问题举行谈判。"最终，经过数轮谈判，1987 年 3 月 26 日，葡萄牙总理席尔瓦访华，与时任中华人民共和国国务院总理的赵紫阳在北京进行了《中葡联合声明》的草签。《中葡联合声明》于同年 4 月 13 日正式签订，并在 1988 年 1 月 15 日正式生效。《中葡联合声明》不仅确定了澳门的主权归属、法律地位、回归时间，也明确了"一国两制"下中国对澳门的基本政策。②

此外，澳门政治、经济和法制方面的更新，也成为促进澳门与内地良性互动的重要因素。澳门总督高斯达（Vasco Almeida e Costa）于 1981 年上任后，大力推动澳门政治、经济、社会现代化。同时，高斯达任内开始推行中文化和本地化，并不断加强澳门立法机构的立法能力，从而逐步实现制度环境的平稳过渡。③

1984 年 11 月 8 日，湾仔—澳门实现复航，④ 珠澳交流的水上通道再度打开。当时的政策研究者们已经意识到澳门对于珠海发展所具有的深刻意义："要善于'借桥过海'，加强与澳门的交流与合作，争取通过葡萄牙的支持，为珠海的产品进入欧洲联盟和非洲葡语国家的市场开辟通道。"⑤ "面对香港、

---

① 参见吴志良《澳门政治制度史》，广东人民出版社，2010，第 242~243 页。
② 参见吴志良《澳门政治制度史》，广东人民出版社，2010，第 250~257 页。
③ 参见唐晓晴《澳门法制发展之路——在后殖民的困惑中探索澳门"一国两制"的法治理想》，《中研院法学期刊》2015 年第 17 期。
④ 珠海市香洲区地方志编纂委员会：《珠海市香洲区志》（上册），方志出版社，2012，第 37 页。
⑤ 叶庆科：《珠海增创优势初探》，载宋国有编《珠海发展道路探索》，人民出版社，1995，第 8 页。

澳门，背靠珠三角各市，是珠海经济特区有别于汕头、厦门和海南经济特区的独特区位优势。"① 在对澳门恢复行使主权后，珠海将成为"一国两制"实践的最前沿。地缘上的亲近成为珠澳实现良性互动的关键优势，而珠海的对外开放和澳门问题的解决又为双方互补提供了充分的机会。珠澳合作的实践意义愈发重要，并在珠海扩大开放的实践中呈现极强的生命力和连续性。

（三） 邓小平南方谈话后横琴经济开发区的设立

1. 横琴经济开发区的设立

珠海经济特区建设如火如荼地进行之时，横琴却沉寂了很长一段时间。直到 20 世纪 90 年代，横琴作为"一国两制"临界点的优势才被再度发掘出来，契机正是邓小平的南方谈话。邓小平在 1992 年南方谈话中指出："改革开放胆子要大一些，敢于试验，不能像小脚女人一样。"② 这再度激发了广东省和珠海市先行先试、进行制度创新的勇气。在 1993 年《珠海年鉴》的第一页，当时的珠海市市长梁广大写下了这样一段话："1992 年，是我市发展历史上极不平凡的一年，……在这一年里，我国改革开放的总设计师、经济特区的倡导者邓小平同志，再次亲临珠海视察并作了具有划时代意义的重要谈话，在马克思主义发展史上第一次肯定了搞市场经济的特区是社会主义的经济特区，吹响了向改革开放的广度和深度进军的号角，打响了在全国再次掀起改革开放高潮的重要一炮。"③

---

① 袁持平：《试论增创珠海经济特区的投资软环境》，载宋国有编《珠海发展道路探索》，人民出版社，1995，第 106 页。
② 《在武昌、深圳、珠海、上海等地的谈话要点》，载《邓小平文选》（第三卷），人民出版社，1993，第 372 页。
③ 《珠海年鉴（1993）》，广东人民出版社，1993，第 1 页，以上文字摘自梁广大为年鉴所写的代序。

梁广大曾这样评价横琴："横琴的确是个非常特别、非常难得的地方，我们中华人民共和国再没有第二块这么好的地方了。"① 也曾有澳葡官员表示，可以将横琴作为澳门与内地之间的连接点，共同开发横琴。② 可见，在广东省和珠海市着力开发横琴之前，就已经有人发现了横琴的潜力。

虽然当时的横琴仍是一个"隔离岛"，基础设施很差，但它的确有着得天独厚的优势。从地理条件上来说，横琴与澳门仅仅一水之隔，最近处不过 200 米，显然是"一国两制"的一个交汇点，理应大有可为。从经济文化条件上来说，横琴与澳门既有历史渊源，又有经济、文化交往，同时双方的经济发展存在差异，澳门地少人多，而横琴的面积则是澳门的三倍以上，可以充分互补。③ 后来的横琴开发区管委会副主任邓群芳写道："横琴岛是一个境内关外之地，是国际、国内两个市场的交融点。开发横琴岛，对横琴岛实行更加开放的政策，可以加强横琴岛同国际市场的连接度和融合度，促使其逐渐成为国际市场的一个重要组成部分。这对我国的市场经济将会产生一定的先导和示范作用。"④

改革开放后，横琴岛行政区划的变动也为资源整合创造了积极条件。改革开放初期，小横琴乡、大横琴乡本属香洲区下辖的湾仔区。到了 1986 年 12 月 29 日，珠海市香洲区设立横琴乡人民政府，将原本大、小横琴整合为一个乡，由乡政府管辖整个横琴岛，其陆地面积为 47.3 平方

---

① 柯坚：《开发横琴岛，为澳门长期繁荣做贡献》，载宋国有编《珠海发展道路探索》，人民出版社，1995，第 178 页。
② 参见邓群芳《紧抓机遇，敢于探索，再创横琴新优势》，载宋国有编《珠海发展道路探索》，人民出版社，1995；张志邦《关于增创珠海新优势的几个问题》，载宋国有编《珠海发展道路探索》，人民出版社，1995，第 22 页。
③ 柯坚：《开发横琴岛，为澳门长期繁荣做贡献》，载宋国有编《珠海发展道路探索》，人民出版社，1995，第 183 页。
④ 柯坚：《开发横琴岛，为澳门长期繁荣做贡献》，载宋国有编《珠海发展道路探索》，人民出版社，1995，第 180 页。

千米。① 仅一年多以后，根据国务院批转民政部《关于调整建镇标准的报告》②，珠海市于1988年2月撤销横琴乡，设立横琴镇，从而实现了撤乡建镇。③

横琴实现飞跃的第一次机会终于到来。在邓小平南方谈话背景下，广东省进一步扩大开放，划定了四个经济开发区，其中就包括横琴岛。④ 珠海市委于1992年3月4日至6日召开工作会议，按照广东省委、省政府把西区和横琴岛列为广东省20世纪90年代重点发展的经济区域的要求，决定加快西区和横琴岛的开发建设。横琴岛重点开展技术含量高、附加值大的项目，并适当发展旅游业和精加工项目。⑤ 1992年6月，珠海市委常委会议又提出了横琴体制规划方案：要严格实行二线管理，在特殊政策的基础上对人员进出境、货物和外汇进出实施更加方便的管理方法。⑥ 从产业规划中可以看出，横琴产业发展的目标，是生产满足国际市场需求的高附加值产品，其经济发展趋势，将是逐步加强与澳门的融合，从而取长补短，以共同面对国际市场的竞争。⑦

1992年7月22日，珠海市横琴经济开发区管理委员会（以下简称"横琴管委会"）正式成立，负责统一领导横琴的经济开发。横琴管委会是市委、市政府的派出机构，代表市委、市政府对全岛实施行政管理，下辖横琴镇，原属香洲区管辖的横琴镇划归横琴经济开发区，其行政区划仍

① 珠海市香洲区地方志编纂委员会：《珠海市香洲区志》（上册），方志出版社，2012，第39页；另参见张平主编《中国改革开放：1978-2008》（综合篇·中），人民出版社，2009，第329页。
② 参见国发〔1984〕165号文件。
③ 珠海市香洲区地方志编纂委员会：《珠海市香洲区志》（上册），方志出版社，2012，第41页。
④ 《珠海年鉴（1993）》，广东人民出版社，1993，第64～78页。
⑤ 《珠海年鉴（1993）》，广东人民出版社，1993，第57页。
⑥ 《珠海年鉴（1993）》，广东人民出版社，1993，第55页。
⑦ 柯坚：《开发横琴岛，为澳门长期繁荣做贡献》，宋国有编《珠海发展道路探索》，人民出版社，1995，第179～180页。

属香洲区。① 横琴岛上的行政、文化、商贸中心暂设在横琴镇红旗村。② 横琴管委会的成立，正式揭开了大规模开发建设横琴岛的序幕。③

对于横琴的定位和发展方向，20 世纪 90 年代之初的横琴管委会显然有着较为宏大的规划，希望能够充分利用横琴的地缘优势，尽快补齐基础设施短板，与澳门进行更为有效的合作，使产业结构和经济运行逐步走向国际化和市场化。横琴管委会副主任邓群芳指出："要使横琴和珠海的经济发展国际化，就要采用有别于传统的方法。"④ 正因如此，横琴管委会对于横琴的发展目标提出了三个"突出"。首先，在发展战略上，突出一个"高"字，立足未来，面向世界，采取比市区更高的规划建设标准，把横琴建设成为集高新技术产业、金融、旅游、商业及与之相配套的第三产业于一体的国际化、现代化经济区。其次，在发展布局上突出一个"放"字，努力创造新的政策优势和发展模式优势，加大开放程度，实行全方位开放，发展自由贸易港经济。最后，在发展速度上，突出一个"跃"字，争取超常规的发展速度，运用超前发展意识，高标准、高质量、高起点地进行规划和建设。⑤ 在规划布局上，横琴根据地理和自然环境优势，分区域进行规划建设。东面规划为金融商贸及行政中心；东南面规划为旅游度假区和房地产开发区；西北面规划为工业区；北面的马骝洲水道规划为仓储区。⑥ 另外，横琴的基础设施底子较差，需要狠抓基础设施建设。因此，兴建横琴大桥及配套路网工程、加快横琴湾与十字门的围海造地工程、保障岛上水

① 珠海市香洲区地方志编纂委员会：《珠海市香洲区志》（上册），方志出版社，2012，第 49 页。
② 《珠海年鉴（1993）》，广东人民出版社，1993，第 214 页。
③ 《珠海年鉴（1993）》，广东人民出版社，1993，第 214 页。
④ 邓群芳：《紧抓机遇，敢于探索，再创横琴新优势》，载宋国有编《珠海发展道路探索》，人民出版社，1995，第 176 页。
⑤ 柯坚：《开发横琴岛，为澳门长期繁荣做贡献》，载宋国有编《珠海发展道路探索》，人民出版社，1995；另参见《珠海年鉴（1993）》，广东人民出版社，1993，第 183 页。
⑥ 《珠海年鉴（1993）》，广东人民出版社，1993，第 214 页。

电充裕和通信畅通，也成为横琴发展规划的重要组成部分。[①]

横琴开发区的成立，是邓小平南方谈话、改革开放进一步扩大的结果。澳门回归在即，也使得横琴的发展与澳门紧密联结，承载着为澳门长期繁荣稳定打好基础的历史使命。不过，在从边陲小岛向区域合作中心蜕变的过程中，横琴经济开发区仅仅是一个序章。

2. 横琴经济开发区的后续发展

从经济开发区的成立过程和发展规划看来，1992 年的横琴正要起飞。不论是政府官员还是政策研究者，都对横琴的未来寄予了厚望。在"人员进出境更方便一些，货物进出口更方便一些，外汇使用更方便一些"[②] 的前提下，使横琴在"一国两制"前沿发挥窗口作用，最终成长为具有国际竞争力的区域。不过，横琴的发展并非直线上升，也非理所当然。在经济开发区成立后的十多年间，横琴的地位仍然是一个地区性的开发区，还远未得到国家层面的重视，其发展也随着政策和外部环境的变化经历了一些起落。

第一个阶段是 1993 年至 1998 年。从《珠海年鉴》的记载来看，横琴经济开发区自 1992 年成立以来的重点工作主要有两项：基础设施建设和招商引资。基础设施建设的主要着力点在于围海造地和交通基础设施。从 1993 年开始，横琴管委会以合租开发土地、共享发展成果的举措充分吸纳中外资金用于基础设施建设，兴建横琴大桥及配套路网，并开展围海造地工程，预计向海要地约 40 平方千米，这个面积接近再造一个横琴，[③] 而在招商引资方面，珠海根据《广东省人民政府关于加快海岛开发有关政策的通知》，出台《关于贯彻省政府海岛开发政策的通知》。利用横琴作为海岛

---

① 《珠海年鉴（1994）》，广东人民出版社，1994，第 318~319 页。
② 《珠海年鉴（1993）》，广东人民出版社，1993，第 301 页。
③ 《珠海年鉴（1995）》，广东人民出版社，1995，第 381 页。

的优势，扩大利用外资、引进技术方面的审批权限，从而享受国家和广东省有关扩大开放的优惠政策。开发区也通过在海内外举办经贸洽谈会、房地产展销会、新闻发布会等形式，积极宣传横琴处于"一国两制"临界点的地缘优势和享受特区、海岛、边贸多重优惠政策的优势。①

不过，从1994年开始，横琴开发区便淡出了珠海市的主要规划。这一现象是从1994年之后的《政府工作报告》中看出来的。1994年珠海市《政府工作报告》中，只是提到了一句"搞好西区和横琴经济技术开发区的规划建设"②。1995年到1998年，"横琴经济开发区"便再也没有出现在《政府工作报告》中，而报告中的"横琴岛"本身也化为了基础设施建设和外贸发展的背景板。③

横琴经济开发区之所以在1994年后逐渐沉寂，可能有以下几点原因。其一，在"横琴开发区"的帽子下，仍然是横琴镇的建制。管委会虽然是珠海市派出机构，但其行政职权仍不够明晰，地方政府派出机构的事权范围与宏观规划所涉事项之间仍有着较大差距。其二，政策体系不够系统，横琴定位并不清晰。在市一级层面，除《关于贯彻省政府海岛开发政策的通知》以外，未能进一步出台其他方面的规范性文件，对横琴岛的重视也未能持续。其三，横琴自身人口较少，基础设施较差，需要较长时间完成

---

① 《珠海年鉴（1995）》，广东人民出版社，1995，第381页。
② 《珠海年鉴（1994）》，广东人民出版社，1994，第388页。
③ 参见1994年至1998年的珠海市《政府工作报告》。梁广大：《政府工作报告——1995年3月9日在珠海市第四届人民代表大会第二次会议上》，《珠海年鉴（1995）》，广东人民出版社，1995，第395~405页；黄龙云：《政府工作报告——1996年3月20日在珠海市第四届人民代表大会第三次会议上》，《珠海年鉴（1996）》，广东人民出版社，1996，第82~93页；黄龙云：《政府工作报告——1997年3月17日在珠海市第四届人民代表大会第四次会议上》，《珠海年鉴（1997）》，珠海出版社，1997，第69~78页；黄龙云：《政府工作报告——1998年3月21日在珠海市第四届人民代表大会第六次会议上》，《珠海年鉴（1998）》，珠海出版社，1998，第84~93页。

基础设施建设、营造招商引资环境。不难看出，开发区的初始发展并不算顺利，呈现"高开低走"的态势。

第二个阶段是 1999 年至 2003 年。我国在 1999 年 12 月 20 日起开始对澳门恢复行使主权，又于 2001 年加入世贸组织。横琴再次遇到历史良机。澳门自殖民时代起就是一个自由港，外汇进出自由。横琴在澳门回归后，有条件成为澳门进入内地市场的主要渠道。① 借着澳门回归的东风，当时的珠海市市长黄龙云在 1999 年《政府工作报告》中作出规划："横琴开发区要利用开通连接澳门第二条陆路通道②的有利条件，完善配套基础设施，做好招商引资工作。"③

在世纪之交的发展规划中，横琴的定位也终于逐渐清晰了起来。1999年 2 月，珠海市召开经济工作会议，横琴经济开发区被正式确定为珠海五大经济功能区之一。所谓功能区指的是市政府派出的管理机构，代表市政府在功能区辖区内实行统一领导和统一管理。另外，功能区在法律、规章范围内，行使市一级的经济管理权限，招商引资项目的手续报批工作从而可以在区内办理完毕。④ 作为功能区的横琴至此获得了更大范围的授权，在行使市一级的经济管理权限之后，横琴才真正实现了以经济建设为中心的功能转变。

第三个阶段是 2004 年之后。这一时期，横琴的发展机遇来自"泛珠三角区域合作"这一概念的提出。2003 年 11 月，时任广东省委书记的张德江首次

① 柯坚：《开发横琴岛，为澳门长期繁荣做贡献》，载宋国有编《珠海发展道路探索》，人民出版社，1995；另参见《珠海年鉴（1993）》，广东人民出版社，1993，第 184 页。
② 指 1998 年 6 月 29 日正式动工、1999 年 12 月 10 日竣工的莲花大桥。该桥连接澳门与横琴，是澳门与内地之间的第二条陆路通道。——笔者注
③ 黄龙云：《政府工作报告——1999 年 2 月 5 日在珠海市第五届人民代表大会第一次会议上》，《珠海年鉴（1999）》，珠海出版社，1997，第 83～92 页。
④ 《珠海年鉴（2000）》，珠海出版社，2000，第 153 页。

公开提出"泛珠三角经济区"的构想。2004 年 6 月，泛珠三角行政区域九省区的负责人及香港、澳门行政长官在广州签署了《泛珠三角区域合作框架协议》。① 在这一背景下，广东省向国家申报设立"泛珠三角横琴经济合作区"，并在 2005 年完成了《关于开发泛珠三角横琴经济合作区的项目建议书》。②

在国务院港澳事务办公室指导、广东省政府协调下，粤澳制订了共同开发横琴岛的规划，由珠海市政府与澳门特别行政区政府开展具体合作，共同开发建设包括填海区在内的横琴岛，设立边境加工区，力图将横琴建设成为集旅游、娱乐、观光、边贸加工于一体的现代化海滨新城。③ 此时横琴的地位升格，成为珠三角区域的重点合作地区之一。

通过梳理、研究横琴经济开发区成立后十几年的发展历程，我们可以得到一些规律性的认识。横琴发展的起落，是与政策和外部环境的变化深度相关的。当横琴仅仅是一个地方性的经济开发区时，因缺乏足够的政策鼓励和外部刺激，它的规划和发展进程就相对比较缓慢；而当外部环境发生变化（如澳门回归）时，又会提醒决策者横琴的重要性，使得制度和政策再度向横琴倾斜，其发展方向也会受到明显影响。另外，政策与规划的层级也是横琴发展程度的重要参照。当政策制定主体为地方政府时，横琴的功能和定位就相对比较局限；而当横琴成为跨区域合作的中心时，其功能和定位的重要性就会有所上升。在其后讨论横琴向深度合作示范区逐步蜕变的过程中，这些认识仍然能够得到反复印证。

---

① 《"泛珠三角"：中国区域合作与协调发展的新突破》，光明网，2004 年 5 月 26 日，https：//www. gmw. cn/01gmrb/2004 –05/26/content_33394. htm。
② 王顺生：《政府工作报告——2005 年 2 月 26 日在珠海市第六届人民代表大会第二次会议上》，《珠海年鉴（2005）》，珠海出版社，2005，第 3～10 页。
③ 参见陈瑞莲、刘亚平《泛珠三角区域政府的合作与创新》，《学术研究》2007 年第 1 期。

四 角色变换：作为粤澳合作焦点的横琴

（一）"横琴新区"的新使命

1.《珠江三角洲地区改革发展规划纲要》对横琴的重新定位

自 1992 年设立横琴经济开发区以来，改革、开放与体制机制创新就一直是横琴发展的核心动力。不过，由于政策制定主体局限在地方政府，事权范围与规划目标难以匹配等，横琴的开发始终没有达到当初所设想的高度。《珠海传：近代中西文化走廊》的作者就在书中这样写道："由于种种原因，无论是计划，还是建议，都迟迟未能落实。随着当年激情满怀，意气风发的开拓者来了又走，横琴岛又渐渐归于沉寂。"[①]

不过，横琴一直以来的蛰伏和准备，还是让其等到了命运的又一个重要转折点。2008 年，国务院通过了《珠江三角洲地区改革发展规划纲要（2008－2020 年）》（以下简称《发展规划纲要》），横琴这个身处"一国两制"临界点却仍处于待开发状态的岛屿，真正进入国家视野之中。《发展规划纲要》明确提出："规划建设广州南沙新区、深圳前后海地区、深港边界区、珠海横琴新区、珠澳跨境合作区等合作区域，作为加强与港澳服务业、高新技术产业等方面合作的载体。鼓励粤港澳三地优势互补，联手参与国际竞争。"虽然"横琴"这个词在《发展规划纲要》中只出现了一次，但意义非同小可。这是"横琴新区"这一说法首次出现在规范性文件中，横琴的地位和功能上升到了国家战略层面，从而成为对外开放新格局的参与者

---

① 陈琎、千红亮：《珠海传：近代中西文化走廊》，新星出版社，2018，第 339 页。

和粤港澳区域合作的重要节点。

横琴新区在"一国两制"的联结点上，地位提升的背后必须有更大的事权和财权作为支撑。如果要实现其粤港澳合作载体的使命，就必须在政府权限上有所突破。《发展规划纲要》强调："以行政管理体制改革为突破口，深化经济体制和社会管理体制改革，健全民主法制，在重要领域和关键环节先行先试，率先建立完善的社会主义市场经济体制，为科学发展提供强大动力。"这无疑释放了鼓励体制机制创新的信号。不过，《发展规划纲要》属于国务院发布的规范性文件，其中的发展指引要获得具体实施，就必须由广东省进行立法保障。①

2011 年，广东省人大常委会通过了《广东省实施珠江三角洲地区改革发展规划纲要保障条例》（以下简称《保障条例》），为《发展规划纲要》在广东实施提供了必要的法律依据。《保障条例》第 28 条第 2 款规定："省人民政府可以按照前款规定，批准县级人民政府及其部门、具备一定人口规模和经济实力的镇人民政府，行使地方性法规、政府规章规定的由上一级人民政府及其部门行使的行政管理职权，并就批准的行政管理事项制订调整目录。"该条成为授权地方政府行使上一级行政机关管理职权的依据。横琴"区镇合一"的管理体制正式形成，不再由香洲区管辖，而是改为由市直管，实行一级财政，在珠海市政府授权范围内行使市级经济管理权并统揽区镇社会公共事务。② 至此，在"横琴镇"这一行政区划不变的前提下，作为经济功能区的横琴通过授权实现了行政职权的扩张和功能的叠加，有效缓解了地方性事权与国家级战略定位之间的高度张力，为横琴新

---

① 参见黄颖、周素红、钟谦《区域治理视角下〈珠江三角洲地区改革发展规划纲要〉的实施机制及启示》，《国际城市规划》2015 年第 4 期，第 95～100 页。
② 《珠海年鉴（2009）》，珠海出版社，2009，第 337 页。

区的未来作了充分铺垫。

2.《横琴总体发展规划》与横琴新区的成立

在《发展规划纲要》的推动下，2009 年 6 月，国务院正式批准并实施《横琴总体发展规划》，将横琴定位为"一国两制"下探索粤港澳合作新模式的示范区，横琴一跃成为深化改革开放和科技创新的先行区，成为促进珠江口西岸地区产业升级发展的新平台。2009 年 11 月，中央机构编制委员会正式批准设立珠海横琴新区管理委员会，确定为副厅级机构，作为广东省人民政府派出机构存在，并委托珠海市人民政府进行管理。① 2009 年 12 月 19 日，横琴新区挂牌成立，成为继上海浦东新区、天津滨海新区之后的第三个国家级新区。

新区成立后，一系列相关协议与政策接踵而至。首先是 2011 年 3 月 6 日，广东省人民政府和澳门特别行政区政府签署《粤澳合作框架协议》，"合作开发横琴"单列一章。其后，2011 年 3 月 14 日，第十一届全国人民代表大会第四次会议审议《中华人民共和国国民经济和社会发展第十二个五年规划纲要》，横琴新区作为粤港澳合作的重大项目被列入其中。2011 年 7 月 14 日，国务院下发《关于横琴开发有关政策的批复》（国函〔2011〕85 号），正式批复同意横琴创新通关、财税等比特区更"特殊"的优惠政策。同年 11 月 21 日，《珠海经济特区横琴新区条例》正式公布，为横琴锐意创新、快速崛起提供了充分的法律保障。② 横琴新区构建粤港澳紧密合作新载体，重塑珠海发展新优势，促进澳门经济适度多元发展，维护港澳地区长期繁荣稳定的制度框架初见规模。

---

① 参见孙艳《基于探索粤港澳合作新模式视角看横琴新区早期若干创举》，《中共珠海市委党校珠海市行政学院学报》2019 年第 3 期。

② 何宁卡：《珠海市政府工作报告——2012 年 1 月 8 日在珠海市第八届人民代表大会第一次会议上》，《珠海年鉴（2012）》，珠海百年电子音像出版社，2013，第 5 页。

　　"新区"仍然是一类经济功能区，指的是在特定区域内建立专门的管理机构，并实行特殊的经济政策和管理模式。① 不同的则是时代背景和"国家级新区"的飞跃。往年的《珠海年鉴》中，"横琴开发区"作为经济功能区，在年鉴中的次序往往排在其他功能区之后，但从 2010 年开始，"横琴新区"在《珠海年鉴》各经济功能区中的位置排到了第一。管中窥豹，"国家级新区"的帽子对横琴未来产生了不可估量的影响，这座离岛的地位已不可同日而语。

　　横琴新区的成立，是国家不断扩大开放、深化粤港澳紧密合作的结果，但同时，《横琴新区发展规划》等政策也成为进一步推进制度创新、陆续出台特殊政策的动力。《横琴新区发展规划》与行政法规、规章等规范性文件存在显著区别，不具备完全的强制性。② 因此，要保障《横琴新区发展规划》的实施，就需要地方立法机关和地方行政机关制定具体的地方性法规、行政规章，还需要地方政府出台一系列实施细则、配套措施并加以落实，从而产生体系效应，推动横琴成为全国开放程度最高、开发政策最优、体制机制最活、创新空间最广的开发新区。③ 从制度层面来讲，新区之"新"主要体现在以下几个方面。

　　第一，新区在保留横琴镇这一行政区划的前提下，实行"区镇合一"制度，同时通过授权，给予横琴部分省级经济管理权限，从而实现超越行政区划本身的功能叠加。所涉区域内的社会公共管理事务以横琴镇的名义行使，对于那些区镇职能相近或相关的机构进行细致整合，实行"两块牌子，一套

---

① 参见杨文斌《论我国经济功能区协同治理模式的构建》，《天津行政学院学报》2016 年第 1 期。
② 参见黄金荣《"规范性文件"的法律界定及其效力》，《法学》2014 年第 7 期；郭昌盛《规划纲要的法律性质探析》，《上海政法学院学报（法治论丛）》2018 年第 3 期。
③ 何宁卡：《珠海市政府工作报告——2012 年 1 月 8 日在珠海市第八届人民代表大会第一次会议上》，《珠海年鉴（2012）》，珠海百年电子音像出版社，2013，第 5 页。

人马"的合署办公方式。早期的横琴经济开发区管委会是珠海市政府的派出机构，因而事权有限。而横琴新区管委会则为广东省政府的派出机构，而且获得了较为广泛的授权。根据《广东省政府关于加快横琴开发的若干意见》（粤府〔2012〕30号）的规定，将除需广东省、珠海市统筹协调和综合平衡事项外的外商投资项目核准、地方政府投资项目审批等省级项目的审批权下放至横琴新区管理委员会并由其依法实施。将在企业发展、用地预审、规划建设与管理、企业登记、人才引进等方面的省级经济管理权下放或委托给横琴新区管委会并由其依法实施。《珠海经济特区横琴新区条例》则规定，珠海市人民政府的工作部门一般不在横琴设立分支机构，管委会在财政、土地管理上行使市一级的管理权限，与珠海市政府没有直接的上下级隶属关系。只有通过依法授权，管委会行使职权才不会被过分掣肘，《横琴总体发展规划》中有关深化改革、推进与港澳紧密合作的内容才能得到充分实践。

第二，实行"分线管理"，在便利通关和有效监管之间取得平衡。根据《横琴总体发展规划》和《粤澳合作框架协议》所制定的《珠海经济特区横琴新区条例》第35条规定，横琴口岸设为"一线"，横琴岛与内地之间设为"二线"，按照"一线"放宽、"二线"管住、人货分离、分类管理的原则实施分线管理。所谓"一线"放宽，指的就是横琴口岸对货物在税、证等方面事项进行适度放宽；"二线"管住，指的是对适用"一线"放宽的货物，在进入内地时按照进口货物的有关规定办理报关手续。这样一来，"一线"和"二线"之间就形成了一个事实上的"自由贸易港"，货物、人员、车辆可以在横琴新区内实现更加自由的流动，也为后来横琴自贸区的申报奠定了充分的基础。①

---

① 参见孙艳《基于探索粤港澳合作新模式视角看横琴新区早期若干创举》，《中共市委党校珠海市行政学院学报》2019年第3期。

第三，澳门大学横琴校区所具有的特殊法律地位，是"一国两制"实践中的突破性创新。2009年6月27日，第十一届全国人民代表大会常务委员会第九次会议审议通过了关于授权澳门特别行政区对设在横琴岛的澳门大学新校区实施管辖的决定，新校区与横琴岛的其他区域之间实行隔开管理。澳门大学横琴校区是横琴岛上一个极为特殊的存在。一方面，横琴校区的土地使用权是在全国人民代表大会常务委员会的授权下取得的，通过与珠海市人民政府签订租赁合同，土地的所有人是珠海市人民政府，而承租人则为澳门特别行政区政府，且承租人不得改变土地的用途。另一方面，这个租赁权的设定其实并不简单。根据全国人民代表大会的授权，澳门特别行政区不仅可以使用校区土地，还可以对横琴校区行使管辖权，在管辖区域内适用澳门特别行政区的法律。在全国人民代表大会授权和《中华人民共和国澳门特别行政区基本法》的双重保障之下，这种"一岛两制"与"一国两制"之间不仅不冲突，还是在中央依法授权下对"一国两制"内涵的充实。①

第四，推动横琴与澳门商事规则衔接，从而便利港澳企业及投资进入横琴。根据《珠海经济特区横琴新区条例》与《珠海经济特区横琴新区商事登记管理办法》的规定，横琴新区内实行市场主体资格登记与经营项目许可、经营场所审批相分离的企业登记制度，由事前审查转为事后审查。实行"宽进"登记制度和"严管"监管体系，登记事项由原来的11项减少到6项。② 在商事登记事项、登记程序方面逐渐与国际接轨、与港澳趋同，从而降低了港资、澳资企业进入横琴时的法律风险，也更有利于三地市场的融合发展。③

---

① 参见董皞《"特区租管地"：一种区域合作法律制度创新模式》，《中国法学》2015年第1期。
② 《珠海年鉴（2014）》，珠海百年电子音像出版社，2015，第282页。
③ 参见陈晖《商事制度改革成效与完善对策——以珠海横琴新区为例》，《经济纵横》2017年第2期。

《规划纲要》和《横琴总体发展规划》中的政策框架已经初步搭建完成，横琴新区成立后的工作重点在于完善执行这些政策的方式方法。通过探索合作模式、创新体制机制，横琴在通关、财税、金融、产业等创新政策方面取得了积极进展，基本实现了"一年有变化""两年见成效"的目标。① 横琴新区成立后，琴澳之间早已不再单纯是地理、语言方面的联结，通过制度环境的构建，二者之间的联系变得更为紧密，也更为深刻了。

（二）横琴进入自贸试验区时代

1. 横琴自贸试验区的建立

横琴新区成立之后的一系列制度突破，同时也在为自由贸易试验区的申报做准备。实际上，早在 20 世纪 90 年代横琴经济开发区成立之初，就已经有政策研究者提出在横琴建立自由贸易试验区的构想："在我国进入全方位开放的新阶段中，应不失时机地加快开放横琴，应根据横琴的条件和进一步发展开放型经济需要，作出决策，在横琴实行一种完全按照国际惯例运作，人、财、物三者进出都相当自由的开放模式，同澳门的自由港经济一体化，以利于它与澳门的互接和共同发展。"② 但当时横琴的基础还比较差，因此这一构想并未在短期内得到实现。

直到横琴新区成立后，"横琴开发跨越式前进"③，开始在通关、财税方

---

① 黄志坚：《珠海市政府工作报告——2011 年 2 月 22 日在珠海市第七届人民代表大会第六次会议上》，《珠海年鉴（2011）》，珠海百年电子音像出版社，2012，第 5 页。
② 柯坚：《开发横琴岛，为澳门长期繁荣做贡献》，载宋国有编《珠海发展道路探索》，人民出版社，1995，第 179 页。
③ 何宁卡：《珠海市政府工作报告——2014 年 1 月 22 日在珠海市第八届人民代表大会第四次会议上》，《珠海年鉴（2014）》，珠海百年电子音像出版社，2015，第 4 页。

面实行"比特区更特"的规则，初步建立与横琴发展定位相匹配的政策体系，这个时候建立自贸试验区的条件才终于成熟。此时恰逢我国将自由贸易试验区建设上升到国家战略层面，可以说，横琴自贸试验区的设立，是时代际遇和地方政府积极创新双重作用下所造就的结果。

2013 年至 2014 年，珠海不仅积极申报粤港澳自贸试验区，而且启动制定外商投资准入特别管理措施（负面清单）等创新制度。国家发展和改革委员会、国家质量监督检验检疫总局、海关总署等机关出台了《横琴新区产业发展指导目录》《横琴出入境检验检疫监督管理办法》《关于横琴开发有关进口税收政策的通知》等一系列政策细则。[①]

2014 年 12 月 12 日，国务院常务会议决定，依托现有新区、园区，在广东、天津、福建特定区域再设三个自由贸易园区。珠海横琴新区片区与广州南沙、深圳前海共同构成了互通互补的广东自贸试验区。其中，横琴成为首个自贸试验区加财税优惠政策双重叠加的特区。[②] 2015 年 4 月 23 日，中国（广东）自由贸易试验区珠海横琴新区片区正式挂牌成立。展望及酝酿多年的自贸试验区终于在横琴落地，同时，承载了"自贸试验区"头衔的横琴，在推进制度创新方面有了更为明确的方向和更大的空间。横琴实现"同澳门经济逐渐地融合在一起，两地的合作与经营越来越紧密"的构想，也将通过制度的改革与完善逐渐走向清晰化。

2. 横琴自贸试验区制度创新的主要特色

横琴自贸试验区成立后，横琴岛便拥有了"横琴新区 + 自贸试验区"的复合身份。我国政府文件中的"自贸区"通常对应"Free Trade Zone"这

---

① 《珠海年鉴（2014）》，珠海百年电子音像出版社，2015，第 282 页。
② 《2014 年珠海十大新闻评选候选条目》，《珠海特区报》，2015 年 1 月 4 日，http://newspaper. zhnews. net/zhtqb/html/2015 - 01/04/content_6_2. html。

一英文短语，亦即两个以上的主权国家或单独关税区通过签署协定，在世界贸易组织最惠国待遇的基础上，相互更进一步地开放市场，并分阶段取消绝大部分货物的关税和非关税壁垒，通过改善服务和投资的市场准入条件，从而形成贸易和投资自由化的特定区域。① 自贸试验区的基本特征包括封关运行、货物进出自由、投资自由、金融自由等。②

根据战略定位和发展目标的不同，我国的自由贸易试验区各有特色。横琴自贸试验区作为广东自贸试验区的重要组成部分，其发展目标是实现粤港澳深度合作，形成国际经济合作竞争新优势，力争建成符合国际高标准的法治环境规范、投资贸易便利、辐射带动功能突出、监管安全高效的自由贸易区。由于毗邻澳门，横琴自贸试验区还承担着促进澳门经济适度多元发展的使命，具有文化教育开放先导区和国际商务服务休闲旅游基地等功能。③ 基于横琴的定位与功能，自贸试验区的制度创新方向也呈现了一些独特之处。

首先，横琴自贸试验区需要直接对接港澳，在"一国两制"框架下坚守一国之本，善用"两制"之利。与其他自贸试验区不同，横琴自贸试验区需要服务于粤港澳深度合作，它的作用对象十分明确。但在"一国两制"框架下，澳门的法律制度、行政模式乃至居民生活方式都与内地存在明显差异。在这一前提下，横琴自贸试验区的制度创新就需要有利于营造与澳门趋同的营商环境。因此，横琴自贸试验区主要在便利通关、证照互认、资金融通等方面发力，具体措施包括开展口岸查验机制创新试点，

① 参见《商务部、海关总署关于规范"自由贸易区"表述的函》（商国际函〔2008〕15号）。
② 刘华：《自贸试验区建设的法治保障》，载焦永利、毛新雅编《国家自贸区战略与自贸试验区探索实践》，人民出版社，2018，第110页。
③ 戴勇斌：《"一带一路"与新型自贸区建设》，载毛新雅、焦永利编《"一带一路"与中国对外开放新格局》，人民出版社，2018，第167页。

允许澳门单牌车出入横琴，推进商事登记改革"三证合一""一照一码"，扩大人民币的跨境使用等。①

其次，横琴除了自贸试验区这个身份以外，也是"横琴新区"，又背靠珠海经济特区，因此是"特中之特"。横琴的制度创新一方面要体现整体战略定位中的国家意志，另一方面又要体现个体特征。横琴自贸试验区出台的改革创新措施，不能超越上位法的授权范围，同时也要坚持因地制宜，在"自贸区"这一相对隔离的环境中利用好"特别赋权"，从而形成一定的自主性。② 如《横琴自贸试验区供用电规则》就参照了世界银行营商评估模型和测算数据，制定了供电设备安置地等相关方面的规范，从而填补了国内规则的空白。③ 横琴自贸试验区还产生了国内首部临时仲裁规则，从而实现与国际仲裁规则的接轨。更重要的是，在《关于建立更紧密经贸关系的安排》（以下简称 CEPA）架构基础上，横琴对港澳投资扩大开放。我国通过 CEPA 机制扩大对澳门开放的服务贸易领域，进一步加大金融、法律、建筑工程及旅游等澳门优势行业的开放程度。基于 CEPA 机制，横琴鼓励、扶持港澳投资者投资，实施《横琴新区支持澳门经济适度多元发展的十一条措施》《横琴新区政府投资基金管理暂行办法》，提升对港澳投资者的吸引力。④

横琴自经济开发区时代起就已经产生了自贸区情结。而在自贸试验区花落横琴之后，它在享受国家战略带来的利好的同时，也必须要面对深化制度改革所带来的压力。因此，如何在现有的权限中取得最大程度的制度

---

① 《政府工作报告——2016 年 1 月 18 日在珠海市第八届人民代表大会第六次会议上》，《珠海年鉴（2016）》，广东教育出版社，2016，第 9 页。
② 参见黄建洪《中国经济特区治理改革与地方政府管理体制创新研究》，人民出版社，2018，第170 页。
③ 《珠海年鉴（2018）》，广东教育出版社，2018，第 387 页。
④ 参见杨道匡、骆伟健、李可、王裔莹《实施高度开放自由港政策推动横琴粤澳深度合作区建设》，《港澳研究》2020 年第 1 期。

创新成效，始终是一个最难解决却也最为重要的课题。

（三）粤港澳大湾区视域下的"横琴粤澳深度合作区"

1.《粤港澳大湾区发展规划纲要》中的"深度合作示范区"

珠江三角洲一直都是改革开放的焦点地区，而近十年的珠江三角洲则更加集中地体现了"改革"与"开放"的真意。在国家意志、区域合作意愿、地方发展意愿的共同推进下，政策出台的密度前所未有。同时，不论是国家战略还是地方政策，都保持着一定的连续性，制度变迁的渐进式路径保证了过渡的稳定和可预期。这样看来，2019 年《粤港澳大湾区发展规划纲要》（以下简称《规划纲要》）的发布，实际上也是对此前一系列体制改革和制度供给的总结和发展。

"粤港澳大湾区"这一概念是由《中华人民共和国国民经济和社会发展第十三个五年规划纲要》首次在中央规范性文件之中加以明确的，继而成为五大国家级区域发展战略之一。

2019 年 2 月 18 日，中共中央、国务院印发了《规划纲要》。这是大湾区发展的纲领性指导文件，从此大湾区的战略定位、发展目标、空间布局和体制机制建设均有了全面化、体系化的设计。同时，《规划纲要》明确点出了大湾区"一个国家、两种制度、三个关税区、三种货币、四个核心城市"的特殊格局，强调对规划的实施进行统筹协调，通过设立粤港澳大湾区建设领导小组，研究解决大湾区建设中的政策实施、项目安排、体制机制创新、平台建设等重大问题。①

---

① 参见张建《"融而不同"，粤港澳大湾区按下快进键》，载《政能亮》编委会编《政能亮Ⅵ》，人民出版社，2020，第 192～195 页。

2018 年 8 月，推进粤港澳大湾区发展领导小组正式成立，并成为中央层面的决策议事协调机构，这一举措是中央打破大湾区发展障碍的顶层设计。① 这意味着，"深度合作"与"协同发展"在《规划纲要》的实施中将得到更为深刻的阐释和发展，而横琴正是内地与港澳深度交流合作的落脚点之一。

《规划纲要》明确提出要"建设粤港澳深度合作示范区"，此时"共商共建共管"也被提上了日程。在 2020 年珠海市《政府工作报告》中，强化政策创新、促进产业协同发展、加强民生合作成为珠澳合作开发横琴的主题，与《规划纲要》的要求基本对应。通过观察此时横琴的制度建设方向，我们能够发现那些事关便利民生、有利于两地居民共同发展的制度所占比重明显提升。首先，进一步便利通关。2019 年 10 月 26 日，第十三届全国人民代表大会常务委员会第十四次会议审议通过《全国人民代表大会常务委员会关于授权澳门特别行政区对横琴口岸澳方口岸区及相关延伸区实施管辖的决定》，同意将澳门莲花口岸整体搬迁至横琴口岸，并采取"合作查验、一次放行"的模式，从而大大提高了通关效率。② 其次，逐步推进澳门居民在横琴享受同等市民待遇。税收方面，推行"澳人澳税"，避免区际双重征税；专业人士执业方面，设立全国首家内地与港澳合伙联营的律师事务所、全国首家内地与港澳三地联营的建筑设计和工程咨询公司，港澳导游及领队、建筑领域专业人士可在横琴便利执业；就业创业方面，出台《关于进一步支持澳门青年在横琴创新创业的暂行办法》，为澳门青年创新创业提供资金扶持与服务保障。③

---

① 参见张建《"融而不同"，粤港澳大湾区按下快进键》，载《政能亮》编委会编《政能亮Ⅵ》，人民出版社，2020，第 192 ~ 195 页。

② 《珠海年鉴（2020）》，广东教育出版社，2020，第 14 页。

③ 《珠海年鉴（2020）》，广东教育出版社，2020，第 16 页。

在《规划纲要》出台后，横琴制度构架的搭建显然变得更为"贴地"，与促进澳门经济适度多元、便利要素流通的目的扣得更紧。"一个国家、两种制度、三个关税区"的框架本身所形成的壁垒仍然存在，与澳门进行制度衔接的具体思路还未形成，但务实推动乏力、整合机制缺失的问题已经得到逐步解决。① 特别是在澳门经济面临多元转型、亟须发展空间的现状下，横琴无疑已经通过制度的逐步构建和完善强化了与澳门之间的良性互动，开始真正发挥"飞地"的平台作用。

2. 走向"粤澳双方共商共建共管共享区域"

历史叙述最终的落脚点是现在。众所周知，横琴现在又有了一个全新的身份，即"横琴粤澳深度合作区"。在《规划纲要》提出"推进珠海横琴粤港澳深度合作示范"后，横琴必然再度蜕变。深度合作必然意味着深刻改革，而改革的形式、方向和路径则需要更为明确的指向。

"横琴粤澳深度合作区"的概念脱胎于《规划纲要》。2019 年 10 月底，澳门特区政府将两任特首提出的方案报请国家粤港澳大湾区办公室进行专门研究，在此又出现了"粤澳特别合作区"的提法。当时在珠海政府层面，有着"一区一岛一会一政策"的说法："一区"指粤澳特别合作区；"一岛"指共建国际休闲旅游岛；"一会"指共同打造中国国际高品质消费博览会；"一政策"指一揽子涉及横琴的惠澳政策。②

最终在 2021 年 9 月，中共中央、国务院共同印发《横琴粤澳深度合作区建设总体方案》（以下简称《总体方案》），横琴正式成为"横琴粤澳深度合作区"。《总体方案》明确，横琴粤澳深度合作的战略定位是成为促

---

① 参见张建《"融而不同"，粤港澳大湾区按下快进键》，载《政能亮》编委会编《政能亮Ⅵ》，人民出版社，2020，第 192 ~ 195 页；张占斌等《中国经济体制改革探索与实践》，人民出版社，2018，第 227 ~ 228 页。

② 《珠海年鉴（2020）》，广东教育出版社，2020，第 15 页。

进澳门经济适度多元发展的新平台，成为便利澳门居民生活就业的新空间，成为丰富"一国两制"实践的新示范，成为推动粤港澳大湾区建设的新高地。这在很大程度上继承了 11 年前的《横琴总体发展规划》，同时也有所发展。特别是在"便利澳门居民生活就业的新空间"这一点上，更为强调"共同生活"的塑造。深度合作必然伴随着深刻的集体认同过程，而制度的构建又可以塑造趋同的生活方式。当生活方式逐渐趋同，横琴这块"飞地"才会有共同体的自觉和共同的文化形态，也就有了不断更新、发展的基础。①

在横琴粤澳深度合作区的管理体制上，《总体方案》明确给出了"共商共建共管共享"的建设方案。粤澳双方共同组建合作区的管理机构、执行机构。合作区管理委员会作为合作区的管理机构，在职权范围内统筹决定合作区的重大规划、重大政策、重大项目和重要人事任免。管理委员会下设执行委员会，其主要负责人由澳门特别行政区政府委派，广东省和珠海市也派人参加。同时，合作区实行属地管理、收益共享的原则，管理委员会进一步加大对合作区的赋权力度，在重点领域内有计划地深化改革、扩大开放。横琴管委会的使命已经完成，新的管理架构也已开始搭建。

至此，横琴粤澳深度合作区整合和总结了近 30 年横琴开发的成果和经验，并使其成为开拓新格局的基础。我们也会发现，从横琴 1992 年成为经济开发区开始，扩大开放、改革创新、连通港澳、对接国际的初衷和构思始终是一脉相承的。横琴从边陲荒岛到拓殖前沿，从边防禁区到经济开发区，再从横琴新区到横琴粤澳深度合作区，观念塑造了制度，而制度又不断引导着人的行为与社会发展。上一阶段已经过去，横琴又面临着新的开始，《总体方案》给出了计划时间表，预计到 2035 年，"一国两制"的强大

---

① 参见王星《粤澳深度合作区制度协同中的历史维度》，《澳门日报》2021 年 7 月 28 日 C07 版。

生命力和优越性得到全面彰显，合作区的经济实力和科技竞争力得到大幅提升，公共服务和社会保障体系得以高效运转，琴澳一体化发展体制机制将会更加完善，推动澳门经济适度多元发展的目标得到基本实现。如果我们相信"与现实相比，认识总是一种简化"①，那么，当历史写作到这里，就应当谦卑地作出留白，同时对横琴的制度建设和未来发展抱有深切期待。

五　结语

本章的写作目的并不是为横琴立传，毕竟立传是地方史志的功能。不过，从某种程度上来说，它也有着整理横琴近代以来发展历程的学术效果。

新制度主义者认为，制度作用于人类生活，"稳定性"是制度的特征，规制、规范和"文化—认知"要素维持了制度的再生产，这意味着制度具有在历史中不断积累的性质。② 因此，本章选择以"制度变迁"作为体系驱动。

近代横琴岛上澳葡殖民政府管辖权的延伸，是殖民管辖时代南中国海被迫开放的一个切片。葡萄牙人在澳门实行殖民管辖，管辖权也外溢到了一水之隔的横琴岛，并在其后的几十年中引发了一系列针对管辖问题的争议。横琴成为澳葡殖民政府和中国政府管辖权冲突的焦点，这段历史也是横琴与澳门深厚历史渊源的充分写照。

横琴从新中国成立后的"边防禁区"向改革开放后的"经济开发区"

---

① 〔德〕亨里希·李凯尔特：《李凯尔特的历史哲学》，涂纪亮译，北京大学出版社，2007，第38页。

② 参见〔美〕W·理查德·斯科特《制度与组织——思想观念与物质利益》，姚伟、王黎芳译，中国人民大学出版社，2010，第56页。

的转变，则体现了观念变革和改革开放的巨大推力。意识形态的变化、改革开放后的制度突破直接影响了横琴的命运，横琴与澳门之间的关系也从原先的严防死守转为开放合作。在中国体制转型的大背景下，政府意志对于构建制度环境所具有的作用也得以生动呈现。

本章的落脚点是历史进程中横琴的蜕变。一方面，从"横琴新区"到"横琴自贸试验区"，再到"横琴粤澳深度合作区"，横琴称谓每一次变化的背后都体现着更为宏大的国家意志，深刻呈现了粤港澳一体化发展的新趋势。另一方面，国家战略又深刻影响了地方立法和政府行为，制度创新既要在中央政府规划的框架之内有所作为，又要在影响对外开放和改革发展的重点领域有所突破。写到这里，卡尔·波普尔在《开放社会及其敌人》当中的一句话可以作为本章的注脚："我们必须对未知、不确定和不保险的事情不断进行探索，使我们所能具有的理性，尽可能好地为安全和自由而制定计划。"[①] 自然，我们的历史叙述也是通向未来的。

本章执笔人：王星

---

① 〔英〕卡尔·波普尔：《开放社会及其敌人》（第一卷），陆衡等译，中国社会科学出版社，1999，第393页。

第二章　横琴粤澳深度合作区
建设中的关键词

一　关键词里的横琴粤澳深度合作区

横琴粤澳深度合作区已经按照中共中央、国务院颁布的《横琴粤澳深度合作区建设总体方案》这一纲领性文件设立，并成立了相应的机构。为深入了解党中央、国务院的政策精神，本章采取关键词研究的方法，对横琴粤澳深度合作区建设进程中的重要政策概念进行细致解读和阐述，以期为未来相关政策的法律化、制度化提供一份智识参考。

以关键词为切入点来理解政治和政策的实施过程，是一种开展政治学和法学学术研究所需的重要方法，同时也是我们深入了解和把握相关政策依据的有益尝试。[1] 通过提炼和概括《总体方案》中的重要概念，并结合具体语境对其应有含义予以阐述，对于推进对习近平总书记关于粤澳合作开发横琴的重要指示精神的学习领会和研究运用无疑具有重要的指导及借鉴意义。有鉴于此，我们选择了《总体方案》中的30个关键词进行法理意义和政策含义角度的解读。

---

[1] 参见景跃进等主编《理解中国政治——关键词的方法》，中国社会科学出版社，2021。

二　横琴粤澳深度合作区的使命

（一）　习近平总书记关于粤澳合作开发横琴的重要指示精神

自 2009 年党中央、国务院决定开发横琴，到建设横琴粤澳深度合作区，习近平总书记在此期间作出了一系列关于粤澳合作开发横琴的重要指示。2009 年，习近平同志在会见澳门各界代表人士时强调，在开发横琴的过程中应充分考虑澳门实现经济适度多元发展的需要。[①] 2012 年 12 月，习近平总书记第二次来到横琴，他表示："开发横琴，是一个审时度势之举。既有利于珠海建设生态文明新特区，又有利于澳门经济适度多元化。"[②] 同时他勉励横琴："要发扬敢为人先的精神，先行先试，进一步扩大开放，勇于探索，勇于去闯，在体制机制创新方面，为粤港澳合作作出贡献。"[③] 2018 年 10 月，习近平总书记第四次来到横琴，他强调，建设横琴新区的初心就是为澳门产业多元发展创造条件。"横琴有粤澳合作的先天优势，要加强政策扶持，丰富合作内涵，拓展合作空间，发展新兴产业，促进澳门经济发展更具活力。"[④] 2019 年 12 月，在庆祝澳门回归祖国 20 周年大会暨澳门特别行政区第五届政府就职典礼上，习近平总书记指出："特别要做好珠澳合作

---

① 参见徐金鹏等《做好粤澳合作开发横琴这篇大文章——以习近平同志为核心的党中央关心横琴粤澳深度合作区建设纪实》，《人民日报》2021 年 9 月 11 日，第 1 版。
② 《横琴如何推进粤澳深度合作 习近平提出这些嘱托》，中国共产党新闻网，2021 年 9 月 23 日，http://cpc. people. com. cn/n1/2021/0923/c164113 - 32234568. html? appid = 889785。
③ 徐金鹏等：《做好粤澳合作开发横琴这篇大文章——以习近平同志为核心的党中央关心横琴粤澳深度合作区建设纪实》，《人民日报》2021 年 9 月 11 日，第 1 版。
④ 徐金鹏等：《做好粤澳合作开发横琴这篇大文章——以习近平同志为核心的党中央关心横琴粤澳深度合作区建设纪实》，《人民日报》2021 年 9 月 11 日，第 1 版。

开发横琴这篇文章，为澳门长远发展开辟广阔空间、注入新动力。"① 2020年10月，习近平总书记在深圳经济特区建立40周年庆祝大会上强调"要加快横琴粤澳深度合作区建设"。2021年4月，习近平总书记在主持召开中央政治局常委会会议时作出重要指示："要用好横琴合作区这个不同规则和机制交错共存的区域，积极探索两地规则衔接和机制对接，为粤港澳大湾区市场一体化探索经验。"②

习近平总书记关于粤澳合作开发横琴的重要指示是《横琴粤澳深度合作区建设总体方案》、《粤港澳大湾区发展规划纲要》以及《横琴国际休闲旅游岛建设方案》等文件的重要指导原则，是横琴粤澳深度合作区发展的根本遵循与前进方向。只有坚持以习近平总书记关于粤澳合作开发横琴的重要指示精神为指导原则，横琴的发展才能不断取得新成就，才能更好地促进澳门经济适度多元发展。也只有深入学习领会习近平总书记关于横琴粤澳深度合作区的重要指示精神，才能更好地构建"共商共建共管共享"的管理机制。

（二） 横琴新区初心

自2009年党中央、国务院决定开发横琴以来，横琴新区的初心就一直未改变。2009年中央政府决定开发横琴岛时，习近平同志就强调，横琴的开发必须充分考虑澳门经济适度多元发展的需要。在2009年至2021年这12年的建设历程中，习近平总书记先后四次考察横琴，每一次都从不同的方

---

① 习近平：《习近平谈治国理政》（第三卷），外文出版社，2020，第415页。
② 《横琴如何推进粤澳深度合作 习近平提出这些嘱托》，中国共产党新闻网，2021年9月23日，http://cpc.people.com.cn/n1/2021/0923/c164113-32234568.html？appid=889785。

面强调横琴的初心。《横琴国际休闲旅游岛建设方案》提到：聚焦促进澳门经济适度多元发展的初心。① 可以看到，建设横琴新区的初心就是为澳门经济的多元发展创造条件。②

建设横琴新区的初心，贯穿横琴发展的全过程。这是推进横琴粤澳深度合作区建设和开发的重要指导思想，也是习近平总书记关于粤澳合作开发横琴的重要指示精神的具体体现。初心就要求横琴的发展必须紧紧围绕促进澳门经济适度多元发展展开，坚持"一国两制"、依法办事，坚持解放思想、改革创新，坚持互利合作、开放包容，创新完善政策举措，丰富拓展合作内涵，以更加有力的开放举措统筹推进粤澳深度合作，大力发展促进澳门经济适度多元的新产业，加快建设便利澳门居民生活就业的新家园，着力构建与澳门一体化高水平开放的新体系，不断健全粤澳"共商共建共管共享"的新体制，支持澳门更好地融入国家发展大局，为澳门"一国两制"实践行稳致远注入新动能。

中国共产党第十九次全国代表大会的主题明确提出："不忘初心，牢记使命，高举中国特色社会主义伟大旗帜，决胜全面建成小康社会，夺取新时代中国特色社会主义伟大胜利，为实现中华民族伟大复兴的中国梦不懈奋斗。"③ 横琴新区的发展也同样如此，只有坚持横琴新区的初心，才能科学总结过去发展的经验与教训，从而不断开创新的未来，使得横琴发展更上一层楼。

---

① 参见国家发展和改革委员会印发的《横琴国际休闲旅游岛建设方案》，中华人民共和国国家发展和改革委员会网站，2019 年 4 月 17 日，https://www.ndrc.gov.cn/xxgk/zcfb/tz/201904/t20190417_962425.html？code＝&state＝123。
② 参见中共中央、国务院印发的《横琴粤澳深度合作区建设总体方案》，中华人民共和国中央人民政府网站，2021 年 9 月 5 日，http://www.gov.cn/zhengce/2021－09/05/content_5635547.htm
③ 参见《决胜全面建成小康社会 夺取新时代中国特色社会主义伟大胜利——在中国共产党第十九次全国代表大会上的报告》，《人民日报》2012 年 10 月 28 日，第 1 版。

（三） 澳门经济适度多元发展

作为建设横琴新区的初心、指导思想和发展目标，澳门经济适度多元发展始终贯穿横琴新区的整个开发过程中。习近平总书记曾多次强调横琴的发展需要紧紧围绕促进澳门经济适度多元发展展开，《横琴粤澳深度合作区建设总体方案》、《横琴国际休闲旅游岛建设方案》以及《横琴总体发展规划》中也多次提到"澳门经济适度多元发展"这一关键词。这是习近平总书记关于粤澳合作开发横琴的重要指示精神中的关键内容之一，也是横琴新区发展的行动指南和重要目标。

澳门经济适度多元发展，就意味着"必须正确认识和妥善处理'一国两制'在澳门特区实践过程中出现的新情况、新问题，必须正视和高度重视澳门特区整体性经济发展过程中尤其是博彩旅游业'大跃进'式的'超常规'膨胀过程中，历史遗留和现实存在的深层次矛盾与结构性问题，必须正视和高度重视澳门特区经济发展的整体性、全局性，经济转型和产业结构调整朝着'各行业协调发展'即'经济适度多元化'的努力目标、朝着构建'一个中心'和'一个平台'的努力目标迈进的问题"[①]。作为具有粤澳合作先天优势的横琴，要把握好创新驱动澳门经济适度多元发展这一主线，加快构建科技、教育、产业、金融紧密融合的创新体系；要抓住科技创新这个龙头，构建高效完备的创新链，打造粤澳科技创新极点；要提升高等教育国际化水平，建设具有国际影响力的重点实验室，着力构建国际化高端人才的栖息地；要发展促进澳门经济适度多元发展的新产业，引

---

① 齐鹏飞：《以"适度多元化"和"一个中心"、"一个平台"建设为导向——澳门回归 20 年"一国两制"特色的经济发展之路》，《教学与研究》2019 年第 11 期。

进国内外知名企业，优化营商环境，培育经济发展的新优势；要推动金融产业错位发展，围绕支持特色产业和服务实体经济，聚引国际金融资源；要促进基础设施"硬联通"和规则机制"软联通"，树立高水平对外开放和高质量发展的标杆，在推进"双循环"中统筹发展与安全。①

澳门经济适度多元发展，既是对横琴发展的要求，也是对澳门发展的要求。2014 年，习近平总书记在庆祝澳门回归祖国 15 周年大会上指出："要善于从长计议，抓住国家全面深化改革的重大机遇，围绕建设世界旅游休闲中心、中国与葡语国家商贸合作服务平台的发展定位，推动澳门经济适度多元可持续发展。"② 因此在推进澳门经济适度多元发展的进程中，横琴和澳门必须紧密合作、优势互补，才能更好地实现这一目标。

（四）《粤港澳大湾区发展规划纲要》

为全面贯彻中国共产党第十九次全国代表大会的精神和"一国两制"方针，必须充分发挥粤港澳综合优势，深化内地与港澳合作，进一步提升粤港澳大湾区在国家经济发展和对外开放中的支撑、引领作用，以支持香港、澳门融入国家发展大局，增进香港、澳门同胞的福祉，保持香港、澳门的长期繁荣稳定，让港澳同胞同祖国人民共担民族复兴的历史责任、共享祖国繁荣富强的伟大荣光。③ 中共中央、国务院于 2019 年 2 月印发实施的《粤港澳大湾区发展规划纲要》是指导粤港澳大湾区当前和今后一个时期合作发展的纲

---

① 武汉大学横琴粤澳深度合作区研究课题组：《横琴粤澳深度合作区创新驱动发展研究》，《中国软科学》2021 年第 10 期。

② 参见《习近平在庆祝澳门回归 15 周年大会上讲话》，人民网，2014 年 12 月 20 日，http://hm. people. com. cn/n/2014/1220/c230533 - 26244515. html。

③ 参见中共中央、国务院印发的《粤港澳大湾区发展规划纲要》，新华网，2019 年 2 月 18 日，ht-tp://www. xinhuanet. com/politics/2019 - 02/18/c_1124131474. htm。

领性文件，共包含 11 个部分，分别是规划背景、总体要求、空间布局、建设
国际科技创新中心、加快基础设施互联互通、构建具有国际竞争力的现代产
业体系、推进生态文明建设、建设宜居宜业宜游的优质生活圈、紧密合作共
同参与"一带一路"建设、共建粤港澳合作发展平台与规划实施。

　　在《粤港澳大湾区发展规划纲要》的指导下，广东省出台了《省委、
省政府印发关于贯彻落实〈粤港澳大湾区发展规划纲要〉的实施意见》、
《广东省推进粤港澳大湾区建设三年行动计划（2018－2020 年）》以及《中
国（广东）自由贸易试验区发展"十四五"规划》等一系列政策文件，以
贯彻落实纲要的重要指示精神，并推进粤港澳大湾区建设。为了进一步深
化实施纲要的重点举措，中共中央、国务院印发了《横琴粤澳深度合作区
建设总体方案》，以推进横琴粤澳深度合作区的开发开放。

　　《粤港澳大湾区发展规划纲要》对粤港澳大湾区的发展作出了全面规
划，从而标志着粤港澳大湾区的建设进入了全面实施、加快推进的新阶
段，[1] 这是粤港澳大湾区发展史上的里程碑。

（五）　粤港澳大湾区建设领导小组

　　为加强对粤港澳大湾区规划实施的统筹指导，全面推进粤港澳大湾区
建设，《粤港澳大湾区发展规划纲要》明确规定设立粤港澳大湾区建设领导
小组，以研究、解决大湾区建设进程中的政策实施、项目安排、体制机制
创新和平台建设等方面的重大问题，从而推进粤港澳大湾区建设工作的统
一领导、统一指挥和统一协调。

---

[1]　齐冠钧：《澳门经济适度多元化发展研究——基于〈粤港澳大湾区规划纲要〉的视角》，《国际
　　经济合作》2019 年第 2 期。

粤港澳大湾区建设领导小组成立于 2018 年 8 月，现任组长为中共中央政治局常委、国务院副总理韩正，现任组员为原香港特别行政区行政长官林郑月娥、澳门特别行政区行政长官贺一诚。

2018 年 8 月，韩正主持召开粤港澳大湾区建设领导小组全体会议，深入学习贯彻习近平总书记关于粤港澳大湾区建设的重要讲话精神，讨论、审议有关文件，研究、部署下一阶段工作。①

2019 年 3 月，韩正主持召开粤港澳大湾区建设领导小组会议，深入学习贯彻习近平总书记关于粤港澳大湾区建设的重要指示精神，全面贯彻落实《粤港澳大湾区发展规划纲要》，并研究部署 2019 年重点工作和重大政策举措。②

2019 年 11 月，韩正主持召开粤港澳大湾区建设领导小组会议，深入学习贯彻党的十九届四中全会精神，学习贯彻习近平总书记关于粤港澳大湾区建设的重要指示精神，研究推出一批惠港、惠澳政策措施，并部署下一阶段大湾区建设的重点工作。③

2021 年 4 月，韩正主持召开粤港澳大湾区建设领导小组会议，深入学习贯彻习近平总书记重要讲话精神，研究部署粤港澳重大合作平台建设的有关政策落实等工作。④

同时，粤港澳大湾区建设领导小组还具有其他职能，包括对横琴粤澳深度合作区关于人才的具体管理办法进行审核，对横琴粤澳深度合作区管理

---

① 《韩正主持召开粤港澳大湾区建设领导小组全体会议》，中国政府网，2018 年 8 月 15 日，http://www. gov. cn/guowuyuan/2018－08/15/content_5314122. htm。
② 《韩正主持召开粤港澳大湾区建设领导小组会议》，中国政府网，2019 年 3 月 1 日，http://www. gov. cn/guowuyuan/2019－03/01/content_5369786. htm。
③ 《韩正主持召开粤港澳大湾区建设领导小组会议》，中国政府网，2019 年 11 月 6 日，http://www. gov. cn/guowuyuan/2019－11/06/content_5449531. htm。
④ 《韩正主持召开粤港澳大湾区建设领导小组会议》，中国政府网，2021 年 4 月 23 日，http://www. gov. cn/guowuyuan/2021－04/23/content_5601662. htm。

委员会进行领导，对促进澳门经济适度多元发展成效评估结果进行审核以及对《粤港澳大湾区发展规划纲要》的实施情况组织综合督查或专项督查等。

（六）（澳门）融入国家发展大局

中国共产党第十九次全国代表大会的报告指出香港、澳门发展同内地发展紧密相连。要支持香港、澳门融入国家发展大局，以粤港澳大湾区建设、粤港澳合作、泛珠三角区域合作等为重点，全面推进内地同香港、澳门互利合作，制定、完善便利香港、澳门居民在内地发展的政策措施。可以看到，香港、澳门融入国家发展大局是国家十分重视的一项任务，是坚持"一国两制"、推进祖国统一的重要举措。为了贯彻落实中国共产党第十九次全国代表大会的精神，《横琴粤澳深度合作区建设总体方案》、《粤港澳大湾区发展规划纲要》以及广东省出台的《省委、省政府印发关于贯彻落实〈粤港澳大湾区发展规划纲要〉的实施意见》均在指导思想中明确指出要促进香港、澳门融入国家发展大局。

澳门融入国家发展大局，是"一国两制"伟大实践对澳门发展所提出的根本要求，是习近平总书记关于粤澳合作开发横琴重要指示精神的重要内容，是中共中央、国务院对横琴开发所提出的重要要求，是横琴粤澳深度合作区建设所应遵循的指导思想与行动指南，具有高度的战略意义与政治定位。横琴必须大力推进促进澳门经济适度多元发展的新产业，加快建设便利澳门居民生活就业的新家园，着力构建与澳门一体化高水平开放的新体系，不断健全粤澳"共商共建共管共享"的新体制，从而为澳门长远发展注入重要动力，支持澳门更好地融入国家发展大局。

习近平总书记指出："国家改革开放的历程就是香港、澳门同内地优势互补、一起发展的历程，是港澳同胞和祖国人民同心协力、一起打拼的历程，也是香港、澳门日益融入国家发展大局、共享祖国繁荣富强伟大荣光的历程。"① 在推进改革开放的过程中，横琴必须与澳门保持密切合作、共同发展，只有这样才能更好地促进澳门与内地融合，从而保持澳门长期稳定繁荣，共享改革开放的伟大成果。

（七）丰富"一国两制"实践

"一国两制"是"一个国家，两种制度"的简称，是中国共产党和中国政府关于实现祖国统一大业，解决台湾、香港、澳门问题的科学构思，是党领导人民实现祖国和平统一所遵循的一项重要制度，是中国特色社会主义的一个伟大创举。其基本内容是在祖国统一的前提下，国家的主体坚持社会主义制度，同时在台湾、香港、澳门保持原有的资本主义制度和生活方式长期不变，并享有高度的自治权。② 在"一国两制"的推动下，香港、澳门得以顺利回归祖国。

中国共产党第十八次全国代表大会以来，习近平总书记从战略和全局高度就丰富"一国两制"伟大实践、推进祖国统一提出了一系列新理念、新思想、新战略，为未来香港、澳门的发展指明了方向，擘画了蓝图。③ "一国两制"实践被赋予了新的时代内涵与内在要求，在"一个国家，两种制度"的基础上，不断促进港澳与内地融合，实现相互合作、互利共赢的目标。从港珠澳大桥到粤港澳大湾区，丰富"一国两制"实践的进程一直

① 《习近平谈治国理政》（第三卷），外文出版社，2020，第398页。
② 《习近平谈治国理政》（第一卷），外文出版社，2018，第229页。
③ 参见福建省中国特色社会主义理论体系研究中心《丰富"一国两制"实践 推进祖国统一——学习领会习近平总书记关于祖国统一的重要论述》，《光明日报》2017年12月6日，第5版。

在稳步推进。横琴粤澳深度合作区作为促进澳门经济适度多元发展的重要手段之一，是推进粤港澳大湾区建设的重要举措，是丰富"一国两制"实践的重大部署与全新示范。

丰富"一国两制"实践，就要求横琴粤澳深度合作区坚守"一国"之本，善用"两制"之利，立足合作区分线管理的特殊监管体制和发展基础，率先在改革开放重要领域和关键环节进行大胆创新，推进规则衔接、机制对接，从而打造具有中国特色、彰显"两制"优势的区域开发示范，加快实现与澳门的一体化发展。① 同时应当注意，法治是"一国两制"实践的重要保障，横琴粤澳深度合作区必须严格依照宪法和法律办事，维护法治的核心价值，只有在法治的框架内有序运行，社会稳定与国家发展才有保障。②

（八）琴澳一体化

为进一步深化《粤港澳大湾区发展规划纲要》的实施，促进澳门经济适度多元发展，中共中央、国务院决定建设横琴粤澳深度合作区。实现琴澳一体化就是该合作区的重要目标之一，其进程主要分为以下三步：到2024 年澳门回归祖国 25 周年时，粤澳"共商共建共管共享"的体制机制运作顺畅，创新要素明显集聚，特色产业加快发展，公共服务和社会保障体系与澳门实现有序衔接，在合作区居住、就业的澳门居民大幅增加，琴澳一体化发展格局初步建立，促进澳门经济适度多元发展的支撑作用初步显现；到 2029 年澳门回归祖国 30 周年时，合作区与澳门经济高度协同、规则深度衔接的制度体系全面确立，各类要素跨境流动高效便捷，特色产业发

---

① 参见中共中央、国务院印发的《横琴粤澳深度合作区建设总体方案》。
② 参见韩大元《论"一国两制"的文明观及其当代意义》，《中国人民大学学报》2021 年第 3 期。

展形成规模，公共服务和社会保障体系更加完善，琴澳一体化发展水平得到进一步提升，促进澳门经济适度多元发展取得显著成效；到 2035 年，"一国两制"的强大生命力和优越性全面彰显，合作区经济实力和科技竞争力大幅提升，公共服务和社会保障体系高效运转，琴澳一体化发展体制机制更加完善，促进澳门经济适度多元发展的目标基本实现。[①]

琴澳一体化，是全面贯彻习近平总书记关于粤澳合作开发横琴的重要指示精神与横琴发展初心的重要体现，是丰富"一国两制"伟大实践的重要保障。推进琴澳一体化，要求在政治、经济、社会、文化等方面共同推进两地的交流与融合。但是，一体化不代表政治制度与法律体系的统一，"一国两制"伟大实践的成功表明在一个主权国家内可以存在不同的制度与体系，因此琴澳一体化高度尊重了澳门地区的政治制度与法律体系，在包容差异的前提下共谋发展、共享成果。

三　横琴粤澳深度合作区的策略

（一）　粤澳深度合作

自 2016 年《中华人民共和国国民经济和社会发展第十三个五年规划纲要》提出要建设粤港澳大湾区以来，香港、澳门、广东三地之间的交流与合作愈发密切。与澳门只有一水之隔的横琴，社会发展取得显著成绩，制度创新深入推进，地区生产总值和财政收入快速增长，彰显了粤澳合作的巨大优势。为了全面贯彻习近平总书记关于粤澳合作开发横琴的重要指示

[①]　参见中共中央、国务院印发的《横琴粤澳深度合作区建设总体方案》。

精神，丰富"一国两制"伟大实践，为澳门长远发展注入重要动力，推动澳门长期繁荣稳定和融入国家发展大局，促进粤澳交流合作，中共中央、国务院印发了《横琴粤澳深度合作区建设总体方案》，明确指出要建设横琴粤澳深度合作区。

粤澳深度合作，要求横琴紧紧围绕促进澳门经济适度多元发展，坚持"一国两制"、依法办事，坚持解放思想、改革创新，坚持互利合作、开放包容，创新完善政策举措，丰富拓展合作内涵，以更加有力的开放举措统筹推进粤澳深度合作，大力推进促进澳门经济适度多元发展的新产业，加快建设便利澳门居民生活就业的新家园，着力构建与澳门一体化高水平开放的新体系，不断健全粤澳"共商共建共管共享"的新体制，支持澳门更好地融入国家发展大局。①

粤澳深度合作，是党对澳门发展的重大布局，是党贯彻"一国两制"实践的重要举措，是党和国家实现国家富强与民族复兴的重要手段。只有在法治轨道上不断推进粤澳深度合作，才能在新形势下做好横琴粤澳深度合作区开发开放的工作，做到以横琴服务澳门发展，以澳门带动广东发展，最终实现粤澳一体化。

（二）　粤澳"共商共建共管共享"新体制

为全面贯彻落实习近平总书记关于粤澳合作开发横琴的重要指示精神，支持横琴粤澳深度合作区发展，中共中央、国务院印发了《横琴粤澳深度合作区建设总体方案》，其中第五部分就提出要不断健全粤澳"共商共建共管共享"的新体制。

---

① 参见中共中央、国务院印发的《横琴粤澳深度合作区建设总体方案》。

　　粤澳"共商共建共管共享"新体制是专门针对粤澳两地所设立的合作制度，其主要内容包括以下五个方面。一是建立合作区开发管理机构。在粤港澳大湾区建设领导小组的领导下，粤澳双方联合组建合作区管理委员会，在职权范围内统筹决定合作区的重大规划、重大政策、重大项目和重要人事任免。二是组建合作区开发执行机构。合作区管理委员会下设执行委员会，履行合作区的国际推介、招商引资、产业导入、土地开发、项目建设、民生管理等职能。三是做好合作区属地管理工作。合作区上升为广东省管理。四是建立合作区收益共享机制。支持粤澳双方探索建立合作区收益共享机制，2024 年前投资收益全部留给合作区管理委员会支配，用于合作区的开发建设。五是建立常态化评估机制。创新合作区国民经济相关数据的统计方式，研究编制合作区促进澳门经济适度多元发展的指标体系，全面反映合作区对促进澳门经济适度多元发展所做的贡献。①

　　作为横琴粤澳深度合作区的指导思想与发展目标，不断健全粤澳"共商共建共管共享"新体制是全面推进粤澳深度合作，实现粤澳一体化，支持澳门更好地融入国家发展大局的重要举措。在《横琴粤澳深度合作区建设总体方案》的指导下，《中国（广东）自由贸易试验区发展"十四五"规划》也提出了"推动粤澳两地规则衔接，构建粤澳共商共建共管共享机制"的要求。在该制度的推动下，粤澳两地的合作将得到进一步深化，最终实现粤澳一体化与促进澳门经济适度多元发展的奋斗目标。

（三）分区分类施策管理

　　横琴全岛由于客观的现实情况，各地区的发展存在一定差异，部分地

---

① 参见中共中央、国务院印发的《横琴粤澳深度合作区建设总体方案》。

区与澳门相距较近，受澳门影响较大，高新技术产业较为发达，服务澳门经济适度多元发展的能力较强。在此背景下，中共中央、国务院决定，横琴粤澳深度合作区的实施范围为横琴岛"一线"和"二线"之间的海关监管区域，并且对该区域实施分区分类施策管理的制度模式。

分区分类施策管理，是指针对横琴不同地区采取不同的管理制度，针对不同市场主体采取不同的优惠政策，其要求主要包括两点：一是澳门大学横琴校区和横琴口岸澳门管辖区，由全国人民代表大会常务委员会授权澳门特别行政区政府进行管理，适用澳门的有关制度和规定，与其他区域之间采用物理围网进行隔离；二是粤澳双方"共商共建共管共享"的区域则采用电子围网监管和目录清单方式，对符合条件的市场主体实施特殊政策。

分区分类施策管理，是针对粤澳双方"共商共建共管共享"区域的一项政策方针，其主要目的是对于不同类别的市场主体采取不同的优惠政策，以鼓励相关企业落户横琴，从而提升横琴科技水平，促进社会经济发展。更重要的是，可以更好地服务澳门经济适度多元发展。

分区分类施策管理，是全面贯彻落实习近平总书记关于粤澳合作开发横琴的重要指示精神与横琴发展初心的重要体现，是科学深化《粤港澳大湾区发展规划纲要》的重要举措，更是治理横琴的科学决策与创新示范。应当注意的是，分区分类施策管理必须以法律法规为前提，不能借政策之名行垄断之实，在对相关企业实施特殊政策时，必须注意相关企业是否达到垄断的程度。只有在保持法律秩序的前提下才能更好地实施分类施策管理。

（四） 电子围网监管

由于横琴不同区域之间的发展存在一定差异，中共中央、国务院据此决定采取分区分类施策管理的制度模式,其中粤澳双方"共商共建共管共享"区域采取电子围网监管和目录清单方式,对符合条件的市场主体,实施特殊政策。

电子围网监管是一种创新的监管方式,主要内容包括两点:一是以海关对企业的账册开展联网监管为基础,结合智能卡口控制、物联网监控及智能视频环岛巡查监控,建立快速响应的海关智能化管理平台,率先探索电子围网区域管理模式,实现与企业、监管场站等其他系统的跨界互联互通,为横琴对外贸易发展和粤澳交流合作提供优质服务;二是支持横琴加快建设地方电子口岸,推动企业电子账册和电子联网管理、企业信息管理系统等项目快速应用,优化和简便审批程序,从而提升海关通关和管理效率。[1]

电子围网监管模式具有准确、快速、安全和环保等优势。电子围网监管是横琴率先探索的管理模式,通过电子方式完成整个横琴岛的合网电子监控,无须物理隔离,可以节省人力、物力,同时有利于海关管理,提高效能,降低企业成本,[2] 因此是贯彻新发展理念的重要体现。首先,电子围网监管采用互联网技术,无须使用物理手段,因此能够及时响应,也不容易出现错漏,具有准确和快速的优势;其次,电子监管可以采取加密措施传输信息,监管信息不容易泄露,因此具有安全的特点;最后,电子监管只需利用电子数据,无须使用纸质数据,因此较为环保。但是电子围网监管也存在一定的问题,容易出现数据不合规的情况,例如滥用、泄露监管信息等。只有做好数据合规,电子监管才能最大限度地发挥其优势。

---

[1] 《海关总署关于支持横琴新区开放开发的意见》(署厅函〔2012〕280号)。

[2] 参见林永俊、孙海波《横琴将率先实行电子围网监管》,《南方日报》2012年6月27日A12版。

（五）趋同澳门

横琴粤澳深度合作区的战略定位之一是成为便利澳门居民生活就业的新空间，这就要求横琴推动合作区深度对接澳门的公共服务和社会保障体系，为澳门居民在合作区内学习、就业、创业、生活提供更加便利的条件，营造趋同澳门的宜居宜业生活环境。因此趋同澳门是合作区开发的要求与目标。

趋同澳门，要求横琴做到四点。第一是聚焦新政策、新措施的出台。自2021年以来，在对《横琴粤澳深度合作区建设总体方案》的相关政策作了深入研究的基础上，横琴提出了一些初步方案，并且跟国家相关部委、省相关单位也进行了多次汇报请示，得到了其大力支持，相关方案须在新的一年尽快出台，以完善合作区的整体政策体系。第二是聚焦进一步完善琴澳两地合作机制、协作机制，推动共同发展、融合发展。两地合作已经有了一个好的开端，接下来横琴需要同澳门紧紧围绕琴澳一体化，从产业、社会、管理的各个方面进一步开展探讨和研究，加强合作，共同建设和完善体制机制。第三是一如既往地支持加快完善有利于澳门居民在横琴发展和居住的空间。横琴需要围绕澳门居民在横琴就业、生活的需求，进一步完善相关规则，进一步推动两地规则的借鉴与融合，为澳门居民打造一个趋同澳门本地的就业、生活环境。第四是进一步加强创新。合作区是一个创新区域，横琴需要通过一些创新措施让合作区尽显"两制"之利，既具有横琴新区、自贸试验区的原有创新特色，又能够借鉴澳门特有的一些管理体系、管理经验，从而实现优势互补。[①]

①　胡钰衍：《省委横琴工委委员、省政府横琴办副主任叶真：横琴粤澳深度合作区建设进度明显加快》，南方网，https://economy.southcn.com/node_f3202550a3/a3ea272fe4.shtml，最后访问日期：2022年1月17日。

趋同澳门，是推进粤澳深度合作、实现粤澳一体化的重要举措，也是实现促进澳门经济适度多元发展目标的内在要求。

（六）"两制"之利

在一个主权国家内存在两种不同社会制度的情况是举世罕见的，但在中国共产党的领导下，"一国两制"在我国得以成功实行，这既是中国特色社会主义的伟大壮举，也是我国发展所蕴含的巨大优势。在粤港澳地区，澳门与横琴分属不同社会制度，澳门实行资本主义制度，而横琴实行社会主义制度。在此背景下，中共中央、国务院提出横琴要善用"两制"之利，方能加快实现与澳门的一体化发展。

习近平总书记于 2018 年 10 月视察横琴时指出："澳门的体制机制过不来，内地的体制机制过不去，在横琴要形成制度的贯通变通。"可以看到，"两制"之利，就意味着要通过两种制度的融合创新，得到"一制"所不具有的优势，并将这种优势充分运用到社会治理之中，以促进两地发展。

善用"两制"之利，必须把维护中央的全面管治权和保障特别行政区的高度自治权有机结合起来，尊崇法治，严格依照宪法和基本法办事，把国家所需和港澳所长有机结合起来，充分发挥市场化机制的作用，促进粤澳优势互补，实现共同发展。[①] 对此，横琴必须以宪法和基本法为根本前提，克服"两制"之差所造成的困难和障碍，善用"两制"之利所提供的条件与机遇，获得"两制"之和所产生的优势与动力，[②] 立足合作区分线管理的特殊监管体制和发展基础，率先在改革开放重要领域和关键环节大胆

[①] 参见中共中央、国务院印发的《粤港澳大湾区发展规划纲要》。
[②] 米健：《粤港澳大湾区建设与澳门未来发展》，《行政管理改革》2019 年第 12 期。

创新，推进规则衔接、机制对接，积极运用市场化、法治化方式推进粤澳深度合作，打造具有中国特色、彰显"两制"优势的区域开发示范，从而加快实现与澳门的一体化发展。①

习近平总书记强调："要坚持'一国'之本，善用'两制'之利。"②"两制"之利，是习近平总书记关于粤澳合作开发横琴的重要指示精神，也是"一国两制"重要的时代内涵。横琴只有善用"两制"之利，才能更好地促进澳门经济适度多元发展。

（七）澳门自由港

自由港是特殊经济区域的诸多类型之一，于 20 世纪 70 至 80 年代蓬勃发展，但是一直缺乏科学定义。自 2017 年中国共产党第十九次全国代表大会报告提出"探索建设自由贸易港"的重大指示以来，我国对于自由港的研究便逐步加深，并形成了明确、科学的定义："自由港是设在一国（地区）境内关外、货物资金人员进出自由、绝大多数商品免征关税的特定区域，是目前全球开放水平最高的特殊经济功能区。"③

澳门在历史上是重要的通商口岸。但由于没有深水港，其作为港口的功能大幅度减弱，集装箱吞吐量尚不及许多内河港口。尽管如此，澳门仍拥有世界贸易组织独立成员席位、独立关税区地位、面向欧盟和葡语系国家的经贸便利等优势，④ 因此建设澳门自由港势在必行。中共中央、国务院

---

① 参见中共中央、国务院印发的《横琴粤澳深度合作区建设总体方案》。
② 参见邹菁《坚守"一国"之本 善用"两制"之利》，《人民日报》2019 年 12 月 18 日，第 4 版。
③ 汪洋：《推动形成全面开放新格局》，《人民日报》2017 年 11 月 10 日，第 4 版。
④ 李语、李申：《建设"澳门新港"用好用足自由港优势》，人民网，2021 年 10 月 25 日，http://gd. people. com. cn/n2/2021/1025/c123932 – 34972674. html。

对此作出明确指示:"要充分挖掘粤港澳大湾区的制度创新潜力,用足用好澳门自由港和珠海经济特区的有利因素,加快提升合作区的综合实力和竞争力,有力支撑澳门—珠海极点对粤港澳大湾区发挥引领作用,从而辐射带动珠江西岸地区加快发展。"①

要用足用好澳门自由港的有利因素,横琴必须做好深度合作区的支撑产业,把产业重心放在航运、进出口、贸易和结算上,鼓励航运、外贸央企带头进驻横琴粤澳深度合作区。运力和进出口贸易量在澳门新港,相关结算功能在横琴粤澳深度合作区。同时,对横琴粤澳深度合作区内的商业银行和金融机构支撑"澳门新港"的业务,视同"境外金融业务",培育横琴粤澳深度合作区的金融服务功能。② 如此方能充分利用好澳门自由港的独特优势。

澳门自由港作为具有特殊经济功能的区域,对外开放便利,对内合作密切,只有充分利用好这些优势,横琴粤澳深度合作区才能快速发展,从而最终实现促进澳门经济适度多元发展的目标。

(八) 澳门—珠海极点

与澳门只有一水之隔的珠海,在珠澳合作上有着天然的地理优势。同时,在中共中央、国务院的指导下,横琴作为粤澳合作的代表地区在近几年得到快速发展,进一步促进了澳门与珠海之间的合作。密切的合作使得珠海、澳门两座城市成为粤港澳地区的重要极点之一,形成了澳门—珠海极点。对此,《粤港澳大湾区发展规划纲要》明确指出要发挥澳门—珠海强

---

① 参见中共中央、国务院印发的《横琴粤澳深度合作区建设总体方案》。
② 李语、李申:《建设"澳门新港"用好用足自由港优势》,人民网,2021 年 10 月 25 日,http:// gd. people. com. cn/n2/2021/1025/c123932 - 34972674. html。

强联合所具有的引领带动作用，深化澳珠合作，构建极点带动、轴带支撑的网络化空间格局。

为完善澳门—珠海极点，珠海方面作出了一系列努力：一是聚焦珠澳深度合作，强化珠澳共商共建机制，进一步完善惠澳、利澳政策，从而推动与澳门的规则衔接不断取得新突破；二是完善现代化基础设施，建设珠江西岸区域综合交通枢纽，加强交通基础设施"硬联通"和体制机制"软联通"，以提升城市集聚辐射能力；三是参与国际科技创新中心建设，打造跨境科技创新合作试验田，形成高水平的科技创新载体和平台；四是构建现代产业体系，共建跨境金融合作示范区；五是共建湾区优质生活圈，完善港澳同胞在内地发展的配套政策。[①]

作为粤澳深度合作的重要地区，横琴应当大力支撑澳门—珠海极点对粤港澳大湾区以及横琴粤澳深度合作区的引领作用，从而辐射带动珠江西岸地区加快发展。对此，横琴一是要强化与澳门的互动连接，实现与澳门的规则衔接、机制对接；二是要深化琴澳之间的产业对接，使得横琴的产业布局与澳门—珠海极点的城市布局、交通布局以及人口布局相适应；三是要优化琴澳的功能衔接，进一步发挥横琴所具有的促进澳门经济适度多元发展的战略意义。

四　横琴粤澳深度合作区的格局

（一）中医药

一直以来，澳门民众对于中医药的认可和接受程度普遍较高，对中医

---

① 梁涵、胡钰衍：《如何共建澳珠极点？看珠海的五大行动》，南方网，https://economy. southcn. com/node_14d38ae8d1/d536141a56. shtml，最后访问日期：2022 年 1 月 17 日。

药的需求较大，中医药在澳门具有较好的民众基础，但澳门在回归以前并没有良好的中医药产业氛围。1999 年澳门回归以后，在国家的支持下，澳门特区政府通过设立中医药高等教育课程，建立国家重点实验室，制定鼓励政策等方式大力发展中医药产业，打造中医药品牌，并取得了一定成就。

为进一步促进澳门中医药产业的发展，横琴粤澳合作中医药科技产业园在 2011 年正式成立。该产业园是澳门发展中医药产业的重要载体和平台，吸引了一大批澳门企业落户横琴。横琴在中医药行业方面已经有一定的资金、设施及技术基础。在中共中央、国务院提出建设横琴粤澳深度合作区后，横琴须依托原有的基础，大力发展中医药等澳门品牌产业，着眼于建设世界一流中医药生产基地和创新高地，优化粤澳合作中医药科技产业园的发展路径，以国家中医药服务出口基地为载体，发展中医药服务贸易，建立具有自主知识产权和中国特色的医药创新研发与转化平台。对在澳门审批和注册、在合作区生产的中医药产品、食品及保健品，允许使用"澳门监造"、"澳门监制"或"澳门设计"等标志。简化澳门外用中成药在粤港澳大湾区内地上市的审批流程，探索于内地已获上市许可的澳门中药被准许在粤港澳大湾区内地合法生产的路径，对澳门研制的、符合规定的新药实施优先审评审批。①

药品关乎人民群众的生命安全，在发展中医药产业的同时，横琴必须严格遵守宪法和法律，严厉打击制造、销售假药、劣药等行为，在简化药品上市流程的同时要严格把关、坚守底线，不能为了政策指标而放宽标准，以维护人民群众的身心健康与中医药行业的安全稳定。

---

① 参见中共中央、国务院印发的《横琴粤澳深度合作区建设总体方案》。

（二）　横琴国际休闲旅游岛

横琴国际休闲旅游岛的区位优势明显，与澳门隔河相望、桥隧相连，与澳门最近处距离不到 200 米；发展基础良好，生态资源丰富多样，并承办了一系列大型国际体育赛事；政策条件优越，开发、开放受到党中央、国务院高度重视，并享受一系列优惠政策。基于以上几点优势，在习近平总书记关于横琴重要指示精神的指导下，为了落实党中央、国务院的决策部署，更好地推进横琴新区发展，促进澳门经济适度多元发展，建设粤港澳深度合作示范区，打造宜居宜业宜游的国际休闲旅游岛，加快粤港澳大湾区旅游一体化发展，国家发展和改革委员会同广东省人民政府合作制定了《横琴国际休闲旅游岛建设方案》。

横琴国际休闲旅游岛是促进澳门经济适度多元发展的新载体，是国际一流的休闲旅游基地，也是国家全域旅游示范区。在建设过程中，横琴国际休闲旅游岛要以习近平新时代中国特色社会主义思想为指导，坚守促进澳门经济适度多元发展的初心；坚持创新发展、绿色发展、开放发展、融合发展；重点助力打造粤港澳世界级旅游大湾区，培育高品质休闲旅游产品体系，创新与国际接轨的休闲旅游市场监管机制，推进休闲旅游配套设施建设，构建"旅游 +"产业生态圈，提高旅游的对外开放合作水平。

在建设过程中，横琴国际休闲旅游岛需要加强组织领导，加强政策支持力度，遵守法律法规，以保障方案的实施和开发的推进，最终建设成为生态优美、景观丰富、配套完善、特色鲜明的国际休闲旅游岛。全域旅游产业体系基本形成，旅游休闲产业对经济社会发展发挥更加重要的龙头带动作用。具备较强的旅游产业竞争力和国际知名度，与"一带一路"共建国家之间的旅游合作进一步加强，配合澳门建设成为世界级的旅游休闲中心。

（三）葡语国家

葡语国家，是指官方语言或通用语言为葡萄牙语的国家，主要有葡萄牙、巴西、安哥拉、莫桑比克、几内亚比绍、佛得角、圣多美和普林西比及东帝汶等国家。在近代，澳门曾经受到葡萄牙的殖民管辖，也使用葡萄牙语，学习葡萄牙文化。"由于相近或相通的语言、文化、法律体系、政治体制包括族群关系以及历史传统等的天然联结，澳门与葡语国家之间始终保持着非常密切的经济交流与合作互动关系。"[①] 在澳门回归以后，由于实行"一国两制"，澳门得以继续保持原有的社会制度，因此其与葡语国家之间在政治、经济、文化、社会等方面仍然保持着密切的联系，能够作为中国对外开放的窗口和桥梁。

澳门回归20多年来，以"中国—葡语国家经贸合作论坛"为依托，大力推进"中国与葡语国家商贸合作服务平台"的建设。自该论坛成立以来，与会各方在政府间、贸易、投资等领域的合作取得了积极成果，强化了澳门作为中国与葡语国家经贸合作桥梁的作用，从而提升了澳门的国际影响力，促进了澳门产业的适度多元发展。[②]

横琴粤澳深度合作区作为促进澳门经济适度多元发展的重要平台，必须充分发挥澳门所具有的对接葡语国家的窗口作用，支持合作区打造"中

[①] 齐鹏飞：《以"适度多元化"和"一个中心"、"一个平台"建设为导向——澳门回归20年"一国两制"特色的经济发展之路》，《教学与研究》2019年第11期。

[②] 论坛简介参见中华人民共和国国家商务部网站，http://tga. mofcom. gov. cn/article/zt_zp2003/index. shtml。

国—葡语国家金融服务平台"，建立出口信用保险制度，最终建设成为除澳门外的第二个葡语国家人民币清算中心，发挥中葡基金总部落户澳门的优势，承接中国与葡语国家之间的金融合作服务；发挥澳门与葡语国家的联系优势，大力支持澳门办好"中国—葡语国家经贸合作论坛"，为内地与葡语国家之间的贸易投资、产业及区域合作、人文及科技交流等活动提供充分的金融、法律、信息等专业服务，联手开拓葡语国家和其他地区的广阔市场。①

（四）澳门新街坊

澳门新街坊是横琴与澳门开展社会民生合作的项目，其主要目的是对接澳门的教育、医疗、社会服务等民生公共服务和社会保障体系，从而有效拓展澳门居民的优质生活空间。该项目是内地第一个针对澳门居民专门打造的集居住、教育、医疗等功能于一体的综合民生项目。其占地面积约19万平方米，总建筑面积约62万平方米，包括住宅及配套社区服务、商业、学校和公园等，可提供约4000套住房，同步开放符合澳门标准的医疗、教育、社区服务等配套公共服务。②

推进该项目，就要求横琴全面放开对澳门机动车便利出入合作区的管控。支持澳门医疗卫生服务提供主体以独资、合资或合作经营等方式设置医疗机构，聚集国际化、专业化的医疗服务资源。允许指定医疗机构使用临床急需、已在澳门注册的药品和特殊医学用途配方食品，以及使用临床

---

① 参见中共中央、国务院印发的《粤港澳大湾区发展规划纲要》《横琴粤澳深度合作区建设总体方案》。
② 参见《中国（广东）自由贸易试验区发展"十四五"规划》（粤府办〔2021〕26号）。

急需、澳门公立医院已采购使用、具有临床应用价值的先进性（大型医用设备除外）医疗器械。支持粤澳共建区域医疗联合体和区域性医疗中心，增强联合应对公共卫生突发事件的能力。建立合作区与澳门社会服务合作机制，促进两地社区治理和服务融合发展。大幅降低并逐步取消合作区与澳门间的手机长途和跨境漫游费。[①]

澳门新街坊，是建设便利澳门居民生活就业新家园的重要举措，更是党中央对于澳门人民生活环境的重视与关怀。横琴应当充分重视澳门新街坊的建设，特别是在应对公共卫生突发事件上，必须完善相关的法律法规，做到有法可依、有法必依，通过完善的规章制度保障项目建设稳步推进。

（五）互联互通

互联互通，其本意是相互联通，通常用于形容基础设施或电信网络。在与横琴发展相关的政策文件中，该词多次出现，主要针对基础设施和科研数据，也即在基础设施和科研数据等方面需要促进横琴与澳门的互联互通。

基础设施作为一个城市的根本，必须得到高度重视。只有基础设施得到完善，城市建设才能稳步推进。因此要促进两个地区之间的合作，首先要从根本抓起，促进两个地区之间基础设施的互联互通，包括交通运输体系、信息基础设施、能源安全保障体系以及公共服务体系等。只有加强基础设施建设，畅通对外联系通道，提升内部联通水平，推动形成布局合理、功能完善、衔接顺畅、运作高效的基础设施网络，才能促进澳门经济的适度多元发展。推进基础设施互联互通，要求横琴粤澳深度合作区支持澳门

---

① 参见中共中央、国务院印发的《横琴粤澳深度合作区建设总体方案》。

轻轨延伸至合作区与珠海城市轨道线网联通，融入内地轨道交通网。加快推动合作区联通周边区域的通道建设，有序推进广州至珠海（澳门）高铁、南沙至珠海（中山）城际铁路等项目的规划建设。加强合作区与珠海机场、珠海港之间的功能协调和产业联动。[①]

而科研数据作为高新技术产业的基础，是基础设施的上层建筑，与基础设施同等重要。没有科研数据就没有创新，城市就会缺乏活力，无法通过创新带动经济发展。推动科研数据互联互通，要求横琴在国家数据跨境传输安全管理制度框架下，开展数据跨境传输安全管理试点，研究建设固网接入国际互联网的绿色通道，探索形成既能便利数据流动又能保障数据安全的机制。

只有坚持互联互通，才能进一步推进粤澳深度合作与一体化建设，实现促进澳门经济适度多元发展的目标。

（六）　"一线"放开、"二线"管住

横琴粤澳深度合作区的范围是横琴岛"一线"和"二线"之间的海关监管区域。其中，横琴与澳门特别行政区之间设为"一线"，横琴与中华人民共和国关境内其他地区之间设为"二线"。由于横琴全岛的客观现实情况不同，合作区实行分区分类施策管理。对于"一线"地区，其与澳门相邻，应当根据开放的政策进行管理，以扩大与澳门市场之间的互联互通，从而加强横琴与澳门之间的深度合作，更好地发挥横琴服务澳门经济的功能；对于"二线"地区，其是货物进入内地的兜底线，因此必须严格把关，以税法、海关法为执法依据，严厉查处偷税漏税、不合格货物过关等行为，

①　参见中共中央、国务院印发的《横琴粤澳深度合作区建设总体方案》。

做到执法必严、违法必究。

"一线"放开，要求横琴对合作区与澳门之间经"一线"进出的货物（过境合作区货物除外）继续实施备案管理，进一步简化申报程序和要素。调整横琴不予免（保）税货物清单政策，除国家法律、行政法规明确规定不予免（保）税的货物及物品外，其他货物及物品免（保）税进入。"二线"管住，要求横琴对从合作区经"二线"进入内地的免（保）税货物，按照进口货物有关规定办理海关手续，征收关税和进口环节税。对合作区内企业生产的不含进口料件或者含进口料件在合作区加工增值达到或超过30%的货物，经"二线"进入内地免征进口关税。从内地经"二线"进入合作区的有关货物视同出口，按现行税收政策的有关规定实行增值税和消费税退税，涉及出口应税商品的征收出口关税，并根据需要办理海关手续。研究调整适用退税政策的货物范围，实行负面清单管理。①

五　横琴粤澳深度合作区的制度

（一）合作区管理委员会

为了全面贯彻习近平总书记关于粤澳合作开发横琴的重要指示精神，推进中共中央、国务院对于横琴粤澳深度合作区的部署，落实《横琴粤澳深度合作区建设总体方案》，健全粤澳"共商共建共管共享"的新体制，加强横琴与澳门的深度合作，粤澳双方决定联合组建合作区管理委员会，在职权范围内统筹决定合作区的重大规划、重大政策、重大项目和重要人事任免。

---

① 参见中共中央、国务院印发的《横琴粤澳深度合作区建设总体方案》。

合作区管理委员会实行双主任制，由广东省省长和澳门特别行政区行政长官共同担任，澳门特别行政区委派一名常务副主任，粤澳双方协商确定其他副主任。成员单位包括广东省和澳门特别行政区有关部门、珠海市政府等。成立时，合作区管理委员会的主任是马兴瑞、贺一诚；常务副主任是张永春；副主任是林克庆、张新、郭永航、黄少泽、欧阳瑜；秘书长是聂新平、李伟农。[①] 在合作区管理委员会下还设有合作区执行委员会和秘书处，负责具体的执行事项。

合作区管理委员会除了统筹安排各种重大事项以外，还具有其他职能：如支配 2024 年前合作区收益共享机制所得的投资收益，用于合作区开发建设；按规定明确开发管理和执行机构的具体组建方案和详细职责分工；按照合作区的发展新要求修订《横琴总体发展规划》。

2021 年 10 月 22 日，横琴粤澳深度合作区管理委员会第一次会议在广州举行，深入贯彻落实习近平总书记关于横琴开发开放的重要论述和《横琴粤澳深度合作区建设总体方案》精神，汇聚粤澳双方力量，共同抓好各项工作落实，推动合作区建设开好局、起好步。[②]

2021 年 12 月 6 日，横琴粤澳深度合作区管理委员会第二次会议在珠海举行，深入学习贯彻习近平总书记关于横琴开发开放的重要指示精神，认真落实党的十九届六中全会精神，研究部署下一阶段工作，努力推动合作区建设取得更大成效。[③]

---

① 参见横琴粤澳深度合作区组织机构一栏，横琴粤澳深度合作区网站，http://www.hengqin.gov.cn/macao_zh_hans/hzqgl/zzjg/jgld/，最后访问日期：2022 年 1 月 18 日。
② 《横琴粤澳深度合作区管理委员会第一次会议举行 马兴瑞贺一诚出席并讲话》，广东省人民政府网站，http://www.gd.gov.cn/gdywdt/gdyw/content/post_3583897.html，最后访问日期：2022 年 1 月 18 日。
③ 《横琴粤澳深度合作区管理委员会第二次会议举行 马兴瑞贺一诚出席并讲话》，广东省人民政府网站，http://www.gd.gov.cn/gdywdt/zwzt/ygadwq/zdgz/content/post_3694443.html，最后访问日期：2022 年 1 月 18 日。

（二） 合作区执行委员会

为了更好地推进横琴粤澳深度合作区建设，健全粤澳 "共商共建共管共享" 的新体制，贯彻粤港澳大湾区建设领导小组与横琴粤澳深度合作区管理委员会的指示精神，合作区组建开发执行机构，在合作区管理委员会下设置执行委员会。

执行委员会的主要负责人由澳门特别行政区政府委派，广东省和珠海市派人参加，协助做好涉及广东省事务的协调工作。合作区执行委员会现任主任为李伟农，副主任为聂新平、符永革、牛敬、许丽芳、苏崑、吴子健。合作区执行委员会下设行政事务局、法律事务局、经济发展局、金融发展局、商事服务局、财政局、统计局、城市规划和建设局、民生事务局，分管不同领域的事务。

在职能方面，合作区执行委员会履行国际推介、招商引资、产业导入、土地开发、项目建设、民生管理等职能，与合作区管理委员会下设的秘书处合署办公。粤澳双方根据需要组建开发投资公司，配合执行委员会做好合作区开发建设的有关工作。

在履行职能过程中，合作区执行委员会必须以宪法和法律为准则，牢记 "法无授权不可为" 的宗旨，在法治框架内行使权力，不得滥用行政权力谋取个人私利，不得损害公民的合法权益。只有把人民的利益摆在第一位，才能真正做好合作区执行委员会的工作，做到执政为民。

（三） 双主任制

在健全粤澳 "共商共建共管共享" 的新体制中，粤澳双方联合组建的合作区管理委员会实行双主任制，由广东省省长和澳门特别行政区行政长官共同担任，澳门特别行政区委派一名常务副主任，粤澳双方协商确定其他副主任。[①]

双主任制，是合作区开发管理机构一项创新制度。该制度突破了传统行政机关的首长负责制，由两地各派一名成员担任主任，形成两个主任的新局面。在决策方面，传统的首长负责制意味着部门首长才有最后决策权，而双主任制则意味着两个主任需要对重大事项达成一致意见后才能实现最后决策。这种制度具有多种优势。一是在决策上更加科学。重大事项需要经过两位主任的协商一致方能决策，因此在决策上不容易出现重大失误。二是可以充分发挥"两制"之利。双主任制中同时存在内地和澳门的主任，在讨论事项、交流看法时，两位主任可以从不同的角度看待同一问题，内地的主任可以从社会主义制度的角度出发分析问题，而澳门的主任可以从资本主义制度的角度出发看待问题，因此两位主任可以把"两制"各自的独特优势集中起来，放大"两制"之利。三是可以强化粤澳合作，加快粤港澳大湾区的一体化进程。在双主任制下，重大事项均要通过两位主任协商敲定，两地的合作必然会更加紧密。

但是，两地在思想认识、行为习惯和制度体系上均存在一定的差异，特别是在政府体系上，澳门是一级政府模式，而内地习惯分区分级管理，因此在工作中还需要进行磨合，以发挥该制度的最大效果。

（四）属地管理

属地管理，是指在以空间为最主要划分标准的管理范围内，由管理者

---

① 参见中共中央、国务院印发的《横琴粤澳深度合作区建设总体方案》。

统揽和负责的管理制度。① 通常而言，属地管理有两个特点：一是管理边界通常是自然形成或者人为规定的物理空间；二是在工作区域内，谁主管谁负责，只要发生在划定区域以内，无论何种性质和内容的工作任务，都要由相应人员负责。目前属地管理属于社会治理的主要形式，也即"条条块块，以块为主"。

在横琴粤澳深度合作区的建设进程中，健全粤澳"共商共建共管共享"的新体制包含了做好合作区属地管理工作的要求，具体而言就是将合作区上升为广东省管理，成立广东省委和省政府派出机构，集中精力抓好党的建设、国家安全、刑事司法、社会治安等工作，履行好属地管理职能，积极主动地配合合作区管理和执行机构推进合作区开发建设。②

做好合作区属地管理工作，有利于提高行政效率。在横琴粤澳深度合作区的建设过程中，有许多事情需要澳门直接与广东省政府对接和沟通。如果合作区由珠海管理，当澳门需要和省政府沟通时，珠海市政府需要层层上报，如此则容易导致行政效率低下，整个合作机制无法高速运转，故而会减慢粤澳合作的进程。因此在属地管理的要求下，由省政府主管合作区并对其负责，可以直接处理各种重大事项，无须层层上报，从而避免浪费人力物力。

但是，属地管理也存在一定的问题，广东省政府直接管理合作区，容易与珠海市政府的行政管理范围产生交叉与重合，因此广东省政府必须依据《中华人民共和国地方各级人民代表大会和地方各级人民政府组织法》等法律法规，事先与珠海市政府沟通协商、明确分工，从而确定行政执法

---

① 张铮、包涵川：《属地管理：一个关于行政层级延长的分析框架——基于对 Z 街道办事处的观察》，《中国行政管理》2018 年第 6 期。

② 参见中共中央、国务院印发的《横琴粤澳深度合作区建设总体方案》。

的范围，避免产生冲突。

（五） 年度评估

年度评估作为一种检测手段，能够清楚地反映一段时间内某件事情的进度、成效以及影响等，具有清楚、准确、相对简便等特点。

在健全粤澳"共商共建共管共享"新体制的进程中，合作区需要根据促进澳门经济适度多元发展的成效来调整政策方针，因此必须对发展成果进行定期评估，以掌握最新动态，从而便于进一步推进合作区的建设与新体制的健全。但是，月评估、季度评估过于频繁，既不利于展示对比前后两次报告的成效，又浪费了评估人员的时间精力。出于对评估效果的考虑，《横琴粤澳深度合作区建设总体方案》决定采取年度评估的方式。在评估报告中，评估人员应当创新合作区国民经济相关数据的统计方式，研究编制合作区促进澳门经济适度多元发展的指标体系，全面反映对促进澳门经济适度多元发展所做出的贡献。评估完成后，评估结果须向粤港澳大湾区建设领导小组报告。[1]

开展年度评估，首先可以全面反映合作区建设对促进澳门经济适度多元发展所取得的成果，便于合作区确定今后的政策方向；其次，也可以督促相关负责人员落实指示精神、政策要求，避免出现消极怠工的现象；再次，还可以清楚地记录合作区的建设进度，从而便于未来总结经验。

要做好年度评估的工作，必须对评估人员严格把关，严禁出现恶意串通、修改评估结果、欺上瞒下的行为。上述行为一旦出现就必须严厉查处，绝不姑息。只有得到真实的年度评估报告，横琴粤澳深度合作区才能更好

---

[1] 参见中共中央、国务院印发的《横琴粤澳深度合作区建设总体方案》。

地实现促进澳门经济适度多元发展的目标。

（六）　衔接澳门、接轨国际

在"一国两制"的制度背景下，澳门与横琴粤澳深度合作区的社会制度、法律体系存在较大差异。这种差异是阻碍合作区进一步建设、琴澳进一步合作的重大障碍。为了克服这一障碍，保障合作区建设稳步推进，《横琴粤澳深度合作区建设总体方案》作出明确指示：充分发挥"一国两制"制度优势，在遵循宪法和澳门特别行政区基本法的前提下，逐步构建民商事规则衔接澳门、接轨国际的制度体系。[①]

衔接澳门、接轨国际，要求横琴粤澳深度合作区从立法、执法、司法三个方面构建民商事规则。在立法方面，横琴应当完善金融、投资、知识产权与纠纷解决领域的法律，使其达到国际水平，以发达的金融业和知识产权业带动合作区快速发展，以完整的纠纷解决机制处理民商事争端。在执法方面，在遵循宪法与澳门特别行政区基本法的前提下，可以适度放宽执法力度，促进澳门相关产业的发展。在司法方面，横琴应当不断完善民事诉讼机制与仲裁机制，在法院层面和仲裁机构层面推动两地民商事争端解决机制的有效衔接；可以通过建立法院附设早期中立评估、实现法院全案引导的纠纷解决机制、建立合作区调解制度三个方面完善合作区的多元纠纷解决机制，同时应当优化司法协助，促进跨境纠纷解决的便利化。[②]

横琴粤澳深度合作区只有以宪法和澳门特别行政区基本法为前提，在法治轨道上推进民商事法律制度的趋同与融合，才能稳步推进粤澳两地深

---

① 参见中共中央、国务院印发的《横琴粤澳深度合作区建设总体方案》。
② 参见文艺《第二届湾区法律创新论坛在横琴举行》，《羊城晚报》2021 年 12 月 14 日 A13 版。

度合作，从而保持珠海、澳门对外开放、接轨国际，建设高水平的民商事规则体系。

（七）珠海经济特区立法权

《横琴粤澳深度合作区建设总体方案》明确指出："用足用好珠海经济特区立法权，允许珠海立足合作区改革创新的实践需要，根据授权对法律、行政法规、地方性法规作变通规定。"① 可以看到，经济特区立法权实际上相当于立法变通权，经济特区可以根据全国人民代表大会及其常务委员会的授权决定，在遵循宪法规定及法律和行政法规基本原则的前提下，从实际情况出发制定法律法规。

经济特区立法变通权是中国立法体制中非常具有特色的一种立法权力，是中央鼓励经济特区进行大胆创新的重要手段，也是经济特区取得巨大成就的重要原因。由于该立法变通权是经济特区独有的权力，对于经济特区的重要性不断凸显，其已经成为经济特区在体制上的本质特征之一。但是，对于这种"大"权力的制约却非常有限，这一情况导致学术界长期以来都对其存在的正当性与必要性提出很多质疑，这应当引起大家注意。

尽管如此，经济特区作为中国改革开放"试验田"和"窗口"的重要地位决定了特区立法变通权作为经济特区进行法治创新的利器仍然继续履行着其历史使命，在中央推进粤港澳大湾区与横琴粤澳深度合作区建设的背景下更是如此。不过，新的历史形势下，经济特区应当谨慎行使特区立法变通权，严守其法律边界，同时需要通过完善法规备案审查机制，以确

---

① 参见中共中央、国务院印发的《横琴粤澳深度合作区建设总体方案》。

保该权力能够得到规范行使。①

因此珠海经济特区在使用立法变通权时，必须严格遵循宪法和澳门特别行政区基本法的原则，在授权范围内规范行使、科学行使，做到立法为公、执政为民。

（八）横琴新区法院

横琴新区法院位于珠海市横琴岛，成立于 2013 年 12 月 26 日，后于 2021 年 12 月更名为横琴粤澳深度合作区人民法院，现配备法官 11 名。

作为面向粤澳两地的新型人民法院，横琴新区法院在成立之初便一改传统法院的设置方式，确立了内设机构精简、司法行政集中管理、人员分类管理等全新架构，全面推行包括审判权运行机制、内设机构管理模式在内的法院综合改革。

在内设机构上，横琴新区法院改变传统做法，不设审判庭。精简的组织机构模式解决了审判庭运作过程中的行政化问题，更符合审判权运行的科学规律和审判的专业化特点，更有利于保障法官依法独立审判。

在司法行政管理上，横琴新区法院集中管理司法行政，优化内部职权配置，使得权责主体更加明确，从而能够更加高效地统筹司法资源并为审判中心工作服务，更加符合审判权运行的科学规律和审判的专业化特点。

在审判权运行机制上，横琴新区法院取消院长、庭长审批制，突出法官在审判执行过程中的主体地位，具体包括：实行法官员额制，严格选任法官；设立法官会议，实现法院管理工作的民主决策，法官自我管理；建立审判团队，实施以法官为中心的运作模式，审判权由法官集中行使，法

---

① 参见黄金荣《大湾区建设背景下经济特区立法变通权的行使》，《法律适用》2019 年第 21 期。

官助理和书记员为法官办案提供有力辅助；落实司法责任制，率先实行违法办案终身追究机制，加强监督力度，确保司法公正廉洁。

同时，横琴新区法院进一步强化司法职能，集中管辖珠海市一审涉外涉港澳台民商事案件，积极探索审判方式改革，服务全面开放新格局；立足国家发展大局，出台保障意见、审判指引；优化跨境司法服务，建立多元解纷中心，搭建"环大湾区司法服务圈"，制定诉讼风险特别提示，建成"诉讼服务一站通办"，推行线上、线下一体化智能服务；推进大湾区交流合作，选任港澳陪审员，聘任港澳调解员，吸收澳门高校的学生担任法官助理。

在习近平总书记关于粤澳合作开发横琴的重要指示精神的指导下，横琴新区法院必须抓住合作区建设加快推进的契机，全面提升司法能力、司法效能和司法公信，强化拓展法院职能和作用，为合作区建设提供更为高效便捷的司法服务和保障。①

本章执笔人：李广德、陈君毅

---

① 参见横琴粤澳深度合作区人民法院简介，横琴粤澳深度合作区人民法院网，http://hqcourt. gov. cn/list/11. html，最后访问日期：2022 年 1 月 19 日。

第三章　横琴粤澳深度合作区的法律地位

一　横琴粤澳深度合作区法律地位问题的提出

中共中央、国务院发布的《横琴粤澳深度合作区建设总体方案》（以下简称《总体方案》）提出建立横琴粤澳深度合作区（以下简称"合作区"）。合作区是粤港澳大湾区的重大合作平台之一，建设合作区是新时代深化"一国两制"实践的重要举措。作为新生事物，合作区要解决的问题主要包括两大类：一是合作区的实施机制问题，它由战略定位路线图、发展路径、合作区建设效果评估等几个方面构成。为落实上述机制问题，《总体方案》确定了一系列实施主体，主要包括：①粤港澳大湾区建设领导小组作为组织的领导主体。粤港澳大湾区建设领导小组是研究解决大湾区建设中政策实施、项目安排、体制机制创新、平台建设等方面重大问题的组织机构。①《总体方案》赋予粤港澳大湾区建设领导小组一系列具体的组织领导权，如对享受优惠政策的高端人才和紧缺人才实行清单管理的审定权、建立合作区开发管理机构的领导权、对合作区建设及促进澳门经济适度多元发展的成效开展年度评估的结果监督权、会同有关部门及

---

① 在中国的政治实践中，领导小组是以加强政治或行政整合为目的而成立的相对灵活且隐形的组织机构，它们也会以委员会、指挥部、协调小组、工作组等名称出现，相关讨论参见刘炳辉《超级郡县国家：人口大流动背景下的党政科层制变革》，载姜义华等《改革开放与大国治理》，辽宁人民出版社，2019。

时研究解决合作区建设中遇到的困难和问题的统筹协调权等。②横琴粤澳深度合作区的决策主体、执行主体和派出机构。根据《广东省人民代表大会常务委员会关于横琴粤澳深度合作区有关管理体制的决定》，设立合作区管理委员会，在合作区管理委员会之下设立执行委员会。广东省在合作区设立派出机构，履行属地管理职能，积极主动地配合合作区管理和执行机构以推进合作区开发建设。③设立和完善合作区的司法主体。根据《最高人民法院关于同意珠海横琴新区人民法院更名为横琴粤澳深度合作区人民法院的批复》，横琴粤澳深度合作区人民法院履行基层人民法院的案件管辖权，并调整横琴粤澳深度合作区的一审行政案件的管辖。根据《广东省人民代表大会常务委员会关于批准设立广东省横琴粤澳深度合作区人民检察院的决定》，设立广东省横琴粤澳深度合作区人民检察院，作为广东省人民检察院的派出机构。④粤澳双方根据需要组建开发投资公司，并配合执行委员会做好合作区内的开发建设等有关工作。

二是横琴粤澳深度合作区的属性问题，这一问题关系到合作区及其背后的一些基础性理念和制度。合作区自身的性质问题主要包括以下三个方面：①什么是横琴粤澳深度合作区？合作区的法律地位如何？②这种深度合作在体制机制上将如何得到体现？如何理解粤澳联合组建的合作区管理委员会的法律地位？③如何界定和理解合作区管理委员会下设的执行委员会的法律地位？合作区的性质和法律地位是首要问题，只有回答了合作区是什么，才能够回答好它将要干什么以及如何干的问题。

探讨合作区的性质，目的是要揭示合作区作为区域所具有的本质性规定。本章的论证表明，合作区是"共商共建共管共享"的新型共治型法定区域。基于共治型法定区域的判断，合作区的治理机构属于共治型法定机构，具体分为决策型、执行型和配合型共治机构。合作区从原理、机制和组织形态等方面落实了"共商共建共管共享"的深度合作发展范式，为横琴奥澳深度合作法治实践提供了个案基础。

通过对横琴粤澳深度合作区的建设实践进行观察和剖析，我们将系统地回答如下问题："共商共建共管共享"的共治治理模式的基本原理和运作法则是什么？如何看待传统统治理论和治理理论所具有的局限性？如何理解共治实践对国家治理体系和国家治理能力现代化所发挥的功用？对这些问题的回答既涉及横琴粤澳深度合作区的基础理论问题，也面临着重塑国家治理现代化的结构要素等问题。研究表明，国家治理体系和治理能力现代化是一个动态的发展过程，也是从纵向治理向横向治理转变的过程。

二 统治、自治与共治

横琴粤澳深度合作区与前海深港现代服务业合作区、南沙粤港澳全面合作示范区等区域共同组成了粤港澳大湾区重大合作平台。与前海深港现代服务业合作区和南沙粤港澳全面合作示范区不同，横琴粤澳深度合作区最鲜明的一个特征是它被赋予了深度合作的属性。围绕深度合作这一主题，我们需要知道，深度合作意味着什么？它与一般意义上的合作有什么区别？横琴粤澳深度合作区于横琴而言在何种程度上体现着其与澳门之间的深度合作？横琴粤澳深度合作区于粤港澳大湾区或更广阔的制度空间而言在何种程度上体现着不同治理主体之间的深度合作？对横琴粤澳深度合作区性质的解释应当超越传统区域治理理论，并寻求超越区域治理的合理路径。

（一）从统治到治理

基于国家统治和管理的需求，对以领土形式出现的地理空间作出划分构成了区域理论的基本内容。传统区域类型主要包括以下几个方面：①行政区划；②特殊区划，如特别行政区、自治区等；③肩负特殊使命和特定目的的功能区。区域具有法定性、固定性、明确性以及科层化等特征，并围绕着行政区划而展开。行政区划是对国家结构属性的反映，被划分的区域一开始就享有了与其地位相符的法定权力和法定责任。特殊区划是行政区划的一种特殊形式，除了拥有法定权力之外，它还可以从中央或上级处获得授权。功能区不拥有法定的初始权力，它们的权力和责任主要来自被授权。

区域是被建构的制度空间，形成了特有的地理经济学、地理文化学、地理政治学和地理法学等。区域理论包括统治理论和治理理论两个方面。统治是一种中央集权式管理，中央事权即国家事权，地方或社会主体无权或少权参与。与之不同，治理是对一种自治制度和实践的重构与表达。行政区划具有宪制上的意义，不同类型的行政区划从宪法处获得了初级权力。随着相互依赖的经济以及日益复杂社会结构的生成，通过处理中央与地方之间的事权关系，迎合现代社会追求个人自由的趋势，一种放权化的理论则要求对特定区域的人或行为提供较为广阔的自治空间。第二次世界大战以来，放权化在实践上共经历了三个阶段：①20 世纪 70 至 80 年代，从等级制的政府结构和官僚体系中获得了第一次分权；②20 世纪 80 年代中期以后，放权化的实践扩大至政府权力共享、民主化、市场自由化以及私人部门决策的范围；③20 世纪 90 年代至今，放权被视作将治理拓展到更广泛的公民社会组织之中。①

　　放权化实践是通过赋权和授权完成的。授权是一种委托关系，由授权人将其享有的权力委托给其他主体行使，并设定授权范围、授权期限等限制。在这种授权法律关系中，被授权人在获得授权之前并无权力，在获得授权后才真正享有了只有授权人才能享有的权力。赋权在效果上经历了从无权到有权、从权力小到权力大的过程。与授权不同的是，被赋权的主体一旦获得权力，所赋权力就成为其固有权力的组成部分。授权具有临时性和特殊性，赋权则具有长期性和普遍性。然而，不论赋权还是授权都发生在既有法律文本和习惯性政治实践的基础之上，同时，地方政府权力的运作必须被限制在既定的区域范围之内，超出这一范围不仅要受到其他区域权力的抵制，还要遭受来自中央的指责。对于一个有着一统传统的国度而言，地方之间的联合比相互拆台和诋毁更具有危险性。因此，具有层级关系的行政区划或功能区为国家稳定和法律统一实施提供了充分的物理空间和实施区域，但也要防止不同行政区域之间的合作给国家秩序带来潜在威胁。

　　事实上，经济一体化的客观形势改变了地方政府营造的地方经济格局（在消极意义上，这种地方格局被戴上了地方保护主义的帽子）。区域经济概念突破了本土经济概念，随之而来的是社会管理和政治管理权力的扩大化。我国改革开放的放权实践使中国社会产生了历史巨变，取得了制度创新的巨大收益，从单一的治理主体转向多种治理主体，从唯一的市场主体转向多重的市场主体，在法律领域则表现为从唯一的立法者转变为多重立法者。

---

① 〔美〕G. 沙布尔·吉玛等编《分权化治理：新概念与新实践》，唐贤兴等译，格致出版社、上海人民出版社，2013，第1～2页。

（二）　自治的限度

区域经济一体化要求整合单一经济区之间的资本、土地、劳动力、城市规划等要素。然而，单一经济区是与单一的行政区划紧密结合在一起的，其最小的行政区划是乡镇这类法律主体。宪法和地方政府组织法赋予了包括乡镇在内的多个行政主体自我管理的权力，凡是设立人民代表大会机构的地方，就能够对行政区的范围进行明确标示。每一个行政区划主体都有其固有权力及行使范围，行政区划之间的联合被认为是超越其权限的违宪举动因而不被鼓励。一旦区域经济一体化成为一种时代需求，相对独立且固定的行政区划就面临着发展收益无法最大化的难题。

传统的区域治理理论虽然要求基于政治或统治的考虑对于地理空间作出区划，但也要求在不同区划之间设置区隔，形成了畛域现象。事实上，改革开放的放权模式激发了地方政府和地方经济的主动性与积极性，也为不同地区之间开展激励和竞争提供了新机制。地区之间的竞争或对立降低了经济效率，增加了治理成本。地区之间的竞争、对立成为社会和经济发展的阻碍。然而，中国式的放权改革产生了诸多代价，比如城乡和地区之间的两极分化、重复建设、市场分割、地方政府提供公共服务的动力不足等。① 换言之，在放权实践获得积极鼓励和广泛推动的情况下，放权的局限性也逐渐凸显出来。一是放权导致了地方保护主义的抬头，潜藏着造就地方政治精英的巨大风险。在某种量化激励机制之下，被赋权或授权的地方政治精英会更加关注其与授权者之间的纵向关系，因而忽略了与底层民众之间的关系。二是一味单纯地运用放权，增加了地方公共基础设施的成本

---

① 王永钦等：《中国的大国发展道路：论分权式改革的得失》，《经济研究》2007 年第 1 期。

支出，增大了当地民众的财政负担，影响了他们的实际收入。地方政府愿意从中央政府处获得权力，却不愿意将权力分享给社会组织和其他公民，因而出现了放权是否能够真正提高服务效率从而增加公民参与的疑问。相关研究发现了财政分权与低经济发展和更大的财政不平衡之间的联系。① 三是忽视了平衡地方之间的关系。随着创新性生产要素在不同区域之间流动的客观需求逐渐增加，获得授权的地方治理者需要与创新要素互通的其他地方治理主体产生互动关系，但出于与上面相同的原因，获得授权的地方治理者与其他地方治理主体之间的竞争或恶性竞争加剧了地方保护主义。

单纯收权或重新集权都有可能遏制已经成长起来的社会发展活力，陷入"一放就乱""一收就死"的统治型管理模式。放权实践是对中央与地方、上级与下级之间的权力关系进行重构的过程，它解决了地方基层、民众、社会组织因无权或权力不饱满而缺乏创造力的现实问题。② 新的放权模式要求在保持经济繁荣和社会活力的基础上使有权的社会实践主体之间发挥相互促进的作用，从而实现从权力纵向平衡向权力横向联合的发展。这意味着，一方面要尊重和巩固放权实践所创造的成果，不断释放放权本身所具有的正价值和能量；另一方面通过引导、鼓励被授权者之间开展合作，从而实现创新性要素在不同行政区划或法域之间的便捷流通。

（三）合作共治的特征

深度合作建立在社会主体平等合作的逻辑基础之上，这是有权主体之

---

① Jorge Martinez-Vazquez and Robert MMcNab, "Fiscal Decentralization and Economic Growth", *World Development*, Vol. 31, Iss. 9, pp. 1597 – 1616.
② 关于中央再集权或选择性集权的讨论，参见郑永年《中国的"行为联邦制"：中央—地方关系的变革与动力》，邱道隆译，东方出版社，2013。

间通过某种机制形成的横向合作机制，主要包括以下几个方面的特征：一是深度合作机制的紧密性。与松散型、一般、简单乃至一次性的合作不同，深度合作是紧密型的、非一般的、复杂的、重复性的长期合作。二是深度合作主体之间的平等性。深度合作是合作主体之间平等关系的反映，是合作主体之间对相关利益行为或动作开展共同协调或行动的产物。合作者间的平等关系是深度合作能够产生、发展的主要因素。三是深度合作性质的共在性。深度合作的主体之所以能够具有紧密型的形式结构和平等的地位，从根本上而言是由合作主体的共在性所决定的。

第一，从紧密性上来看，深度合作理论证实了制度经济学中非合作博弈论的基本原理，对一次性博弈论提出了挑战。长期合作关系决定了合作者不能从合作关系中抽身出来，长久维系或许确认了纳什均衡点。因此，制度经济学中关于囚徒困境的讨论让我们认识到合作总比不合作强，深度合作总比一般合作强。囚徒陷入困境的原因不在于囚徒之间没有开展合作，而是在于实施了一种不能使合作达到最大化的策略，"一锤子买卖"与其说是一种合作，不如说是一种背叛的前兆。

第二，从平等性角度看，深度合作理论摆脱了传统意义上的管理模式。它既不是一种自上而下的统治型模式，也不是一种单纯的自下而上的监督模式。在某种程度上，统治是一种他治行为，治理是一种自治行为，从统治到治理的转变，在主体上意味着从他人治理向自我治理的转变。俞可平指出："治理不同于统治，它指的是政府组织和（或）民间组织，在一个既定范围内运用公共权威管理社会政治事务，维护社会公共秩序，并同时满足公共需要的行为。治理的理想目标是善治，即公共利益最大化。善治意味着官民对社会事务开展合作共治，是社会与社会、国家与社会之间关系的最佳状态。"①

---

① 俞可平：《从统治走向治理》，载俞可平《偏爱学问》，上海交通大学出版社，2016，第117页。

治理是以善治为目标的共治行为。合作共治是建立在自治基础之上的合作与联合，而只有合作共治才能达致善治。

第三，从共在性方面看，深度合作是自治者之间的联合，是对自治的一种升华。这种转变是由共生主义理论所决定的。[①] 共生立足于共存而不是独存，这是对存在论的新认识和新挖掘。深度合作基于事物之间本有的紧密联系和结构，是由"你中有我、我中有你"的内在关系所决定的。深度合作治理继承了自治的特性，但克服了自治所具有的那种自我主义的倾向。如果说从统治到治理的转变是社会权力分配机制的第一次转型，其通过放权的制度和实践，满足了现代社会充分发挥多元主体之创造性的现实需要，体现了自治所具有的现代性要素，那么从治理到深度合作的转变则是社会权力分配机制的第二次转型，它满足了区域经济一体化和全球一体化的发展需要，同时通过规则共存实现了自治者之间的联合和团结。

三　自我治理的实践形态与考察：基于比较的方法

合作区的实施机制问题在认识上没有较大争议，但对合作区的性质和法律地位还存在着模糊、不一致的认知，主要包括以下三个方面：①基于《总体方案》中所规定的有关衔接澳门民商事法律规则的表述，便认为这是适用澳门法律的表达，如同澳门大学横琴校区、横琴口岸澳方管辖区由澳门法律管辖一样，这种认识所导致的结果之一是把横琴粤澳深度合作区看作变相的"特区租管地"；②合作区是原横琴新区的承继者，虽由粤澳双方共同管理，但是在性质上并没有改变合作区作为国家级新区所具有的存在形式；③基于

---

① 彭富春：《论共生》，《湖北社会科学》2020 年第 6 期。

合作区"一线""二线"的划分规定，有望在合作区形成"境内关外"的模式，故而认为合作区在性质上属于跨境国家级功能区，与其他跨境特殊区域（如中哈霍尔果斯国际边境合作中心）有着相同的地位和功能。以上三个方面模糊、不一致的认知均指向不同的管理或治理模式。

（一）　作为高度治理形式的"特区租管地"

自治是治理主体在法律所规定的范围之内开展的自我治理行为。赋权与授权是两种不同的自治权力来源。赋权是由宪法或宪法性法律直接规定由自治主体享有某些立法权力，授权是特定主体通过法定程序获得其他立法主体才享有的某些立法权力。[①] 自治主体拥有被赋予的权力，也可以拥有被授予的权力。

2006 年，全国人民代表大会常务委员会作出决定，授权香港特别行政区自深圳湾口岸启用之日起，对该口岸所设港方口岸区依照香港特别行政区的法律实施管辖。2009 年、2019 年全国人民代表大会常务委员会分别作出建立澳门大学横琴校区和横琴口岸的决定，授权澳门特别行政区在澳门大学横琴校区和横琴口岸澳方管辖区实施澳门法律。以上三个决定共同形成并巩固了"土地租赁＋授权决定＋适用港澳法律"的特区租管地模式。[②] 不过，特区租管地模式不仅是将内地的土地租用给港澳使用并适用港澳法律的法律行为，也是将香港的土地租给内地使用并适用内地法律的法律行为。2017 年全国人民代表大会常务委员会作出决定，香港特区政府按照协议将其拥有的位于西九龙的一块土地租给内地使用，并按照有关约定和

[①] 对特别行政区高度自治所依赖的授权关系的探讨，参见程洁《中央管治权与特区高度自治——以基本法规定的授权关系为框架》，《法学》2007 年第 8 期。

[②] 董皞：《"特区租管地"：一种区域合作法律制度创新模式》，《中国法学》2015 年第 1 期。

规定适用内地法律。因此，特区租管地模式同时形成"土地租赁 + 授权决定 + 适用内地法律"的法律适用公式。

表 3-1　全国人民代表大会常务委员会关于特区租管地的决定一览表

决定名称	《全国人民代表大会常务委员会关于授权香港特别行政区对深圳湾口岸港方口岸区实施管辖的决定》	《全国人民代表大会常务委员会关于授权澳门特别行政区对设在横琴岛的澳门大学新校区实施管辖的决定》	《全国人民代表大会常务委员会关于批准〈内地与香港特别行政区关于在广深港高铁西九龙站设立口岸实施"一地两检"的合作安排〉的决定》	《全国人民代表大会常务委员会关于授权澳门特别行政区对横琴口岸澳方口岸区及相关延伸区实施管辖的决定》
授权时间	2006 年 10 月	2009 年 6 月	2017 年 12 月	2019 年 10 月
授权内容	授权香港特别行政区自深圳湾口岸启用之日起，对该口岸所设港方口岸区依照香港特别行政区法律实施管辖	授权澳门特别行政区自横琴岛澳门大学新校区启用之日起，在规定的期限内对该校区依照澳门特别行政区法律实施管辖	西九龙站内地口岸区自启用之日起，由内地依照内地法律和《内地与香港特别行政区关于在广深港高铁西九龙站设立口岸实施"一地两检"的合作安排》实施管辖	授权澳门特别行政区自横琴口岸澳方口岸区及相关延伸区启用之日起，在规定的期限内对该区域依照澳门特别行政区法律实施管辖
授权实施点	深圳湾口岸港方口岸区	横琴岛澳门大学新校区	西九龙站内地口岸区	横琴口岸澳方口岸区及相关延伸区
法律适用	香港法律	澳门法律	内地法律	澳门法律

特区租管地模式是基于港澳的发展需要及特殊项目的性质而创生的法律适用新模式，它与半殖民地时期旧中国的租借地制度有着天壤之别。港澳在租用的内地土地上适用港澳法律以及内地在租用的港澳土地上适用内地法律，是港澳与内地依法开展自我治理的自主行为。就港澳租赁内地土地并适用港澳法律而言，特区租管地模式是港澳高度自治权的体现。例如，《中华人民共和国澳门特别行政区基本法》第 22 条规定："中央人民政府所属各部门、各省、自治区、直辖市均不得干预澳门特别行政区依照本法自行管理的事务。"澳门特别行政区基本法在多处体现了"自行"制定、处理

或支配相关政策、事物或行为的自主行为。

港澳的高度自治权以及内地的管理行为均体现着治理者依法实施的自主行为，体现了规范性的属地管理原则，而未与其他治理主体形成共同治理机制。香港、澳门特别行政区高度自治的一个重要特征是保留了其相对于内地而言所具有的独立法域地位，满足了香港、澳门高度自治所应履行的规范属地管理职责。换言之，根据宪法和基本法的授权，香港、澳门有权在其管辖范围之内实施自主立法、自主执法和自主司法行为。因此，高度自治意味着香港或澳门特别行政区在宪法和基本法所规定的范围内管理其所管辖的地域，而不允许其他治理主体分享这种高度自治权。

毋庸置疑，特区租管地模式是港澳在租用的土地上实施自我治理以及自主立法的新形式，是港澳高度自治的重要表现。全国人民代表大会常务委员会在关于"一地两检"的决定中提出的"三不"原则包括："在西九龙站设立内地口岸区，不改变香港特别行政区行政区域范围，不影响香港特别行政区依法享有高度自治权，不减损香港特别行政区居民依法享有的权利和自由。"《内地与香港特别行政区关于在广深港高铁西九龙站设立口岸实施"一地两检"的合作安排》第4条第2款规定："就内地法律和香港特区法律的适用以及管辖权（包括司法管辖权）的划分而言，内地口岸区视为处于内地。"① 在西九龙站设立内地口岸区意味着该口岸区处于内地，正如在横琴口岸澳门管辖区设立的澳方口岸区被视为处于澳门。

（二）一般国家功能区的治理模式

改革开放以来，为落实全国"一盘棋"战略并充分兼顾各地的差异性

---

① 值得注意的是，《内地与香港特别行政区关于在广深港高铁西九龙站设立口岸实施"一地两检"的合作安排》提出了一些引人注目的法律概念，如"内地法律""本地立法""视为处于内地"等。

发展方案，根据改革开放不同发展阶段的主攻任务，国家实施以主体功能区为导向的特殊区域发展战略，推出了一系列创新型功能区，主要分为综合功能区和专门功能区。举其要者，综合功能区有经济特区、国家级新区、海南自由贸易港等。专门功能区主要有经济技术开发区、保税区、高新技术产业开发区、自贸区、经济区、示范区等。功能区都具有以下几个方面的特征：①全局性：国家级功能区都是由中央部署和推动的；②试验性：国家级功能区都充当着某一领域政策试验田的角色；③授权性：国家级功能区享有特殊的政策和管理模式，其权限均来自中央或法律的授权；④区域性：国家级功能区打破了省级以下县市行政区划之间所具有的界限，在被给定的特殊区域内开展实践、创新，往往带有综合改革的性质。

值得注意的是，上述国家级功能区是由单一行政主体负责并在省域或市域范围内依法开展治理行为，而不是发生在不同行政区划之间的横向联合治理，其主要表现为：①综合功能区和专门功能区是经特定行政区划单位授权并行使职能的产物。除上海浦东新区和天津滨海新区与相应的行政区划功能重叠外，大部分国家级新区是由省级行政区划主体授权相应的管理委员会行使职权的产物；②经济特区和海南自由贸易港是由全国人民代表大会常务委员会直接授权经济特区所在地的人民代表大会及其常务委员会行使立法变通权的产物，并未超出经济特区所在市的行政区划；③专门功能区通常是在一定行政区划范围内对原有功能区进行功能增添的产物。综合保税区依托高新技术开发区或经济开发区而不再新设其他机构。以下的讨论表明，与一般国家功能区不同，横琴粤澳深度合作区在管理机构的设置上有作为广东省政府派出机构的横琴办，也有由粤澳双方联合组建的管理委员会，从这种管理体制来看，横琴粤澳深度合作区是一种特殊的国家级功能区。

（三）　跨境国家级功能区的治理模式

随着全球经济一体化的发展以及"一带一路"国家战略的实施，跨境国家级功能区应运而生。跨境国家级功能区主要分为三大类：一是为落实国际协议，在中国境内设立的专门经济合作特别区域，如在青岛设立的中国—上海合作组织地方经贸合作示范区、在宁波设立的"16＋1"经贸合作示范区；二是在国家支持下，沿边省区在整合各类跨境合作平台（如边境经济合作区、国家重点开发开放试验区、综合保税区等）的基础上，推进协议性的跨境经济合作区建设，如中越跨境经济合作区；三是设立专门的跨境经济合作区，如中国与哈萨克斯坦联合设立的中哈霍尔果斯国际边境合作中心、二连浩特—扎门乌德经济合作区。上述三类跨境国家级功能区形式各异、特色显著。不过，业务跨境并不同时意味着治理跨境。从治理或管理的角度看，在青岛设立的中国—上海合作组织地方经贸合作示范区和在宁波设立的"16＋1"经贸合作示范区属于内地的特定经济功能区，不存在由上海合作组织所有成员国或东欧 16 个国家共同管理或授权管理的情况。对中越跨境经济合作区而言，目前它仍处于协议性合作的实施阶段，还没有达到共同组建管理委员会的程度。

中国与哈萨克斯坦联合设立的霍尔果斯国际边境合作中心是我国与哈萨克斯坦合作建立的首个跨境边境合作区，并在制度设计上采取"境内关外"的合作管理模式，为"一带一路"的国际合作提供了体制机制借鉴。不过，从两个方面看，我国与哈萨克斯坦联合设立的合作中心尚未同横琴粤澳深度合作区一样划分"一线"和"二线"，也未开展治理意义上的深度合作。一方面，中哈两国的管辖范围以边境线为界，中方范围受中国司法制度管辖,哈方范围受哈萨克斯坦司法制度管辖。中国与哈萨克斯坦联合设立的合作中心没有放开原来的边境"一线",也不会产生所谓的"二线"。在同一管辖区内,由两个执法主体依照两种不同的法律进行管理。另一方面,中国与哈萨克斯坦联合设立的合作中心是协调机构。根据《中华人民共和国政府和哈萨克斯坦共和国政府关于霍尔果斯国际边境合作中心活动管理的协定》第3条规定:"中心中方部分授权管理机构为中华人民共和国新疆维吾尔自治区人民政府。中心哈方部分授权管理机构为哈萨克斯坦共和国工业和贸易部。"① 合作中心未获得两国的共同授权,还不具备共治的主体资格。融合中方区和哈方区将会涉及更多体制机制问题,从一般合作演进到深度合作,中间还有许多工作要做。

四 共商共建共管共享:共治的规范解释

合作区既有别于香港、澳门这样的高度自治区,也与内地设立的其他国家级功能区不同。《总体方案》中共有四处提到了"共商共建共管共享"的"四共"原则:一是在指导思想部分中提到"不断健全粤澳共商共建共管共享的新体制,支持澳门更好融入国家发展大局,为澳门'一国两制'实践行稳致远注入新动能";二是在合作区范围部分中提到"粤澳双方共商共建共管共享区域采用电子围网监管和目录清单方式",明确提出"共商共建共管共享"区域的概念;三是在发展目标中提出,到2024年澳门回归祖

---

① 参见《中华人民共和国政府和哈萨克斯坦共和国政府关于霍尔果斯国际边境合作中心活动管理的协定》,神州律师网,http://zjbar. chinalawinfo. com/fulltext_form. aspx? Db = eagn&Gid = c94467 4f3ce77cd9fd5ba72dd35ccd2cbdfb。

国 25 周年时，粤澳"共商共建共管共享"的体制机制运行顺畅；四是在
《总体方案》第五部分直接将"粤澳共商共建共管共享新体制"作为标题。
以上从指导思想、合作区范围、发展目标和体制机制等方面提出了"共商
共建共管共享"的治理模式，这种治理模式指向建立横琴"共商共建共管
共享"的体制机制，也指向建立横琴"共商共建共管共享"的共治区域。

　　理解《总体方案》的一个重要抓手和观察点就是确立"共商共建共管
共享"体制机制，在此基础上建立具有示范作用的"共商共建共管共享"
的特定区域，为此，对"共商共建共管共享"的含义进行分析和解释非常
必要。

（一）共商

　　第一，由谁共商？即共商的主体问题。"粤"的代表是广东省的省级机
构，"粤澳"共商的主体在规范意义上讲是指广东省和澳门特别行政区。由
粤、澳作为共商主体而形成的合作区是两个行政区划之间开展合作的重要
形式，却不是珠、澳之间的合作。然而，无论合作区是作为省级属地管理
的行政区划，还是其所具有的粤澳深度合作的规范属性，都要重视横琴是
珠海行政区划的组成部分的事实。虽然广东省人民政府、珠海市人民政府
和澳门特别行政区政府不是同一级别，基于合作区"二线"直接与横琴以
外的珠海地域相连这一事实，且澳门的经济民生保障的具体措施多与珠海
相关，因而珠海在工作机制上可以作为广义上的共商主体的组成部分，珠
海的相关机构也可以作为广东省级机构的代理机构与澳门协商有关事宜。

　　第二，共商什么？粤澳双方需要商议哪些重大事项？在中央授权决定
和粤港澳大湾区建设领导小组的领导之下，粤澳双方商议的事项主要是合

作区的一些基础性和根本性问题，包括但不限于以下两个方面。一是商议制定合作区条例，为合作区提供长远发展的制度保障。关于合作区条例的制定问题，《总体方案》使用了"研究"字样，这显示了决策者对制定合作区条例所持有的谨慎态度。在涉及横琴基础规范的问题上，如果一开始就缺少澳门的参与，就会使共治效果大打折扣。二是由联合组建的合作区管理委员会商议决定职权范围内的重大事项，统筹决定合作区的重大规划、重大政策、重大项目和重要人事任免等事项。

第三，如何共商？粤澳双方的共商机制主要发生在合作区的管理委员会层面，即管理委员会是体现合作区共商机制的主要载体。一是要制定合作区管理委员会议事规则，以便确立重大事项、一般事项的讨论和表决机制。借鉴具有澳门特色的议事规则，推动合作区的规则趋同澳门，使我国的全过程民主在合作区得到充分的适用与发展。二是与履行属地管理职责的广东省委和省政府派出机构就重大问题充分协商，在尊重派出机构履行党的建设、国家安全、刑事司法、社会治安等方面职责的基础上，在合作区形成管理机构决策、执行机构执行和派出机构配合的共治格局。三是建立合作区联席会议制度，就横琴镇、横琴岛及合作区的重大事宜开展协商和讨论，为相关机构制定政策提供参考依据。出席合作区联席会议的代表由合作区管委会及执委会代表、派出机构代表、横琴镇代表、企业家代表以及社会组织代表等共同组成。

（二）共建

从共商到共享是一个连续发展的动态过程，共建是从意志行为转化为实际行动的关键环节。

首先，港珠澳大桥是粤港澳三地开展共建的成功案例，为粤港澳三地的基础设施建设提供了宝贵经验。港珠澳大桥的共建机制既不是公司模式，也不是政府模式，而是一种新型的事业法人制度，满足了粤港澳三地对大桥设计、建设、运营和管理的需求。不过，港珠澳大桥的管理模式和经验也不能被全然复制到合作区的方方面面。真正能够体现港珠澳大桥经验的是被创造出来的共建机制。合作区实行的是"议行分立"的制度模式，合作区管理委员会只负责"议"，而"行"的职责则落在了合作区执行委员会之上。共商是"议"的表现，共建则是"行"的一个重要形式。合作区的共建是在已经建立的合作区执行委员会之中产生推动共建机制不断革新的新动能。

其次，合作区执行委员会虽然采用由澳门特别行政区主导、广东省和珠海市协助的管理模式，但其主要职责的落实却是双方共建的结果。合作区的国际推介、招商引资、产业导入、土地开发、项目建设、民生管理等职能本身就是共建行为。《总体方案》规定：粤澳双方组建开发投资公司，配合执行委员会做好合作区开发建设的有关工作。在很大程度上，共建行为是通过"合作区执委会＋公司"的模式来推动和实施的。

如果说国际推介、招商引资、产业导入、土地开发、项目建设等事项适合采用公司模式，应坚持效率优先，民生管理以及与其相关的其他公共服务则需要强化公平维度的考量。大湾区的民生保障机制要求采取多管齐下的共建模式。其一，发挥合作区管理委员会在制定、监督民生保障政策等方面所具有的职责，根据横琴的实际情况制定趋同澳门的民生政策和民事法律体系。所谓趋同是指在民生保障方面遵循"就高不就低"的原则，并与民生保障的国际惯例始终保持同步发展的态势和趋势。其二，通过引进澳门的社会组织来发展合作区的社会建设事业，尝试探索"合作区执委会+社会组织"的共建模式。其三,提高非诉讼纠纷解决机制在构建和谐横琴进程中所处的地位。在构建联合律师事务所的经验基础之上,积极打造联合仲裁机构和联合调解机构,并探索形成"合作区执委会+联合非诉机构"的非诉讼纠纷解决机制,从而充分引领大湾区公共法律服务的共建历程。

再次,合作区的属地管理属于共建范畴。在粤港澳大湾区建设领导小组的领导下,创新合作区管理委员会、执行委员会及派出机构合作发展的新机制、新体制,使派出机构能够成为合作区共建机制的重要组成部分,并在属地管理的职责与法律适用等方面进行详细分类,探索建立合作区法律适用的新体制、新机制。

(三) 共管

在共商共建的基础上实施共管是合作区共治的必然要求。在"共商共建共管共享"的逻辑话语之下,"管"具有特定的内涵,引导、评估和监督是合作区共管的主要行为模式。

首先,编制合作区规划,确立合作区的各项发展指标,以科学的思维引导合作区发展。一是根据新情况、新问题修编《横琴总体发展规划》,勾画合作区长远发展的蓝图。二是研究、编制合作区促进澳门经济适度多元发展的指标体系,全面反映合作区对促进澳门经济适度多元发展的贡献。三是根据合作区的战略定位,就如下四个方面的具体指标体系分别进行编制:①促进澳门经济适度多元发展的新平台指标体系;②便利澳门居民生活、就业的新空间指标体系;③丰富"一国两制"实践的新示范指标体系;④推动粤港澳大湾区建设的新高地指标体系。

其次，联合相关组织对横琴合作建设及促进澳门经济适度多元发展的成效开展评估。评估可分为年度评估、阶段发展目标评估和总评估三类。从合作区挂牌成立之日起即开始实施年度评估，并出具横琴粤澳深度合作区合作建设及促进澳门适度多元发展成效评估报告。按照《总体方案》所确定的阶段性发展目标，到2024年澳门回归祖国25周年时，对合作区建设实施第一阶段的发展目标开展评估，并出具2024年横琴粤澳深度合作区建设及促进澳门适度多元发展成效评估报告；到2029年澳门回归祖国30周年时，对合作区建设实施第二阶段的发展目标开展评估，并出具2029年横琴粤澳深度合作区建设及促进澳门适度多元发展成效评估报告；到2035年，对合作区建设实施第三阶段的发展目标开展评估，并出具2035年横琴粤澳深度合作区建设及促进澳门适度多元发展成效评估报告。

最后，联合组建合作区的监督机构，授权其行使监察职权。引导是事先的规范行为，评估是事后的规范行为，监督则是贯穿整个过程的规范行为。参照香港的廉政公署制度，建立能够适用合作区的监察制度，打造廉洁横琴粤澳深度合作区。合作区的监督监察机构与广东省委、省政府的派出机构开展相互合作、相互支援，在党风廉政建设等方面共同发挥作用。粤澳双方共同制定合作区监督条例。

（四）共享

共商共建共管所产生的利益是巨大的，既指具体利益，也指抽象利益；既包括物质利益，也包括精神利益；既包括行动利益，也包括制度利益。归根结底，在合作区由粤澳双方所共享的利益应当是文明的利益。

首先，从经济利益和物质利益的角度看，合作区满足了澳门经济适度多元化发展的客观需要，同时，通过在合作区建设澳门新街坊民生工程，也能够满足澳门居民的生活居住需要。

其次，基于澳门自由港和珠海经济特区的有利因素，制定澳门自由港延伸合作区的具体办法并报中央批准后实施，制定合作区所需调整的法律、行政法规清单，分别向全国人民代表大会及其常务委员会和国务院提出申请。

最后，积极探索能够体现中国特色、彰显"两制"优势的制度分享机制。《总体方案》明确提出要将合作区打造成为具有中国特色、彰显"两制"优势的区域开发示范区，加快实现与澳门的一体化发展。体现中国特色与彰显"两制"优势二者之间是辩证统一的关系。中国特色社会主义的一个重要方面就是实行"一国两制"，而彰显"两制"优势则是中国特色社会主义实践的逻辑结果。"两制"优势是指中国内地社会主义制度优势与香港、澳门资本主义制度优势的结合和相互补充，是中华民族对人类政治制度、文明所做的突出贡献。总之，合作区的共治实践是社会建设领域中共治原则的延伸，它扩大了共同治理的主体和适用对象，丰富了共治所具有的内涵。

以上分别从共商、共建、共管、共享四个方面讨论了共治的不同维度和属性。共商未必就能共建，共建未必就能共管，共管未必就能共享。打通从共商到共建、共建到共管、共管到共享的阶段性道路需要贯彻高度协作、深度合作和规则共存的理念，并使之规范化、法律化和制度化。

五　共治区域的形成

凡是由国家通过一定方式和程序设立的区域都是法定区域。从广义上讲，沿着统治、治理和深度合作的理论脉络，法定区域可以分为统治型法定区域、治理型法定区域和共治型法定区域。从狭义上讲，法定区域是由国家决定设立并授权其承担一定社会经济管理职能的合法机构。横琴粤澳深度合作区是由中共中央、国务院决定设立，由粤澳双方"共商共建共管共享"的共治法定区域。《总体方案》虽然没有对合作区的性质及法律地位作出明确说明，但从"共商共建共管共享"的"四共"表述中可以看到，合作区是一个共治性质的法定区域。

（一）横琴粤澳深度合作区是承担国家重大战略使命的法定区域

每一个法定区域都是由国家批准设立的特定区域，它大致包括三类：①通过立法或立法性决定所设立的特定区域，如全国人民代表大会常务委员会决定设立的经济特区、海南贸易自由港等；②通过国务院批复所设立的特定区域，如国家级新区、高新区或自由贸易区等；③通过发展规划等具有顶层设计性质的规范性文件所设立的特定区域，如粤港澳大湾区、深圳社会主义先行示范区、横琴粤澳深度合作区等；④通过签订、履行国际协议而由国家批准设立的特定区域，这些特定区域往往都具有涉外因素。2017 年 11 月，《中国—中东欧国家合作布达佩斯纲要》明确提出"支持宁波等中国城市设立'16 + 1'经贸合作示范区"。2019 年 9 月，国务院批复《中国—上海合作组织地方经贸合作示范区建设总体方案》。

法定区域具有明确且相对独立的发展定位，它们分别或分阶段地承担着国家的重大发展战略任务和改革开放战略任务。横琴粤澳深度合作区由粤澳双方根据《横琴粤澳深度合作区建设总体方案》设立，承担着推动澳门长期繁荣稳定、融入国家发展大局和丰富"一国两制"实践等功能。根据《总体方案》的要求，横琴要承担如下国家发展的重大使命：①成为促进澳门经济适度多元发展的新平台;②成为便利澳门居民生活就业的新空间;③成为丰富"一国两制"实践的新示范;④成为推动粤港澳大湾区建设的新高地。

(二)　横琴粤澳深度合作区是具有多重属性的法定区域

"横琴岛"一词不断出现在国家最高决策机关和最高权力机关的权威文件中。《全国人民代表大会常务委员会关于授权澳门特别行政区对设在横琴岛的澳门大学新校区实施管辖的决定》对横琴岛的地理区域作出了如下描述:横琴岛澳门大学新校区与横琴岛的其他区域。《总体方案》在使用了横琴岛这一概念之后,又使用了"横琴全岛"的概念。① 因此,横琴不仅是单纯的空间和地理概念,还是具有法律属性、政策属性和地理属性的建构概念。作为法律属性的横琴是一个镇乡级行政区划,作为政策属性的横琴是深度合作区的承载地,作为地理属性的横琴则是内地的组成部分。

第一,作为行政区划的横琴岛。根据地方组织法的有关规定,乡镇人民代表大会和乡镇人民政府是乡镇的权力机关和行政机关,它们依法行使乡镇的基本职权。乡镇、不设区的市县以及其他没有立法权的行政区划不具有制定法规规章的权力,但负有执行法律、法规、规章、决议、决定等文件的法定职责。香港、澳门特别行政区是我国行政区划的重要组成部分,依照宪法和香港、澳门特别行政区基本法的有关规定行使高度自治权,并履行相应的职责。无论是横琴还是澳门特别行政区,它们都是法定行政区

---

① 《总体方案》关于"横琴岛"的表述是"合作区实施范围为横琴岛'一线'和'二线'之间的海关监管区域,总面积约106平方千米"。关于"横琴全岛"的表述是"根据横琴全岛客观现实情况,对合作区进行分区分类施策管理"。

划中的宪制单位。当横琴镇行政区划与澳门特别行政区行政区划在合作区相遇时，则产生了琴澳一体化发展的重大制度问题。

《总体方案》设置了琴澳一体化的"三步走"战略：一是琴澳一体化的格局初步建立；二是琴澳一体化的发展水平进一步提升；三是琴澳一体化的发展体制机制更加完善。琴澳一体化的实质是构建横琴与澳门实现一体化、高水平开放的新体系。未来，一旦合作区与澳门经济高度协同、与澳门规则深度衔接的制度体系得到全面确立，横琴与澳门一体化的新体系就必然要求把合作区打造成为一个特殊的新行政区划，从而实现从协同、深度合作到一体化的发展。

处理横琴镇行政区划与合作区二者之间的关系，是合作区制度建设的重要组成部分。横琴镇是广东省行政区划与澳门特别行政区行政区划之间开展合作的重要形式，其中便包含了珠海市行政区划与澳门特别行政区行政区划开展合作的形式。虽然，实现琴澳一体化是合作区发展的远景目标，但横琴镇与合作区之间并不具有行政区划上的隶属关系。在横琴镇行政区划未发生变化的情况下，推进琴澳一体化战略可以参考欧盟一体化的经验。在欧盟一体化过程中，从最初的煤钢共同体、经济共同体再到政治共同体，欧盟法律共同体的建制最终完成，欧盟一体化创设了"多国一治"的新型体制。

第二，合作区是粤澳双方开展"共商共建共管共享"的区域。合作区的区域具有特定性，它与横琴岛不是一个概念。横琴岛在行政区划上属于横琴镇，但澳门大学横琴校区和横琴口岸澳方口岸区在土地租赁期间则适用澳门法律。如前所述，2009 年 6 月和 2019 年 10 月，全国人民代表大会常务委员会分别作出决定，将澳门大学横琴校区和横琴口岸澳方口岸区以出租的形式交付给澳门特别行政区政府使用，并授权澳门特别行政区政府依照其法律进行管理。澳门大学横琴校区用地面积为 1.0926 平方千米，横琴口岸澳方口岸区及相关延伸区旅检区域总面积为 66428 平方米，共计 1.159028 平方千米。① 上述横琴岛的用地通过租赁的形式转交给澳门特别行政区政府，由其进行管理并适用澳门法律。

澳门特别行政区政府根据全国人民代表大会常务委员会的授权自行立法，将澳门法律适用于租管地。根据《订定在横琴岛澳门大学新校区适用澳门特别行政区法律的基本规范》《订定在横琴口岸澳方口岸区及相关延伸区适用澳门特别行政区法律的基本规范》规定，澳门大学横琴校区、横琴口岸澳方口岸区及相关延伸区视同为澳门特别行政区以内的地域。这部分区域的土地所有权属于内地，使用权则通过法律和政策转由澳门特别行政区享有，以便高效推动"一国两制"新实践的发展。

第三，属地法律原则及其适用例外。对合作区的空间领域进行地理考察以便确立合作区的属地法律原则。属地法律原则，也被称为"法随地走"的原则，这是现代国家运用主权的重要表现形式。法律管辖权能够在领土范围内统一适用，这是国家主权的象征和体现。主权是最高的、不可转让和不可分割的权力。因此，除非主权者进行自我设限和自我约束，否则法律管辖权便具有绝对性。主权者进行自我设限和自我约束主要体现在以下几个方面：一是主权者通过国际惯例，对其领土范围内的某些人及其行为作出豁免处理，例如国家之间关于外交官的规定；二是主权者通过协议和自我决定，使其领土中的某些部分不再适用或不再统一适用全国性法律。通常情况下，如果领土的所有权发生变化，例如通过土地割让、买卖或赠

---

① 参见中国人大网，http://www.npc.gov.cn/npc/c12488/200906/27aa71760b2b4ae4bef9be31dd83e885.shtml；《横琴口岸澳方口岸区 18 日启用 适用澳门特区法律管辖》，人民网，http://hm.people.com.cn/n1/2020/0317/c42272-31636575.html。

予，那么受让国对新获得的土地便享有法律管辖权。在特殊情况下，国家之间也可以通过协议等方式使土地在所有权未发生变化的情况下由主权国之外的其他国家或地区行使法律管辖权。合作区的法律适用及其例外就属于后者。

（三）　横琴粤澳深度合作区是作为内地组成部分的法定区域

按照《总体方案》的规定，横琴与澳门特别行政区之间设为"一线"；横琴与中华人民共和国关境内的其他地区之间设为"二线"。合作区在特殊政策或经济政策方面形成了以"一线"和"二线"为标识的海关监管区域。特殊的海关监管区在行政区划上属于横琴镇，在政策上则属于内地。

第一，横琴作为内地的属性。内地有中心和腹地的含义，并与边缘、边陲或边疆等概念相对应。西藏、新疆等地区也在约定俗成的意义上使用着"内地"[①] 一词。然而，"内地"并不是一个法定概念，也不是一种制度性的称呼。那些把内地作为一个公法主体的意见和行为有待我们开展进一步考察、检验。然而，内地与香港、澳门作为平等的法律主体，特别是平等合同主体或平等立约主体，在"一国两制"实践以及粤港澳大湾区的一些规范性文件中不断出现。首先，内地在空间范围上是指除香港、澳门、台湾领土以外的所有中国领土的总称。其次，内地不是一个"央地关系"视野中的概念，内地、边陲或边疆都从属于中央。内地与香港、澳门可以签署经贸投资合作协议，它们是平等的契约主体。例如，内地与香港、澳门签的一系列 CEPA 协议及补充协议。再次，能够代表内地的不仅是中央

---

① "内地"一词早在鸦片战争前后就开始被使用，出现在一系列与国外通商口岸的协议之中，例如《天津条约》等。

人民政府，国家发展和改革委员会、广东省人民政府等都可以以内地代表的身份与香港、澳门签订相关协议。例如，2017 年 12 月，广东省人民政府以内地的名义与香港特别行政区政府签署了《内地与香港特别行政区关于在广深港高铁西九龙站设立口岸实施"一地两检"的合作安排》。

第二，横琴作为内地的特殊海关监管区域。通过货物"一线"放开与"二线"管住相结合，推动澳门自由港有利因素在合作区延伸和发展。在货物的"一线"放开方面，除法律、行政法规的例外规定，对合作区与澳门之间经"一线"进出的货物及物品实行免（保）税进入。在货物的"二线"管住方面，除法律和行政法规的例外规定，对于那些从合作区经"二线"进入内地的免（保）税货物，按照进口货物的有关规定办理海关手续，并征收关税和进口环节税；从内地经"二线"进入合作区的有关货物视同出口货物，按现行税收政策的规定缴纳增值税、消费税和办理退税。

货物管理方面，合作区实施"境内关外"的模式。放开"一线"使澳门与内地之间的货物流通更加便捷。"一线"放开的货物政策扩大了澳门单独关税区的范围，使澳门自由港的有利因素能够充分扩展至合作区。合作区是内地的特殊海关监管区域，也是具有澳门自由港因素的海关监管区域。将合作区打造成为我国除海南自由贸易港之外的自由贸易港，是推进合作区制度建设的一个重要方向和维度。

第三，通过"二线"对人员放开与"一线"有条件放开相结合，实现合作区跨境人员进出的高度便利。除人员携带的物品外，"二线"对人员进出不作任何限制，这一点突出地体现了合作区所具有的境内性质。合作区不是澳门特别行政区的组成部分，也没有通过租赁或其他方式使之成为澳门法律所管辖的对象。合作区的内地属性使横琴其在人员进出方面具有与内地其他地区一样的特征。与此同时，除非依照法定程序暂停适用相关法律法规，否则合作区所具有的内地属性使其在原则上适用内地法律具有较为充足的法理理由。需要注意的是，最密切联系的原则是《中华人民共和国涉外民事法律关系适用法》和国际惯例中的基本原则，其赋予法院适用解决涉外民事纠纷的相关法律的司法权力。这与澳门或内地的法律是否适用于横琴的问题不同。

（四） 横琴粤澳深度合作区是不同规则和机制交错共存的法定区域

根据《总体方案》的规定，合作区的法律适用是由不同层次的法律规则决定的，从而形成了横琴的法律适用新体制。一是授权法律规范体系，分为两个方面：①因涉及合作区改革开放的政策措施而需要调整的现行法律和行政法规，由有关方面按照法定程序在获得授权后实施；②广东省人民政府及其有关部门、珠海市人民政府及其有关部门将有关省级、市级管理权限依法授权或者委托给合作区执行委员会及其工作机构行使。二是特区立法变通权法律规范体系。用足用好珠海经济特区立法权，立足合作区改革创新的实践需要，根据授权对法律、行政法规、地方性法规作变通规定。三是规则衔接澳门、接轨国际的规范体系，具体分为五个方面：①市场准入规则衔接接轨规范体系；②民商事规则衔接接轨规范体系；③公共服务和社会保障规则衔接规范体系；④体现具有中国特色、彰显"两制"优势的规则衔接、机制对接规范体系；⑤澳门自由港有利因素延伸至合作区的规范适用体系。四是涉外民事法律关系的法律适用裁判规则体系。五是珠海地方性法规、规章和规范性文件在横琴的适用问题。

以上规则体系的效力来源不同，从而形成了独具特色的不同规则交错共

存的局面。研究合作区规则共存是粤港澳大湾区法治建设的一个重要体现和
有益探索，也是建立合作区以规则共存为标识的法律适用机制的必然要求。

六　共治机构及其功能

"共商共建共管共享"的"四共"原则确立了合作区的共治模式，从而改
变了统治型、管理型的单一模式，确立了不同主体共同治理的新型方案和体
制。为落实"共商共建共管共享"的深度合作共治模式，《总体方案》设立了
相应的组织机构。它们分别是合作区管理委员会、执行委员会和广东省派出
机构。研究合作区管理委员会、执行委员会和广东省派出机构的职责职权以
及它们之间的相互关系，是建构合作区共治体制机制的基本命题。

（一）决策型共治机构

《总体方案》规定，在粤港澳大湾区建设领导小组的领导下，粤澳双方
联合组建合作区管理委员会，在职权范围内统筹决定合作区的重大规划、
重大政策、重大项目和重要人事任免。2021 年 9 月 17 日，广东省人民代表
大会常务委员会公布的《广东省人民代表大会常务委员会关于横琴粤澳深
度合作区有关管理体制的决定》第 2 条规定："设立合作区管理委员会。合
作区管理委员会在职权范围内统筹决定合作区的重大规划、重大政策、重
大项目和重要人事任免。"① 基于合作区的共治性质，合作区管理委员会是

---

① 参见《广东人大通过关于横琴粤澳深度合作区有关管理体制的决定》，https://www.sohu.com/a/
490514928_161795。

决策型共治法定机构，其主要功能是对重大事项作出审议和决定。

首先，合作区管理委员会是法定机构。法定机构是指依法赋权、具有独立法人地位、运行方式灵活自主、不纳入政府机构序列和公务员管理体系、不以营利为目的的公共机构。合作区管理委员会由粤澳双方联合组建，它既不属于广东省政府的机构序列和公务员管理体系，也不属于澳门特别行政区政府的机构序列和公务员管理体系。合作区管理委员会是执行公共政策和公共服务的公共机构，享有国家赋予的重大使命。

其次，合作区管理委员会是共治的法定机构。合作区管理委员会不是一般的法定机构，而是由粤澳双方共同组建的共治型法定结构。与国内已经成立的一些运行较为成熟的法定机构相比，它作为法定机构既不是广东省政府的派出机构，也不是澳门特别行政区政府的派出机构。2010 年 2 月成立的深圳市前海深港现代服务业合作区管理局是全国最早的区域治理型法定机构之一，它在性质上属于深圳市政府的直属派出机构。

再次，合作区管理委员会是决策型共治机构。法定机构一般被称为"企业化的政府"，这意味着法定机构是因依法赋权而享有较大执行力的机构。合作区在性质上是议事机构而不是执行机构，其功能主要体现在为合作区定规立制等方面。在这个意义上，合作区管理委员会是国内首个与执行相对分离的决策型法定机构。具体而言，合作区管理委员会依法对合作区内的重大规划、重大政策、重大项目和重要人事任免作出决定，审议决定下列事项：制定合作区条例实施方案和细则；修编《横琴总体发展规划》；制定合作区鼓励类产业目录并报有关方面批准；推动"澳门新街坊"、中医药产业和高新技术等重大工程和项目；制定吸引和集聚国际高端人才的政策措施；决定合作区重要人事任免；处理需要与大湾区建设领导小组办公室、中央和国家机关有关部门、省市人民政府及其职能部门协调的事项；管理委员会应决定的其他事项。

　　基于以上认识，发挥合作区管理委员会的功能可以从以下几个方面入手。①明确职权范围。《总体方案》规定合作区管理委员会在职权范围内开展行动，这里的职权指合作区管理委员会对于重大事务所享有的决策权。②合作区管理委员会不具有执法权，不行使具体的行政强制权。③合作区管理委员会不具有司法属性，不具备司法地位，因而不享有司法职权。合作区与横琴粤澳深度合作区人民法院之间的关系不是上下级关系，也不具有案件审级上的关系。④合作区管理委员会作为决策机构可以发布具有指导和软法功能的行政规范文件。如同欧洲指令，行政规范文件对合作区的执行机构具有一定约束力，对合作区的公司、单位和自然人产生指引和规劝作用。⑤合作区管理委员会可以组建合作区的监督管理机构，推行与港澳接轨的廉政机制。

（二）　执行型共治机构

　　《总体方案》与《广东省人民代表大会常务委员会关于横琴粤澳深度合作区有关管理体制的决定》赋权粤澳联合建立合作区管理机构，也赋权在合作区管理委员会下设执行委员会，以履行合作区的国际推介、招商引资、产业导入、土地开发、项目建设、民生管理等职能。

　　第一，关于合作区执行委员会的法人格。合作区执行委员会在性质上属于法定机构。如果合作区管理委员会是一个法定机构，合作区执行委员会也同样是法定机构。同样地，合作区执行委员会既不属于广东省政府或澳门特别行政区政府的机构序列或公务员序列，也不是广东省政府或澳门特别行政区政府的派出机构。

　　合作区执行委员会是合作区管理委员会的执行机构，具有相应的行政管理和公共服务职能，享有因授权或委托而产生的行政执法权。一是《广东省人民代表大会常务委员会关于横琴粤澳深度合作区有关管理体制的决定》第 5 条规定："广东省人民政府及其有关部门，珠海市人民政府及其有关部门，将有关省级市级管理权限依法授权或委托给合作区执行委员会及其工作机构行使。"二是合作区执行委员会履行原横琴新区管理委员会的基本职责。2021 年 9 月 17 日，依据《广东省人民代表大会常务委员会关于横琴粤澳深度合作区有关管理体制的决定》，合作区执行委员会发布《横琴粤澳深度合作区执行委员会关于依法承接原珠海横琴新区管理委员会有关权利和义务的公告》，承诺依法承接原横琴新区管理委员会的权利和义务，并宣告继续履行原横琴新区管理委员会开发横琴的基本职责。[1] 三是合作区执行委员会执行行政管理和公共服务的法定职责，通过发布公告的方式确立相关职能部门的行政执法权。2021 年 9 月 17 日，合作区执行委员会发布《横琴粤澳深度合作区执行委员会关于开展综合行政执法工作的公告》，明确横琴粤澳深度合作区商事服务局在合作区范围内开展综合行政执法等工作事项，在相关的综合行政执法领域享有行政强制权和行政处罚权。[2]

　　第二，澳门主导合作区执行委员会的制度安排。《总体方案》规定："执行委员会主要负责人由澳门特别行政区政府委派，广东省和珠海市派人参加，协助做好涉及广东省事务的协调工作。"这一规定确立了澳门主导、广东及珠海协助的合作区管理模式。澳门主导是指由澳门方面派出领导团队，在广东及珠海方的协助配合之下，具体执行合作区管理委员会的

---

① 《横琴粤澳深度合作区执行委员会关于依法承接原珠海横琴新区管理委员会有关权利和义务的公告》，http://www.hengqin.gov.cn/macao_zh_hans/zwgk/tzgg/content/post_2998300.html。
② 《横琴粤澳深度合作区执行委员会关于开展综合行政执法工作的公告》，http://www.hengqin.gov.cn/macao_zh_hans/zwgk/tzgg/content/post_2998299.html。

政策、决定和决议。这一模式解答了"合作区执行委员会由谁主导"的问题。与澳门大学横琴校区和横琴口岸澳方口案区的管理模式不同，在合作区实施以澳门为主导的管理模式同样也面临着一系列挑战。

一是澳门主导合作区不同于澳门管理合作区，前者是粤澳合作的一种表现形式，后者则是澳门单方面管理或高度自治的表现。澳门主导执行委员会的管理模式是粤澳共建共管的表现形式。基于合作区共治的性质和法律地位，即使合作区执行委员会由澳门主导，也不存在澳门方能够单独管理合作区的情形。二是澳门的管理模式是由澳门的高度自治经验与本土管理经验相结合而形成的独具风格的管理模式。虽然合作区可以借鉴澳门特别行政区开展治理所积累的有益经验和方法，但将澳门这种治理经验延伸至横琴生活区却面临着复杂的转化技术和落地成本。三是在合作区实施管理所要面对的不仅是澳门居民，还有众多的非澳门居民，适用的不仅是澳门法律，还有内地法律。

如果不能有效解决以上问题，由澳门主导的管理模式将会变得水土不服，导致执行力降低。提高由澳门主导的合作区的管理能力，一是要转变观念，创造性地实现从自我治理向合作共治的思维转化，建立健全与广东及珠海协作相匹配的体制机制。二是要与合作区内的其他治理主体，如社会组织、民众、企业等形成区域内的社会型共同治理机制。充分授权和支持非政府组织在合作区发挥作用。三是实行向合作区管理委员会开展工作汇报的体制机制，以便自觉接受合作区管理委员会的监督。

（三）配合型共治机构

无论是国家级新区还是跨境功能区，都采取了由派出机构进行管理的模式，或多或少地行使了派出机构的行政管理权。以雄安新区和深汕特别合作区为例。根据《河北雄安新区条例》的规定，雄安新区管理委员会是河北省人民政府的派出机构，参照行使设区的市人民政府所享有的行政管理职权，行使国家和省所赋予的省级经济社会管理权限。深汕特别合作区的管理机构在早期是广东省人民政府的派出机构，后改为深圳市人民政府的派出机构。值得注意的是，这种"降级"管理的行为与将深汕特别合作区视为深圳经济特区的特殊功能区有关，改变了深汕特别合作区由深圳和汕尾两市共建共管的模式。①

我国的派出机构分为主导型派出机构和配合型派出机构。主导型派出机构依法全面行使功能区行政、社会和经济管理等职权；配合型派出机构依法部分行使功能区行政、社会和经济管理等职权。就合作区而言，广东省人民政府横琴办公室是广东省在横琴的派出机构，发挥了配合型派出机构的作用，其主要特点是：①严格履行属地管理职责。广东省派出机构在国家安全、刑事司法、社会治安等方面负有属地管理职责，依照内地法律享有专属管辖权。《总体方案》同时明确广东省委在横琴设立工委并与广东省人民政府所设立的横琴办公室联署办公。②广东省派出机构的配合作用是积极的而非消极的，是主动的而非被动的。根据需要，广东省派出机构积极主动开展协调或受托处理超出横琴、珠海乃至广东范围的事务。③由决策型管理机构负责实施是一种共治行为，由以澳门为主导的执行型共治机构所实施的行为是一种共治行为，由具有属地管理职责的横琴配合型机构所实施的行为也是一种共治行为。

---

① 2017 年 9 月，广东省委、省政府下发了《关于深汕特别合作区体制机制调整方案的批复》文件，将深汕特别合作区党工委、管委会由广东省委、省政府的派出机构调整为深圳市委、市政府的派出机构。

七　拓展讨论

以上讨论表明，横琴粤澳深度合作区的建设既无法借助传统的统治理论，也无法借助具有显著局限性的自治理论来解释。面对区域经济一体化和全球一体化的形势，统治理论和自治理论都要进行及时更新。

（一）　中国国家结构基本特征重述

自有国家以来，领土划分就构成了国家统治的主要方法。中国传统社会的双轨治理体系建立在封建与郡县辩证统一的基础之上。所谓的封建治理是使某个或多个行政区划享有高度自治权，而没有否定中央作为"普天之下总代表"的一统性存在。郡县治理使中央获得了极大的统治权，却没有取消或削弱对领土进行行政划分的政治需求。从理论形态上讲，封建治理是分权理论的一种形态及延伸，郡县治理是授权理论的形态和延伸。对于封建治理而言，作为领地的行政区划与中央共同分享了国家权力；对于郡县治理而言，虽然作为地方的行政区划一开始无权或权力很小，但其根据情况可以获得被授予的权力。自然，如果被授予的权力没有获得有效监督和规范制约，那么作为"地方"的郡县之权力则要大于封建"领地"的权力。

近代中国的国家治理超越了传统中国"封建—郡县"的二元结构，在制度设计上克服了传统社会在分权和授权之间无序摇摆的脆弱性。[1] 借助现代性原理和共和制的某些要素，中国确立了具有中国特色的单一制国家结构，

---

[1]　渠敬东：《中国传统社会的双轨治理体系：封建与郡县之辨》，《社会》2016 年第 2 期。

它既与联邦制国家拉开了距离，也与一般意义上单一制国家的结构不同。具有中国特色的单一制国家结构是复合型自治体系，它由内地普通省份治理体系、少数民族区域自治体系和特别行政区自治体系等构成。不同形态的治理体系依照宪法、地方组织法和香港、澳门特别行政区基本法等宪法性法律，在给定的国家行政区划范围内行使国家权力。中国特色国家结构从宪法角度落实了"多元一体"的中华民族文化特征，也体现了"一国多治"的国家治理形态。

基于历史和政治制度的因素，我国不同行政区域的治理体系归属于不同法系。内地的治理体系属于社会主义法系，香港、澳门的自治治理体系分别属于普通法和大陆法体系。然而，在宪法的统领下，内地普通省份治理体系、少数民族区域自治体系和特别行政区自治体系都共同属于一个中国的法律体系。

（二） 共治与国家治理现代化

中国特色的国家结构与改革开放40多年来取得的巨大成果二者之间具有较强的关联性。改革开放的一个重大经验是不同区域和地方充分发挥主动性和积极性，实施"放权不乱、收权不死"的新治理形态。中国社会进入新时代以来，随着创新性要素在不同区域普遍、全方位流通和相互交融，区域经济一体化的速度、密度和程度不断加快、加厚和加深，国家治理一方面在防止"诸侯经济"和地方保护主义出现的同时，也加快了不同区域之间的合作和联合。通过政策引导和制度设计，形成了区域发展的战略格局，成为共治中国的重要空间要素。① 共治中国在理论上可以分为以下几个

---

① 中共中央在《法治中国建设规划（2020 – 2025 年）》中指出："加强京津冀协同发展、长江经济带发展、粤港澳大湾区建设、长三角一体化发展、黄河流域生态保护和高质量发展、推进海南全面深化改革开放等国家重大发展战略的法治保障。"

层次。

一是人民当家作主的共治属性。人民当家作主是社会主义民主政治的本质特征。人民通过全国人民代表大会和地方各级人民代表大会行使国家权力，并通过其他形式和渠道参与经济社会事务的管理，从而形成了关于国家事务"共商共建共管共享"的全过程民主制度体系。

二是国家结构现代化的共治维度。国家结构是国家制度的重要组成部分。中国共产党第十八届中央委员会第三次全体会议提出"推进国家治理体系和治理能力现代化"，这是继"工业、农业、国防和科学技术四个现代化"之后的"第五个现代化"。治理体系和治理能力是一个国家制度执行能力的集中体现，第五个现代化即制度现代化。中国共产党第十八届中央委员会第四次全体会议提出国家制度现代化的法治战略，通过法治国家、法治政府和法治社会一体化建设来推动实施法治中国战略。法治中国是人民当家作主的法律形式，法治国家、法治政府和法治社会则是法律化的国家结构。

（三）多元共治格局的形成

"共商共建共管共享"的共治模式最初主要适用于社会建设，是在个人与个人、社会与社会之间开展合作和深度合作的治理模式。将"共商共建共管共享"的共治模式从社会领域推广到政府乃至国家领域，不仅赋予中央与地方、上级与下级之间的合作关系属性，也使地方之间的合作不仅达致合理而且达致合法。例如，近年来，在我国区域合作战略中，协同立法已经成为共治的一种重要形式。立法者通过合作立法对不同行政区划的调整对象共同定规立制，是共同治理的最高规范形式之一。①

---

① 贺海仁：《我国区域协同立法的实践样态及其法理思考》，《法律适用》2020 年第 21 期。

随着全球一体化的发展，人类形成了你中有我、我中有你的命运共同体。针对人类普遍事物、共同关切事物和人类共同价值，基于《联合国宪章》的基本准则，通过实施共商共建共管共享的共治方案来落实全球治理，从而保障人类命运共同体的健康发展。世界治理与天下治理是两种不同的治理模式，但它们从不同的侧面体现了以人类为视野的共治模式。

（四）重视从放权到共权发展的内生逻辑

统治是集权式的治理，自治是分权化的治理。统治是自上而下的治理，自治则是"原子化"的治理。共治是对统治与自治的超越和发展。共治的基本含义是合作共治，这种合作包括两个维度，一方面指上级与下级、中央与地方之间的纵向合作，另一方面则是指自治者之间的横向合作。传统的统治理论或治理理论存在缺陷，无法涵盖和解释经济一体化或全球经济一体化背景下的社会经济事务。

本章批判了一种放权化的理论，这种理论虽然突破了传统的自上而下的管理型"垂治"，通过赋权或授权赋予地方、非政府组织和个人应有的权力和权利，但放权本身也要受到必要限制。如果说放权是指通过分散立法权或行政权、中央对地方权力下放、授权代理等形式将权力、责任和资源从中央转移到行政基层和地方，再从行政基层和地方转移到非政府组织或个人手中，那么这种权力转移的过程，如果不施加必要约束和方向性指引，在事实上就会形成现代意义上的"分封制"，最终形成走向特殊形式的专权。一种分权化理论在经济上的表现是私有制，在意识形态上的表现就是"原子化"的个人主义。极端私有制和"原子化"的个人主义妨碍了经济一体化背景下分享经济的发展，也阻碍了经济效益的最大化。

八　结论

综上讨论，本章对合作区的性质、法律地位及其管理机构作出如下结论并提出相应的政策建议。

（1）关于深度合作原理的议题。深度合作区体现了现代社会合作治理的理念，是对现代社会治理理论的深化和发展，具有深刻的历史文化背景和现实意义。行政区划和一般的国家级功能区是现代社会治理理论对改革开放以来中国式放权理论的再现和发展。深度合作理论要求在行政区划以及功能区之间开展联合发展，从而形成共振效应，以满足区域经济一体化和全球一体化的发展需要。

（2）深度合作体制机制的议题。通过揭示合作区作为法定共治区域的性质及地位，本章厘清了合作区管理委员会作为决策型共治机构、合作区执行委员会作为执行型共治机构的性质和法律地位，回应了派出机构的共治属性，在体制机制上揭示了合作区"共商共建共管共享"的共治模式。《总体方案》给合作区营造了一个趋同澳门、接轨国际的制度环境，将澳门自由港的有利因素适度扩大到合作区，并探索澳门独立关税区与中国大陆内地关税区的有机衔接。

（3）合作区建章立制的议题。本章提出的政策性建议主要包括：①粤澳合作制定合作区条例，适用"全国人大常委会决定＋粤澳合作制定"的合作立法技术；②赋权合作区管理委员会制定横琴行政规范性文件的权力；③制定与合作区条例配套的法规、规章或法令，包括合作区条例实施办法、广东省派出机构管理办法、合作区廉政管理办法等；④设立具有广泛代表性的合作区联席会议，作为合作区管理委员会的咨询机构；⑤制定澳门自由港延伸合作区的具体办法并报中央批准后实施；⑥制定合作区需要调整的法律、行政法规清单，分别向全国人民代表大会及其常务委员会和国务院提出申请。

（4）共治理论发展向度的议题。大湾之事，须有大湾之学。横琴粤澳深度合作区是粤港澳大湾区建设的重要组成部分，是建设粤港澳大湾区的重要平台之一。不同于京津冀、长三角等区域的发展功能定位，推进粤港澳大湾区的建设不仅要面向世界而且要在大湾区呈现了世界级的功能定位和抱负。合作区共治的关键是制度合作，其方向则是面向世界，而与港澳规则的衔接、与国际规则的接轨是合作区作为制度合作示范的重要使命。

本章执笔人：贺海仁

第四章　《横琴粤澳深度合作区条例》制定中的法律问题

一　《横琴粤澳深度合作区条例》制定中的三个问题

《横琴粤澳深度合作区建设总体方案》明确提出要研究制定合作区条例，为合作区的长远发展提供制度保障。习近平总书记强调，建设横琴新区的初心就是为澳门产业多元发展创造条件。自 2009 年党中央、国务院决定开发横琴以来，横琴经济社会的发展取得了显著成绩，已成为促进澳门经济适度多元发展的重要平台。《总体方案》将合作区的范围明确规定为横琴岛"一线"和"二线"之间的海关监管区域，总面积约 106 平方千米。合作区以横琴全岛范围取代原珠海市横琴新区，实行分区分类施策管理。《珠海经济特区横琴新区条例》等众多在原横琴新区内生效的地方性法规、政策等规范性文件，已不能满足横琴粤澳深度合作区新的定位和发展需求，不再具有继续适用于合作区的客观条件。

同时，合作区肩负着推动粤港澳大湾区建设新高地的重任，没有先例可循，需要不断改革创新机制体制。因此，应尽快制定《横琴粤澳深度合作区条例》（以下简称《条例》），明确合作区建设发展的关键事项，为合作区的发展做好全局性的制度安排。《条例》贯彻习近平总书记关于横琴发展的一系列重要指示批示精神和党中央的重大决策部署，以法治引领、保障和服务于合作区的建设进程。

本章重点探讨制定《条例》过程中所遇到的三大问题：第一，《条例》应由谁制定，即制定主体的问题。从中央立法和地方立法两个层面，分析和论证《条例》的制定主体。第二，《条例》的制定应经过哪些必要路径或程序，即如何制定的问题。第三，《条例》的核心内容应体现合作区建设的哪些定位和发展目标，即制定什么内容的问题。

二 《横琴粤澳深度合作区条例》的制定主体选择

对于《条例》的制定主体，课题组收集和概括了实务部门和学术界的四大观点，主要涉及四大立法主体：全国人民代表大会及其常务委员会、国务院、广东省人民代表大会及其常务委员会和珠海市人民代表大会及其常务委员会。

（一） 全国人民代表大会及其常务委员会

全国人民代表大会及其常务委员会作为最高国家权力机关，享有为国家和全社会制定制度和行为规范的国家立法权，有权对应由立法加以规范的事项进行立法。由全国人民代表大会及其常务委员会作为制定主体具有极大的优势。一是从立法权限看，合作区涉及澳门特别行政区事项，属于全国人民代表大会及其常务委员会的专属立法权限范围。合作区要在遵循宪法和澳门特别行政区基本法的前提下衔接澳门民商事规则，涉及跨制度、跨法域等中央专属的事权事项，属于全国人民代表大会及其常务委员会的权限范围。全国人民代表大会及其常务委员会以专门法律的形式，制定《横琴粤澳深度合作区法》，从国家立法的层面为合作区实现制度创新和系统推进改革提供法律基础。① 如能参照《海南自由贸易港法》将有关政策措施上升为全国性法律，对合作区的功能定位、管理体制等方面进行顶层设计，特别是能够对合作区发展中所涉及的体制创新或突破等问题，获得综合性的法律授权，有利于一揽子解决相关法律依据问题。

二是从协调效率看，全国人民代表大会及其常务委员会从中央层面协调合作区的各方利益，有利于克服地方保护主义。② 在目前的行政区划和财政体制框架下，广东和澳门代表着两地各自的地方利益，共同投入各自的地方资源参与合作区建设。从《总体方案》的设计来看，合作区所处的横琴虽然在行政体制上进行了较大创新，但横琴的行政区划和粤澳的行政区划并未发生改变。正如《总体方案》表述，虽然历史悠久的粤澳合作已初见成效，横琴经济社会的建设也取得了显著成绩，但横琴实体经济的发展还不充分，服务澳门的特征还不明显，仍需进一步加强和澳门的一体化发展，合作区范围内生产要素的高效自由流动仍有较大阻碍。另外，现有的政绩考核机制也容易导致合作各方在政策选择和价值取向上难以摆脱争取本地利益最大化和地方保护主义的倾向。如能由全国人民代表大会及其常务委员会制定《横琴粤澳深度合作区法》，充分发挥顶层设计优势，利用中央权威和最高法律的效力，调控和平衡合作区内粤澳之间的利益关系，突破地方利益和行政区划的刚性限制，统筹合作区全局，最终能够促进粤澳

---

① 例如，有学者针对我国区域合作中的法治需求，提出由中央制定统一的《区域合作法》，以规范区域合作的基本问题，包括区域合作的法定主体、程序问题和效力问题。参见张亮、黎东铭《粤港澳大湾区的立法保障问题》，《地方立法研究》2018 年第 4 期。
② 〔英〕安迪·派克、安德烈·罗德里格斯－珀斯等：《地方和区域发展》，王学峰等译，格致出版社、上海人民出版社、上海人民出版社，2011，第 3 页。

双方积极开展长期有效的合作。

但是，由全国人民代表大会及其常务委员会作为制度主体这一方案从可行性和必要性两个角度来分析，主要存在以下三个方面的局限性。第一，制定全国性法律的现实条件尚不成熟。从 2021 年 9 月《总体方案》正式公布和合作区管理机构挂牌至今，合作区的实践还处于探索初期，未在具体领域形成明确的改革创新需求，也未形成大量可复制、推广的经验。例如，澳门新街坊项目作为粤澳深度合作中极具代表性的综合性重点民生工程，以探索并延伸养老、居住、教育、医疗等民生领域的澳门标准为目标。但由于该项目仍在建设施工阶段，如何在这些领域实现内地与澳门的规则衔接仍在研究当中。

第二，《条例》具有区域性和地方性，中央立法不利于发挥粤澳积极性和主动性。合作区属于粤澳双方开展的地方合作，不仅需要中央的大力支持，更需要双方健全"共商共建共管共享"的新体制，挖掘粤港澳大湾区所具有的制度优势，来发展横琴的实体经济和强化服务澳门的特征。《总体方案》提出设立以"双主任制"为特点的组织架构，包括广东省和澳门特别行政区的行政首长，由粤澳双方共同组建管理委员会，为我国的合作区开发建设开创先例。在合作区建设涉及两种制度和两大法域这样复杂的法治需求和法治背景下，中央立法可能面临的主要挑战在于：一方面，抽象或者概括的条文无法满足合作区的具体需求；另一方面，具有地方特色的问题无法充分体现中央立法的优势。因此，中央立法更适合通过规定单一的具体事项或作出顶层设计式的规定来发挥其对超越地方立法权限的涵摄与补充功能，充分调动粤澳双方的积极性和主动性。

海南自由贸易港的建设虽然同样属于地方立法事项，但与合作区不同的是，海南还承担着国家改革试点的重任，体现了我国坚定不移推进全面开放、建设开放型世界经济的决心和客观要求，应由中央统一立法，推动海南制度集成创新。① 从《海南自由贸易港法》的立法历程来看，习近平总书记对海南自由贸易港建设作出了重要讲话和指示，党中央、国务院先后在 2018 年和 2020 年印发《关于支持海南全面深化改革开放的指导意见》和《海南自由贸易港建设总体方案》，以对海南自由贸易港进行决策部署。从《总体方案》关于"研究制定合作区条例，为合作区长远发展提供制度保障"的表述中可以看出中央重视法治对合作区所具有的长期保障作用，同时对于《条例》的制定也保持着相当谨慎的态度。

第三，我国不存在为特定区域制定全国性法律的先例。以《河北省雄安新区条例》为例，它没有以全国人民代表大会为制定主体，而是由河北省人民代表大会常务委员会制定出台。横琴粤澳深度合作区与雄安新区的不同在于，其涉及澳门特别行政区的事项属于中央权限范围之内；但根据《总体方案》的部署，将合作区上升为由广东省省属管理；同时，合作区的行政区划仍隶属于珠海市香洲区。珠海市人民代表大会及其常务委员会仍有权对合作区出台相关地方性法规。同时，以《珠海经济特区横琴新区港澳建筑及相关工程咨询企业资质和专业人士执业资格认可规定》等为代表的珠海市人民代表大会及其常务委员会在合作区挂牌运行前，针对原横琴新区制定、施行的地方性法规仍继续生效。② 因此，从合作区的实际情况来看，特别是在中央没有针对特定区域的立法先例这一情况下，提出由全国人民代表大会及其常务委员会作为《条例》的制定主体在实践上仍不成熟。

---

① 参见《全国人大常委会法制工作委员会关于〈中华人民共和国海南自由贸易港法（草案）〉的说明》，全国人大网，2021 年 6 月 11 日，http://www.npc.gov.cn/npc/c30834/202106/589f495e276f4adb9092d6b6d951af58.shtml，最后访问日期：2021 年 12 月 23 日。

② 参见《珠海经济特区横琴新区港澳建筑及相关工程咨询企业资质和专业人士执业资格认可规定》，横琴粤澳深度合作区网，2019 年 9 月 27 日，http://www.hengqin.gov.cn/macao_zh_hans/zwgk/zcfg/hqzc/content/post_2978831.html，最后访问日期：2021 年 12 月 23 日。

（二）　国务院

国务院虽然不是立法机关，但出于行政管理的需要，依据《宪法》第89 条规定，国务院能够根据宪法和法律的规定制定行政法规。立法法也有明确国务院能够制定行政法规的情况：一是《立法法》第 9 条规定，在没有法律规定的情况下，国务院作为被授权机关可以行使部分立法权，制定行政法规；二是《立法法》第 65 条规定，国务院对于执行法律和行使管理职权的事项能够制定行政法规。由于合作区涉及澳门特别行政区的事务，属于中央立法的保留事项。在目前没有制定法律的情况下，如果以国务院作为《条例》制定主体，必须由全国人民代表大会及其常务委员会以专门授权决定的形式，授权国务院就《条例》的事项进行立法。

国务院是否能够以及是否适宜作为《条例》的制定主体，主要应从两方面展开分析：一是从立法权限的角度分析国务院是否能够为合作区制定条例；二是从行政法规与合作区实际匹配的角度讨论是否适合以行政法规的形式制定《条例》。

在全国人民代表大会及其常务委员会授权的情况下，我们首先分析国务院作为《条例》制定主体的必要性。在我国幅员辽阔、地区间经济社会发展不平衡、不协调的国情下，授权国务院立法是一种必要的立法制度，特别是对于解决改革开放面临亟须法律进行调整的问题发挥了重要作用。[1]正如前文所述，合作区是粤澳合作的新格局，多元的社会关系正处于发展和变动阶段，客观上并不具备制定全国性法律的成熟条件。国务院所获得的授权，本质上是全国人民代表大会及其常务委员会的中央立法权。鉴于

---

① 乔晓阳：《中华人民共和国立法法讲话》，中国民主法制出版社，2008，第 94 页。

这一立法条件仍不成熟，应当暂由国务院先行立法。因此，笔者认为由国务院制定《条例》，不仅同样面临前述全国人民代表大会及其常务委员会作为制定主体所具有的优势和相关局限，还要面临授权国务院开展立法这一机制的优势和相关局限。

在授权立法的情况下，国务院作为《条例》的制定主体，优势和局限并存。授权国务院立法的限制较为宽松。在《立法法》第 8 条所列出的十大法律保留事项的基础之上，其第 9 条规定的授权范围为第 8 条所列的没有制定法律的事项；同时，其第 9 条排除了有关犯罪和刑罚、对公民政治权利的剥夺、限制人身自由的强制措施和处罚、司法制定等绝对保留事项。可见，有别于宪法赋予国务院制定行政法规的职权立法，授权国务院开展立法的权限范围相比职权立法而言更广。① 这可理解为：为调整尚未稳定的社会利益，充分发挥授权国务院立法机制的试验和探索功能，不宜设立过多限制而应设立专门赋予的立法尺度。《立法法》第 10 条规定了授权期限不得超过五年，国务院积极探索新问题和新情况，为全国人民代表大会及其常务委员会的立法工作做好准备；对经实践检验后具备制定法律条件的，全国人民代表大会及其常务委员会会将其上升为法律，以取代授权制定的行政法规。② 由此，授权国务院制定《条例》的优势主要有：第一，更为宽松的法律权限能够为合作区创新和改革争取更大的制度空间；第二，在立法时间和程序上，国务院制定行政法规比全国人民代表大会及其常务委员会制定法律更为快捷，其灵活性和易修改性有利于尽快满足合作区的相关法治需求。

同时，授权国务院制定《条例》所面临的挑战也较为明显。一是授权

① 刘春华：《国务院立法权限若干疑难问题探讨》，《中外法学》1998 年第 5 期。
② 参见蔡定剑《宪法精解》，法律出版社，2006，第 382 页。

国务院制定《条例》存在不确定性。由于授权国务院立法这一机制具有试验和探索的性质，会对现行法律或法规的规定进行一定程度的突破或偏离；同时，其立法的结果也存在不确定性，是否修改或制定法律仍需实践检验，只有立法条件成熟才会及时上升为法律。因此，《条例》作为合作区建设发展的基本规则，是合作区发展的基础性法治保障。授权国务院制定《条例》面临的这些不确定性与落实《总体方案》重大部署的需求并不一致。二是授权国务院制定的《条例》无法代替地方性法规的功能，调整内容有限。从法律效力来看，全国人民代表大会及其常务委员会授权国务院制定的《条例》可被认为是行政法规，其法律效力高于地方性法规，但这并不意味着行政法规可以代替地方性法规。从地方性法规调整对象的范围来看，包括行政管理在内的综合性地方事务——如财政经济、地方政权建设、科教文卫、政法、社会权益等——特别是政法工作和政权建设，一般是行政法规不得调整的内容。[①] 由此，我们不能混同行政法规和地方性法规。国务院作为《条例》的制定主体，面临着来自全国人民代表大会及其常务委员会授权的限制以及国务院作为执行机关和行政机关的双重局限，不适合作为《条例》的制定主体。

（三） 广东省人民代表大会及其常务委员会

省级人民代表大会及其常务委员会在由宪法、立法法等国家基本法律所确立的立法体制中是承上启下的关键主体。在合作区建设中，广东省人民代表大会及其常务委员会作为省级地方立法机关，在落实党中央、国务

---

① 胡玉鸿：《试论法律位阶划分的标准——兼及行政法规与地方性法规之间的位阶问题》，《中国法学》2004 年第 3 期。

院及《总体方案》关于合作区的顶层设计、承接澳门并与澳门开展合作、结合横琴实际等事项中处于重要地位，既应执行全国性法律的任务，又应推进与澳门特别行政区的积极合作，为合作区的发展、创新提供立法保障和引领。

广东省人民代表大会及其常务委员会制定《条例》的法律依据主要包括两方面：一方面，从属地管辖来看，合作区所在的省级地方立法主体具有为合作区制定条例的权限。根据《立法法》第 72 条、第 73 条的规定，广东省人民代表大会及其常务委员会可以根据广东省的具体情况和实际需要，在不同宪法、法律、行政法规相抵触的前提下，立足地方性事务制定地方性法规。从概念上看，地方性事务泛指那些应由地方立法机关予以调整的、具有区域性特色的事务。① 《总体方案》将合作区的属地管理主体上升为广东省，明确提出由广东省委、省政府设立派出机构，以履行属地管理职能。既然合作区处于广东省的管辖范围之内，广东省人民代表大会及其常务委员会即有权制定调整涉及该区域事项的《条例》。另一方面，合作区作为粤港澳大湾区建设的新高地，是广东和澳门两地之间开展地方合作的重要形式。考虑到合作区是"一国两制"实践的新示范，其中涉及澳门特别行政区制度的事项属于全国人民代表大会及其常务委员会的立法权限，在获得全国人民代表大会及其常务委员会的授权决定后，应由广东省人民代表大会及其常务委员会制定。

广东省人民代表大会及其常务委员会立足合作区，针对中央立法难以发挥优势或不宜直接调整的地方性事务，开展自主性调整、规范亦更具优势，其优势具体体现在：第一，由广东省人民代表大会及其常务委员会主

---

① 参见孙波《论地方性事务——我国中央与地方关系法治化的新进展》，《法制与社会发展》2008 年第 5 期。

导《条例》制定，有利于充分发挥地方的积极性和主动性。由于目前还没有针对合作区制定法律或行政法规，广东省人民代表大会及其常务委员会在获得授权后，可以遵循不抵触原则进行先行性立法，以制定《条例》。这也是充分发挥广东省人民代表大会及其常务委员会的积极性来规范合作区事务的题中之义。合作区肩负着促进澳门经济适度多元发展、丰富"一国两制"实践的使命，要实现《总体方案》的发展目标和战略定位，合作区需要对现有的那些不能适应合作区发展的体制机制进行改革、创新。合作区的建设具有突出的广东、澳门和大湾区等地方特色，没有先例可循，需要广东省因地制宜、充分发挥规制合作区本地事务的创造性，在立法上积极引领合作区的改革、创新。

第二，由广东省人民代表大会及其常务委员会主导《条例》的制定，有利于充分体现合作区的区域特色，提高立法的可操作性。《条例》代表着特定区域需要通过立法所表达的社会共同利益，首先应满足合作区的利益和实际需求，结合地方特色进行法治治理。这有利于《条例》在出台后得到顺利执行。广东省作为合作区的适格地方立法主体和直接参与方，对于合作区发展中的特点和规律性实践有着更为准确的把握，有助于充分利用合作区的相关资源。因此，相比中央立法，广东省人民代表大会及其常务委员会能够通过其直接参与合作区建设的经验和实践，作出符合合作区发展规律和特点的价值判断，在权衡合作区的多元利益后明确其法治需求。

第三，由广东省人民代表大会及其常务委员会主导《条例》的制定，有利于充分体现"一国两制"优势，形成粤港澳大湾区建设新示范。横琴粤澳深度合作区区别于我国其他合作区的最主要特征在于澳门特别行政区政府直接参与合作区的决策和执行，从利益相关者成为共同决策者和共同管理者。《总体方案》明确提出将澳门作为合作区建设的一方主体，与广东"共商共建共管共享"合作区。这需要《条例》在"一国两制"前提下，充分体现两地跨区域、跨国境和跨制度的深度合作。开展先行性立法一直以来都是广东省改革发展进程中所积累的重大成功经验，《条例》也需要广东省人民代表大会及其常务委员会继续发挥创造性，开展先行性立法，从而体现合作区"一国两制"的优势。

同时，我们也应看到由广东省人民代表大会及其常委会制定《条例》，面临着不能有效处理与澳门协同发展中涉及的变通权问题，以及澳门特区立法权甄别和挑选工作的考验。实践中，合作区中还涉及大量展示澳门高度自治权范围的事例。例如在合作区居住的澳门居民是否可视为在澳门居住的问题，在合作区设立或运营的澳门企业是否可享受澳门政府出台的优惠政策等，仍需澳门特别行政区立法会制定专门规定。

诚然，在广东省作为粤澳合作一方的情况下，由广东省人民代表大会及其常务委员会作为《条例》的一方制定者，可能会面临在其他区域合作中也存在的利益部门化、合作方利益冲突等风险。但这些顾虑可以从《总体方案》的制度设计中得到化解。一是在管理机构框架中，从中央层面加强对合作区和粤澳双方的领导和监督。《总体方案》强调了粤港澳大湾区建设领导小组对于合作区管理委员会所具有的领导作用，要求对合作区建设和促进澳门经济适度多远发展的成效进行年度评估，评估结果应向粤港澳大湾区建设领导小组报告。二是创新粤澳双方"共商共建共管共享"的体制，粤澳双方共同享有管理权力，共同肩负建设合作区的职责。《总体方案》明确将广东省政府和澳门特别行政区政府同时作为管理主体，双方行政首长共同担任合作区的管理委员会主任，实行"双主任"制，以共同决策、共同执行合作事务。

（四）　珠海市人民代表大会及其常务委员会

珠海作为经济特区、粤港澳大湾区、横琴粤澳深度合作区和自由贸易试验区的所在地，具有澳门—珠海极点的区域优势。近年来，珠海市人民代表大会及其常务委员会通过特区立法权，在专业资格、争议解决等领域出台了多项旨在推进与港澳规则实现衔接、推进横琴发展的地方性法规，为合作区的初期发展奠定了重要的法治基础。由此，我们也可进一步讨论珠海市人民代表大会及其常务委员会作为《条例》制定主体的立法权限和可行性。

首先，珠海市人民代表大会及其常务委员会具有制定《条例》的立法权限。根据《总体方案》的规划，合作区的范围为横琴岛面积约 106 平方千米的海关监管区域。这一区域也是《总体方案》出台之前珠海市香洲区横琴镇的行政区域。在 2021 年 9 月 5 日《总体方案》出台之后，党中央、国务院对合作区的行政体制作出了新的设计和部署，但没有改变合作区所在地横琴镇的行政区划。横琴于 1989 年建镇，属于《宪法》第 30 条所规定的镇一级行政区划，并于 2003 年划归由珠海市香洲区管辖。[①] 2009 年，国务院批准实施《横琴总体发展规划》，将横琴岛纳入珠海经济特区的范围，设立了作为广东省人民政府派出机构的横琴新区管理委员会，并委托珠海市人民政府管理，它的规格为副厅级。[②] 根据我国对地方立法权限的设置和规定，珠海市人民代表大会及其常务委员会为促进横琴新区的开发，

---

① 珠海市香洲区地方志编纂委员会编《珠海市香洲区志》，方志出版社，2012，第 77~78 页。
② 参见《珠海横琴新区管委会获批：省政府派出机构规格为副厅级》，广东省人民政府网，2009 年 11 月 26 日，http://www.gd.gov.cn/gdgk/gdyw/200911/t20091126_107665.htm? 2ec748a0，最后访问日期：2021 年 12 月 26 日。

制定了 2012 年 1 月 1 日起开始施行的《珠海经济特区横琴新区条例》。《珠海经济特区横琴新区条例》赋予珠海主导横琴新区开发的地位及横琴新区独立的"人、财、物"管理权，理顺了横琴的管理体制，横琴经济社会发展的基础得以逐步完善，为现在的横琴粤澳深度合作发展提供了良好的物质基础和法治基础。由此可见，根据合作区所在地的行政区划，珠海市人民代表大会及其常务委员会有权根据相关法律法规和《总体方案》制定地方性法规。

其次，珠海市人民代表大会及其常务委员会不适合作为《条例》的制定主体。由珠海市人民代表大会及其常务委员会对合作区立法，在面临涉及"一国两制"、行政体制和权限配置等宪制问题时，无法通过变通法律或行政法规解决。虽然合作区属于横琴镇辖区这一事实尚未发生变化，但合作区的行政主体和行政体制却发生了较大的创新和突破。《总体方案》确立的粤澳共治横琴这一新体制，使得横琴粤澳深度合作区显著区别于我国其他合作区。澳门特别行政区参与合作区的管理，从之前的利益相关者成为管理主体之一，决定和执行合作区的事务。这体现在由广东省和澳门特别行政区共同组建合作区管理委员会，粤澳两地的行政首长实行"双主任"制，赋予粤澳统筹决定合作区内重大事务的管理权力；同时，这也体现在执行体制上，广东省政府、澳门特别行政区政府和珠海市政府共同委派人员参与组建合作区执行委员会，承担合作区开发的主体责任。《总体方案》明确由珠海市派人参加合作区执行委员会，做好涉及广东省事务的协调工作。在此背景下，珠海市更多的是配合广东省参与合作区建设，发挥好支持和协调的作用。合作区作为省级主体之间的合作，由珠海市人民代表大会及其常务委员会作为《条例》的制定主体，通过特区法规来规范广东省政府、合作区管委会等行政级别更高的政府机构和法定机构的行为，在体制上亦不符合合作区的实际情况。

最后，即使在不适合制定《条例》的情况下，珠海市人民代表大会及其常务委员会仍能对合作区的建设继续行使经济特区立法权，特别是发挥立法变通权的巨大优势。珠海同时具有设区市的立法权和由全国人民代表大会授予并经立法法所确认的经济特区立法权，这也是《总体方案》所强调的要"用足用好珠海经济特区的有利因素"中的"有利因素"之一。

从经济特区立法权的类型来看，珠海经济特区的立法包含先行先试立法和立法变通权。[①] 习近平总书记指出"先行先试是经济特区的一项重要职责，目的是探索改革开放的实现路径和实现形式，为全国改革开放探路开路。"[②] 先行先试立法是中央鼓励经济特区大胆尝试、进行立法创新的重要表现。同时，先行先试也是各级地方人民代表大会及其常务委员会都享有的立法权，当然也包括广东省人民代表大会及其常务委员会。特别是在我国社会主义法律体系日益完备以及对设区市的立法权限明确限制这一背景下，先行先试立法的需求逐渐减少，难度逐渐增大，经济特区的立法创新变得更为重视和依赖立法变通权。

珠海经济特区立法权的独特优势在于其享有立法变通权。珠海市有权根据具体情况和实际需要，遵循宪法、法律、行政法规的基本原则来制定法规。这种变通权可以突破省级人民代表大会及其常务委员会所制定的地方性法规，以及在不违反法律和行政法规的前提下，突破行政法规甚至法律的相关规定，为经济特区大胆推进改革创新提供必要的立法支持。虽然这种立法变通权在形式上属于经济特区的地方立法权，但在实质上也分享

---

① 《珠海获得立法权以来，全国率先制定创制性法规51件》，《南方日报》2020年10月15日，http://www.cnbayarea.org.cn/news/focus/content/post_274229.html，最后访问日期：2021年12月26日。

② 习近平：《深刻总结经济特区建设的宝贵经验》，载中共中央党史和文献研究院编《论中国共产党历史》，中央文献出版社，2021，第187页。

了部分国家立法机关即全国人民代表大会及其常务委员会和国务院的中央立法权。[①] 为落实《粤港澳大湾区发展规划纲要》中关于允许取得建筑及相关工程咨询等港澳相应资质的企业和专业人士在珠海横琴为内地市场主体直接提供服务，以及允许澳门旅游从业人员到横琴提供相关服务等规划，珠海市通过立法变通权对有关法律和行政法规进行变通，出台《珠海经济特区横琴新区港澳建筑及相关工程咨询企业资质和专业人士执业资格认可规定》和《珠海经济特区港澳旅游从业人员在横琴新区执业规定》，率先在粤港澳三地专业人士资格等事项上实现破题，加速规则对接，为解决"澳门体制过不来、内地体制过不去"的问题积累了成功经验。这在《总体方案》的规定中也有迹可循："用足用好珠海经济特区立法权，允许珠海立足合作区改革创新实践需要，根据授权对法律、行政法规、地方性法规作变通规定。"

用足用好珠海经济特区立法权对于建设合作区的突出作用体现在以下几个方面。一是横琴位于粤澳深度合作和粤港澳大湾区建设的最前沿，直面两地市场规则、监管标准等体制机制所具有的差异及障碍。用足用好特区立法权，可以在横琴粤澳深度合作区的营商环境、经济管理、公共服务、人员往来等事项上实现一定程度的衔接，为探索粤澳"共商共建共管共享"的合作模式积累经验，从而开创粤澳合作的新格局。二是经济特区立法权可加快重点产业的制度创新，构建与开放型经济发展相适应的法规体系，从而引领合作区建设，在全国的机制体制改革中发挥突出的示范作用。三是经济特区立法权通过对澳门具有优势的中医药、金融、会展、旅游、文创等产业提供制度支持，为澳门经济适度多元发展创造空间，并对标国际标准和规则，充分发挥澳门在国际市场中所具有的平台优势，促进粤澳

---

① 黄金荣：《大湾区建设背景下经济特区立法变通权的行使》，《法律适用》2019 年第 21 期。

"拼船出海"以共同探索国际市场。

因此，一方面，珠海市人民代表大会及其常务委员会虽有权基于行政区划的制度事实为合作区制定地方性法规，但从合作区管理的行政级别和合作主体考虑，广东省人民代表大会及其常务委员会作为《条例》的制定主体则更加符合合作区建设的实际需求。另一方面，虽然珠海市人民代表大会及其常务委员会不适宜制定《条例》，但这并不等于否认了珠海经济特区的立法权，尤其是立法变通权，毕竟其对于合作区的建设而言仍有着重大优势。珠海在合作区的建设过程中始终坚持地方立法权和特区立法权并重。珠海既应充分借助设区市的立法来实施和细化上位法规定，也应根据合作区的实际需求进行积极创新，用足用好经济特区立法权，特别是立法变通权的优势，从而推动粤澳之间的规则衔接、机制对接。

综上所述，合作区作为"一国两制"、两个法域和两个关税区的交汇点，现有的《条例》立法主体中，由全国人民代表大会及其常务委员会制定《横琴粤澳深度合作区法》或由国务院制定《条例》有助于实现合作区制度集成效应；由广东省人民代表大会及其常务委员会制定《条例》能解决合作区超珠海行政区划权责的问题；由珠海市人民代表大会及其常务委员会制定《条例》，能发挥特区立法变通权在大湾区建设中的作用。以上四种方案各有其利，也各有局限性。

三　《横琴粤澳深度合作区条例》的制定路径论证

合作区作为"一国两制"最新实践，《条例》的制定关涉合作区性质、地位、各类权限等一系列"一国两制"的新情况、新问题。《总体方案》表述的"研究制定合作区条例",也体现了《总体方案》对《条例》所持的科学、慎重和务实的态度。因此,在《条例》制定路径的研究上,也应进一步解放思想,在遵循立法法和基本法的前提下,充分发挥中央和地方两个积极性,充分发挥广东省、珠海市和澳门特别行政区地方立法权的不同优势,并实施粤澳深度合作的区域法治协同战略。

澳门多次提出要协同广东省开展《条例》制定及相关立法工作。在《2022 年财政年度施政报告》中,澳门政府明确提出"与粤方共同研究并推动制定深合区条例"。澳门行政法务司司长解读《2022 年财政年度施政报告》法务范畴的施政方针时指出:"将与粤方共同推动制定深合区条例,为深合区长远发展提供制度保障;配合深合区建设的需求,适时修订本澳相关的法律法规。"① 近期澳门公布的第二个"五年计划"中也明确提出:"协同广东省推动合作区相关立法工作,加强立法工作,为合作区的长远发展提供制度保障。"② 以此为背景,本节将根据澳门参与程度的不同,比较澳门协助制定与双方共同制定这两种《条例》制定模式,明确授权型协同立法模式下粤澳共同制定《条例》的具体实现路径。

(一) "广东制定、澳门协助"模式

"广东制定、澳门协助"模式是指广东省人民代表大会及其常务委员会在获得全国人民代表大会授权后,按照制定省级地方法规的程序提出、通

---

① 《澳门发布 2022 年施政报告:重点推进横琴粤澳深度合作区建设》,横琴粤澳深度合作区网站,http://www.hengqin.gov.cn/macao_zh_hans/hzqgl/dtyw/xwbb/content/post_3023726.html,最后访问日期:2022 年 5 月 12 日。

② 澳门特别行政区政府:《澳门特别行政区经济与社会发展第二个五年计划 (2021 – 2025)》,第 84 页。

过和实施《条例》。澳门作为利益相关者，通过发表意见和建议等方式参与《条例》的制定过程，这一模式的局限性在于以下两方面。

第一，这一模式并没有体现澳门的主体责任，不利于发挥澳门作为合作区主体所具有的优势。《总体方案》出台实施后，合作区作为粤澳的共同管理区域，也成了澳门发展经济和改善民生的内部施政对象，澳门的角色从之前利益相关者转变为决策者和执行者，具有实质性甚至主导性的合作权力。治理模式的融合是粤澳共治合作区的重要制度创新，有效转变了原来横琴开发建设中政府之间所采取的松散型合作模式。可见，在共治合作区的新实践和新体制下，随着广东省、珠海市和澳门特别行政区之间的合作进一步深度融合，合作区的发展必然趋向"你中有我、我中有你"的紧密型一体化模式。因此，如果囿于现有体制，不顾粤澳深度合作的新实际，若"广东制定、澳门协助"的模式仍是以广东省一方为主，这本质上与广东省立法机关制定一般地方性法规并无区别，也无法在《条例》的制定中充分发挥澳门对合作区建设所应起到的实质性作用。

第二，这一模式并没有充分体现粤澳共治共建，与《总体方案》的部署不相符。《总体方案》要求加快健全粤澳"共商共建共管共享"的新体制，推进合作区建设。新体制的关键在于共建，需要面临粤澳政府深度协助配合的跨区域治理、生产要素有序流动的跨境治理、制度衔接机制对接的跨制治理等一系列挑战。这些挑战的克服需要粤港共同参与。因此，为体现粤澳共商共建，《条例》应由粤澳共同制定。

（二）　粤澳协同立法、共同制定模式

深度合作的关键在于构建粤澳共同治理机制。合作区诸多制度障碍的

化解依赖于实现规则衔接和体制对接，其难点和重点在于如何在不改变行政区域、独立法域或司法管辖权的情况下进行法治规则衔接。这是一种特殊的法律合作。依法将授权型协同立法确定为合作区构建基本法律框架的方法，这是由合作区所处的特殊地位决定的。合作区在行政区划上仍受珠海管辖，不具备独立的法律地位。《总体方案》实施后，合作区成为澳门发展经济和改善民生的重要施政对象，澳门从利益相关者转变为重要的决策者和执行者。从合作区战略定位和目标任务看，存在需要澳门通过自主立法进行配合与衔接的领域。粤澳通过授权型协同立法机制共同制定《条例》，是指在全国人民代表大会及其常务委员会授权后，粤澳两地立法机关在各自的立法权限范围内制定出台《条例》，共同调整合作区的社会关系或社会利益。协同立法的主要优势在于，针对合作区一体化发展进程中的不同需求和问题，通过差异化的地方单行立法与合作区的协调发展之间保持内在耦合性，从而形成地方立法合力，促进合作区法治的有序发展。① 更为重要的是，在尊重现有立法体制和澳门高度自治的基础上，合理利用粤澳的法制差异，发挥比较优势，实现互补发展。

通过全国人民代表大会及其常务委员会的专门授权决定，确认粤港澳大湾区协同立法的合法性。② 立法法规定了全国人民代表大会及其常务委员会授权的三种情形：一是授权国务院制定行政法规；二是授权暂停适用法律的部分规定；三是授权经济特区制定法规。虽然这三种情况并未明确是否适用于协同立法，但有学者认为授权地方立法主体进行协同立法是对立法法的有益补充而非更改。③ 全国人民代表大会及其常务委员会授权粤澳进行协同立法，也

① 参见贺海仁《我国区域协同立法的实践样态及其法理思考》，《法律适用》2020 年第 21 期。
② 董皞：《〈粤港澳大湾区规划纲要〉实施的基本法律问题》，广州大学公法研究中心网，2019 年 2 月 28 日，http://pl.gzhu.edu.cn/info/1016/1531.htm，最后访问日期：2022 年 1 月 2 日。
③ 宋方青、朱志昊：《论我国区域立法合作》，《政治与法律》2009 年第 11 期。

具有现实可操作性。首先，《立法法》第 13 条关于全国人民代表大会及其常务委员会授权地方改革试点的规定，可以为广东省和澳门特别行政区开展协同立法提供法律依据。合作区的协同立法涉及民生合作、科技创新、产业升级、管理体制等诸多方面，符合《立法法》中所规定的"改革发展的需要"和"行政管理领域的特定事项"等准予授权地方开展改革试点的情形。[①]

其次，广东省和澳门特别行政区的立法权力均由中央授权，这既是设置广东省的法律基础，也是设置特别行政区的法律基础。2014 年 6 月，在国务院新闻办公室发布的《"一国两制"在香港特别行政区的实践》白皮书中正式提出"全面管治权"的概念，"宪法和香港基本法规定的特别行政区制度是国家对某些区域采取的特殊管理制度。在这一制度下，中央拥有对香港特别行政区的全面管治权，既包括中央直接行使的权力，也包括授权香港特别行政区依法实行高度自治。对于香港特别行政区的高度自治权，中央具有监督权力"。[②] 虽然全面管制权是针对港澳提出的，[③] 但从法理上看，全面管制权也可以被认为是中央领导包括广东和澳门在内的地方各级权力机关和政府的政治、法律基础。在我国的权力结构形式中，地方的权力源自中央，基于地方管治的需要，中央划分行政区划并授予地方权力。全面管治权对于合作区来说，体现在中央可以通过授权和授权监督等形式对合作区的法治建设进行统一协调和指导。

澳门特别行政区基本法中关于特别行政区高度自治权的规定，也是源

[①]　《立法法》第 13 条规定："全国人民代表大会及其常务委员会可以根据改革发展的需要，决定就行政管理等领域的特定事项授权在一定期限内在部分地方暂时调整或暂时停止适用法律的部分规定。"

[②]　《"一国两制"在香港特别行政区的实践》白皮书（全文），国务院新闻办公室网站，2014 年 6 月 10 日，http://www.scio.gov.cn/zfbps/ndhf/2014/Document/1373164/1373164.htm，最后访问日期：2022 年 1 月 8 日。

[③]　参见《中华人民共和国香港特别行政区基本法》第 20 条、《中华人民共和国澳门特别行政区基本法》第 20 条。

自全国人民代表大会对特别行政区的授权。① 澳门特别行政区基本法作为授权法，在其第 20 条的规定中创设了对澳门特别行政区作进一步授权的合法机制，即澳门特别行政区可享有由全国人民代表大会及其常务委员会或中央人民政府所授予的其他权力。比如澳门大学横琴校区本不属于澳门特别行政区的管辖范围，经全国人民代表大会常务委员会决定授权澳门特别行政区依照澳门法律对澳门大学横琴校区实施管辖。② 由此可见，澳门特别行政区基本法对澳门特别行政区的授权规定考虑到了该种情况并形成了较为完整的授权体系。澳门是隶属于中华人民共和国的特别行政区，与我国省、自治区和直辖市之间的关系是一国内部不同地方之间的关系。横琴粤澳深度合作区涉及中央与地方、地方与地方两组关系，中央应进行统一协同。因此，全国人民代表大会及其常务委员会可以将协同立法作为参与合作区建设的权力，并专门授予广东和澳门。全国人民代表大会常务委员会授权地方开展试点改革和授予澳门权力的横琴模式，③ 为研究大湾区协同立法提供了重要的参考和示范。具体实现路径主要包括以下四步。

一是协商和签订《广东省与澳门特别行政区关于粤澳协同制定横琴粤澳深度合作区条例的安排》。粤澳双方经过协商达成签订协同立法协议的共识，包括的内容有约定粤澳"共商共建共管共享"合作区建设的基本原则、同意向有关部门争取授予合作区管理机构规则制定和执行权、同意向有关部门争取授予合作区范围内构建跨境生产要素双向流动机制。就协议内容达成共识后，由粤澳双方代表组成专责小组并提交全国人民代表大会常务委员会批示。

---

① 骆伟建：《论澳门特别行政区立法法的几个问题——与内地立法法的比较分析》，《社会科学》2010 年第 3 期。
② 董皞：《"特区租管地"：一种区域合作法律制度创新模式》，《中国法学》2015 年第 1 期。
③ 朱孔武：《粤港澳大湾区跨域治理的法治实践》，《地方立法研究》2018 年第 4 期。

从协同立法协议的性质来看，它可被认为是一种特殊的合同，是地位平等的合作主体在各自权限内，在自愿协商的基础上所达成的一种意思自治。协同立法协议是在合意基础上形成的"协议"。根据诚实信用、有约必守等缔结合同所需遵循的基本法律原则，缔结协议的各方有义务根据约定履约。虽然协同立法的实现不以签订框架协议为必需步骤或程序，但其所体现的协同目标、范围和程序等重要内容却对协同立法的正式确立和最终实现发挥有重要作用。第一，协议能够正式明确各方参与协同立法的意向，成为确立协同立法程序的重要依据。第二，框架协议可以为协同立法确定目的和基本原则。框架协议除了强调宪法、基本法、立法法的基本原则外，还可以根据合作区的实际情况和需求，将某些重要目标确立为协同立法所应遵循的宗旨。第三，协议可以规划协同立法的调整范围，并确立协同立法所需遵循的必要程序。例如，框架协议可以从时间上确定合作区在将来数年就协同事项进行商讨；分领域确定、调整不同社会关系的协同进程。

二是协同立法协议经广东省人民代表大会常务委员会和澳门特别行政区立法会按照各自的立法程序审议通过后，提交全国人民代表大会常务委员会批准后生效。同时，合作区可以根据实际需要，向全国人民代表大会常务委员会申请并获得其关于在特定期限内暂停部分法律规定在合作区特定行政管理事项上的适用等授权。同时，可以借鉴《中华人民共和国海南自由贸易港法》第 10 条的规定，授予广东省人民代表大会及其常务委员会一定的自主改革权限，使其可以结合合作区的实际需求制定相关法规，以将澳门自由港的有关政策延伸至合作区。

三是根据协同立法协议，广东省和澳门特别行政区同步制定《条例》，根据两地各自的立法程序和期限同步通过《条例》后，正式生效实施。

四是制定、颁布《条例》实施细则。广东省人民代表大会及其常务委员会、澳门特别行政区立法会以及珠海市人民代表大会及其常务委员会应根据各自权限制定配合《条例》实施的具体细则和办法，以增强可操作性。

四　《横琴粤澳深度合作区条例》的主要内容

（一）《条例》的定位解读

《条例》是彰显合作区共治原则的重要法治实践。《条例》作为合作区的基本规则体系，应坚持原则性和基础性定位，明确合作区建设发展的主体职责，规定管理体制、规划建设等关键事项，对合作区发展的全局性问题作出制度安排。《条例》从战略高度紧紧围绕《总体方案》中所规定的"促进澳门经济适度多元发展"这条主线，始终遵循"促进澳门经济适度多元发展的新平台、便利澳门居民生活就业的新空间、丰富'一国两制'实践的新示范、推动粤港澳大湾区建设的新高地"四大核心战略定位和2024年、2029年、2035年三大阶段性发展目标，旨在重点解决合作区建设和发展进程中的原则性和方向性问题，并规定合作区创新发展的基本框架和核心制度，以确保合作区未来的发展符合中央对开发横琴所提出的新的政治定位和历史使命。这也是深入贯彻落实习近平法治思想、深入贯彻落实习近平总书记和党中央、国务院关于横琴一系列指示和决策部署的重要举措，有助于充分发挥立法的引领和推动作用。

考虑到目前合作区各个方面的工作仍处于探索阶段，具体条文可以以概括性、原则性的方式出现，从而为合作区建构法治保障的"四梁八柱"，为合作区建设提供必要的法治保障和制度支持，同时需要为体制机制的改革创新预留空间，最终引领合作区在法治轨道上行稳致远。因此，《条例》的起草还应重点把握以下几大关系之间的平衡。

第一，顶层设计与法律转化。《条例》应及时将习近平总书记关于合作区建设的重要指示和党中央关于合作区建设的决策部署充分法律化、制度化，以习近平总书记关于合作区的重要讲话和指示为引领，充分反映党中央关于合作区的全局统筹和科学谋划，以法定权利、义务的形式落实到具体条文之中。

第二，先行先试与法制统一。在国家法制框架内赋予合作区更大的创新自主权。鉴于澳门自由港的优势，可以参考《中华人民共和国海南自由贸易港法》第10条的规定授予广东省人民代表大会及其常务委员会根据全国人民代表大会及其常务委员会的授权，并结合合作区建设的具体情况和实际需要，在遵循宪法、法律、行政法规的基本原则前提下，就自由港贸易、投资及相关管理活动制定法规，在合作区范围内开展实施。同时，合作区法规中涉及依法应当由全国人民代表大会及其常务委员会制定法律、决定或由国务院制定行政法规事项的，应当分别报全国人民代表大会及其常务委员会或国务院批准后生效。根据《总体方案》的部署，为用足用好珠海经济特区立法权的优势，应当将《条例》报送全国人民代表大会及其常务委员会和国务院备案；对法律或者行政法规有关规定作变通规定的，应说明变通的情况和理由。

第三，规则衔接澳门与接轨国际。具体制度的设计既应注重与澳门民商事规则积极衔接，也应兼顾具体领域中的国际先进、成熟经验，注重与国际高水平经贸规则的对接。同时应立足合作区的实际需求，紧紧围绕国家赋予合作区的战略地位，充分发挥合作区优势，鼓励发展科技研发、高端制造、中医药、文旅会展商贸、现代金融等澳门优势产业，并确保合作区建设的正确方向。

（二）《条例》的指导原则

粤港澳多年的区域合作和大湾区建设共同践行了"一国两制"原则、深度合作原则和"科学立法、民主立法、依法立法"原则。这三大基本原则为合作区建设提供了共同的观念基础和价值导向，也是指导《条例》制定、实施的重要原则。

1. "一国两制"原则

"一国两制"原则是保障港澳长期繁荣稳定的宪制安排。合作区条例必须遵守"一国两制"原则。首先，合作区的建设必须遵守"一国"原则。"一国"是"两制"的前提和基础。维护国家主权、安全、发展利益和维护港澳长期繁荣稳定统一是粤港澳大湾区协同立法的应有之义。① 其次，《条例》也必须尊重"两制"的差异。合作区建设不以统一粤澳法治或消弭差异为目的，而应充分尊重广东省和澳门特别行政区各自的地方独特性，通过发挥双方的积极性和优势，真正做到既凸显合作区建设进程中粤澳的独特性，同时也保持粤港澳大湾区法治建设的统一性。这既有利于提高《条例》的针对性，也有利于《条例》制定后的有效施行，从而实现粤澳深度合作与协调发展。

2. 深度合作原则

深度合作既是引领合作区各项建设的目标，也是实现合作区具体部署

---

① 习近平：《在庆祝澳门回归祖国 20 周年大会暨澳门特别行政区第五届政府就职典礼上的讲话》，求是网，2019 年 12 月 20 日，http://www.qstheory.cn/yaowen/2019–12/20/c_1125371412.htm，最后访问日期：2022 年 1 月 8 日。

的途径。在粤港澳合作区历史悠久、粤港澳大湾区建设不断推进的历史背景下，合作区的提出体现了粤澳区域发展共生化的趋势和需求。琴澳一体化既有利于拓展区域共同利益，也充分凸显了协调各方合作行为的重要性和必要性。只有粤澳双方协同努力，深度合作才能达成。琴澳一体化发展格局的关键在于构建体现粤澳"共商共建共管共享"理念的体制机制。根据《总体方案》部署琴澳一体化"三阶段"的目标，《条例》应坚持深度合作原则，体现合作区管理机制的"共商共建共管"和成果的"共享"。

立法是多种利益博弈的过程，满足共同的立法需求既是协同立法的共同目标，也是协同立法的发展动力。合作区中粤澳协同立法必然会加剧两地多元立法利益、立法需求以及具体条款等方面的博弈。因此，在就共同立法需求进行积极调研和及时沟通这一过程中，应遵循"先易后难"的思路。着眼于粤澳民生合作、产业发展、社会治理、基础设施建设等方面的共同利益和需求，将争议较小、涉及内容较少、受制度差异影响较小、容易达成共识的事项先列入协同立法的规划，以增进各方理解、保障协同立法的初期阶段性工作以及后期实施执法的效率，从而建立良好的沟通氛围。

3. "科学立法、民主立法、依法立法"原则

2017 年，中国共产党第十九次全国代表大会在报告中强调要"推进科学立法、民主立法、依法立法，以良法促进发展、保障善治"①。2019 年，在中国共产党第十九届中央委员会第四次全体会议所通过的《中共中央关于坚持和完善中国特色社会主义制度、推进国家治理体系和治理能力现代

---

① 习近平：《决胜全面建成小康社会，夺取新时代中国特色社会主义伟大胜利》（在中国共产党第十九次全国代表大会上的报告），载《习近平谈治国理政》（第三卷），外文出版社，2020，第30 页。

化若干重大问题的决定》中提出"完善立法体制机制",要求"坚持科学立法、民主立法、依法立法"。科学立法代表立法的实质合理性,民主立法则代表立法的形式合理性,科学立法、民主立法和依法立法共同服务于良法善治。

（1）科学立法原则

制定《条例》是一项科学活动。《条例》的制定必须从合作区的实际出发,尊重粤澳合作的规律、粤澳社会关系的规律和制定地方性法规的规律。立法是一项极具技术性的专业活动,正如汉密尔顿所言:"法律的每个条款,必须在准确而富有远见地洞察到它对所有其他条款的效果的情况下制定,凡制定的法律必须能和以前存在的法律构成首尾一贯的整体。"[1] 在制定《条例》过程中坚持科学立法原则,要求立法者通过科学的方法和技术,发现和呈现合作区的客观规律,使得《条例》具备合法性和合理性。[2] 这进一步要求立法者在立法前进行科学论证,准确掌握《条例》的难点和重点,增强《条例》的执行性和可操作性。[3] 双方明确共同立法需求,进一步制定协同立法规划和年度计划,在由各方确定后开始推进重点项目的起草工作。

条文的起草应兼顾内地与澳门的法律制度、法律传统,应邀请精通内地法律和澳门法律的专业人士参与起草。以澳门特别行政区基本法的起草工作为例,它由来自内地和澳门不同法域的代表及专家共同参与完成并获得了内地和澳门的共同认可。起草方式可由协同立法工作小组决定,设立由各方代表和内地、澳门法律专家所组成的起草小组。条文应遵循"求同

---

① 〔美〕汉密尔顿等:《联邦党人文集》,程逢如译,商务印书馆,1980,第 437 页。

② 裴洪辉:《合规律性与合目的性:科学立法原则的法理基础》,《政治与法律》2018 年第 10 期。

③ 参见张德江《全国人民代表大会常务委员会工作报告——2014 年 3 月 9 日在第十二届全国人民代表大会第二次会议上》,《中华人民共和国全国人民代表大会常务委员会公报》2014 年第 2 期。

存异"的原则，按照协商所达成的共识，区分核心条款和开放条款。[1] 核心条款包含权责划分、实施主体的组织及权限、利益平衡、效力、纠纷解决等为实现粤澳深度合作之特定目的而必须规定的内容；开放条款则是为了尊重各地的法治差异，由各地根据实际需求进行取舍的内容。

（2）民主立法原则

《条例》作为地方性立法应充分体现粤澳两地人民的意志，遵循民主立法原则。民主应以理性为前提。[2] 在制定《条例》的过程中应贯彻民主立法原则，广泛听取意见，公开征求广东和澳门社会的公众意见，建立健全《条例》草案的意见征求机制和意见反馈机制，探索公众有序表达民意和参与立法的多元化途径，保障《条例》高效、高质。特别值得注意的是，在征求意见的过程中也应尊重澳门传统、文化，借助民意调查、社会联系、舆论分析等方式，增强粤澳居民对大湾区、合作区建设的共识，从而促进协同立法中相关政策的制定和实施。

澳门的民间社会团体一直非常活跃，因此澳门也被称为"社团社会"。这种介于政府和经济组织之间的具有组织性、民间性、自治性和非营利性的中介组织在澳门种类繁多，几乎涵盖社会的各个领域，数量达到10000多个。[3] 澳门各界民间社会团体均具有爱国传统，它们积极参加选举，作为咨询机构表达利益、参与立法，对于本地问题的解决具有重要的推动力，也是澳门居民积极参政和澳门民主充分发展的宝贵政治资源。[4] 因此，合作区建设进程中的协同立法也应重视澳门社会团体对澳

---

[1] 叶必丰：《论地方人大的共同立法》，《政治与法律》2021年第3期。

[2] 〔美〕卡尔·科恩：《论民主》，聂崇信、朱秀贤译，商务印书馆，2007，第10页。

[3] 澳门印务局网站，https://www.io.gov.mo/cn/entities/priv/cat/allassoc，最后访问日期：2022年1月16日。

[4] 参见娄胜华《消逝与新生：澳门民间结社的变迁及其线索》，载吴志良、金国平、汤开建主编《澳门史新编》（第三册），澳门基金会，2008；吴志良《澳门政制》，澳门基金会，1995。

门民众及立法的影响。

（3）依法立法原则

依法立法指《条例》的制定应严格遵守法定基本原则，严格依据法律所规定的权限和程序。在立法程序的启动时间上，澳门可先行提案。这既尊重了澳门与内地立法程序的差异和澳门特别行政区的高度自治权，也在时间上尽量同步了粤澳的立法安排。① 根据澳门《立法会议事规则》，提出的法案被立法会主席采纳后，将进行一般性讨论和表决；一般性讨论和表决通过后，相关委员会将开展细则性审议；审议通过后，由立法会大会作细则性讨论和表决。澳门特别行政区立法会的运作机制与内地人民代表大会及其常务委员会的运作机制存在较大差异。如果广东省已经完成立法，澳门却未完成对应部分的立法，协同立法的目的就无法实现。因此，粤澳两地应就提案时机进行充分协商。在确保澳门特别行政区立法会就立项获得大多数支持后，广东立法机关就该项提案应进行表决通过。

（三）《条例》的结构内容

合作区肩负着推动粤港澳大湾区建设新高地的重任，需要不断改革、创新机制体制，没有先例可循。合作区建设越是深入，就越需要法治保障。《条例》作为完善粤澳"共商共建共管共享"体制机制的关键性立法，从加强公共服务、完善社会建设、推进协同发展和强化法治保障等多方面进行制度设计，在教育、医疗、人才、产业、网络等方面制定多项创新举措，必将为合作区下一步出台具体实施办法、不断完善现有规则体系奠定重要基础。

---

① 陈欣新：《大湾区框架内澳门与珠海法律衔接与协同立法》，《港澳研究》2020 年第 1 期。

《条例》的基本思路包括两方面：一方面，遵循宪法、法律和行政法规的基本原则，依照《粤港澳大湾区发展规划纲要》《总体方案》以及《广东省人民代表大会常务委员会关于横琴粤澳深度合作区有关管理体制的决定》，参考相关立法经验，对合作内容作出规定，从而引领相关领域的立法和政策创新，高标准地推进粤港澳大湾区建设。另一方面，紧紧把握合作区和粤港澳大湾区长远发展的规划，全面回应合作区发展的现实需要。民生保障是合作区的关键性问题，合作区应以民生发展来统领粤港澳大湾区的深度合作方向，从而推动经济、社会、文化和法治建设等协同发展。

《粤港澳大湾区发展规划纲要》明确将横琴定位为"粤港澳深度合作示范区"；《总体方案》将横琴进一步定位为"粤澳深度合作区"，因此建议将《条例》的名称确定为《横琴粤澳深度合作区条例》。

《条例》的主要章节可设置为总则、民生合作、人员流动、物资流通、资金融通、信息流动、治理结构、社会建设、法治保障和附则，以突出粤澳合作的深度和示范意义。一是人员流动、物资流通、资金融通、信息流动依照《粤港澳大湾区发展规划纲要》所提出的"促进人员、物资、资金、信息便捷有序流动，为粤港澳发展提供新动能，为内地与港澳更紧密合作提供示范"之规定进行分类，突出《总体方案》中关于合作区作为促进澳门经济适度多元发展新平台和推动粤港澳大湾区建设新高地的战略定位。二是将"民生合作"放在"治理结构"等章节之前。发展合作区的最终目的在于保障人民福祉，这种结构安排有助于落实《总体方案》中关于合作区作为便利澳门居民深化就业新空间的战略定位，凸显民生合作在横琴粤澳深度合作区发展进程中所处的龙头地位。三是"治理结构"单列成章，以体现粤澳两地"共商共建共管共享"的协同发展理念，体现《总体方案》中关于合作区作为丰富"一国两制"实践新示范的战略定位。

五　结语

　　《总体方案》明确提出要研究制定合作区条例，为合作区长远发展提供制度保障以及大湾区构建"共商共建共管共享"新型治理机制提供横琴经验。在对比现有各个立法主体的优势的基础上，本章提出以授权型粤澳协同立法作为《条例》制定模式，有利于平衡中央授权、广东省地方立法权、珠海经济特区立法变通权和澳门特区立法自主权之间的关系，完善粤港澳大湾区法律规则衔接机制，推动"一国两制"新实践。粤澳协同制定《条例》的具体路径包括：一是由全国人大常委会作出决定，批准广东省人大及其常委会和澳门特别行政区立法会签署《广东省与澳门特别行政区关于粤澳协同制定横琴粤澳深度合作区条例的安排》；二是在不改变共识性内容的情况下，粤澳分别起草并形成草案，交由两地立法机关审议通过，同步实施《条例》；三是在《条例》共识性内容上，共同确认涉及合作区民生合作、共治机构职权、生产要素流通、法治保障等方面的基本事项。

本章执笔人：王裔莹

第五章 横琴粤澳深度合作区的法律适用

一 横琴粤澳深度合作区法律适用的挑战

在中国这样一个单一制国家的某个地区推进制度创新，就不可避免地会遇到法律的统一性与某个区域的特殊性之间的矛盾。20 世纪八九十年代，中国曾通过授予五个经济特区立法变通权的方式来解决这个问题，不过这种特区立法变通权不仅存在立法范围上的限制，而且无法适用于经济特区以外的其他地区。在缺乏处理法治与改革问题之有效法律框架的情况下，很多制度改革的试点事实上是通过"破法"的方式进行的。随着依法治国理念的深入以及社会主义法律体系的建立，中国社会对于改革的合法性提出了越来越高的要求，中央也提出要"重大改革于法有据"。与此同时，2012 年之后中央越来越强调深入改革的重要性，越来越多的地方和领域开始了制度改革创新的试点和试验。为了解决法治的稳定性要求与改革的灵活性要求之间的紧张关系，2012 年开始，全国人民代表大会常务委员会就通过授权决定的形式建立了暂时调整或者暂停适用法律的制度。2015 年 3 月修订的《立法法》第 13 条更是进一步明确了暂时调整或者暂停适用法律的制度细节。由于这个制度为处理改革和法治的矛盾问题确立了比较灵活的制度框架，从 2012 年开始，这种制度不仅逐步得到了各级立法的确认，而且进行了广泛实践。这种制度的适用从自由贸易试验区开始，随后被迅速推广到各种新区、经济区、开发区、合作区以及营商环境建设等迫切需要进行制度改革试验的其他领域。

横琴粤澳深度合作区在致力于制度改革创新这一点上与其他地区的各种新区、经济区、开发区、合作区之间具有很大的相似性，因此这些地区的制度改革创新实践对于横琴粤澳深度合作区而言具有很大的参考意义。通过对其他区域的实践进行考察，我们可以在很大程度上回答：在《横琴粤澳深度合作区建设总体方案》确定粤澳双方"共商共建共管共享"以及将合作区改为省级管辖后，该如何对待珠海市法规、规章和规范性文件在合作区的适用问题。

不过，从《总体方案》的规定看，合作区也具有不同于其他国家功能区的特点，这个特点就是它直接涉及"一国两制"。在体制上它由粤澳双方"共商共建共管共享"，并且在规则上也强调实现与澳门制度的衔接。虽然对于如何实现内地制度与澳门制度的衔接仍然是一个值得进一步探讨的开放性问题，但某些制度改革方案的设想（如直接全部或部分适用澳门民商法）确实是一种前所未有的制度创新，这种制度创新给我国的法律适用制度也提出了前所未有的挑战。对于这类制度改革设想，我们既要探讨其在法律上是否可行的问题，同时也要探讨其在政治上的必要性和适当性问题。

二　国家功能区的法律适用实践及其问题

与横琴粤澳深度合作区一样，在全国各地设立的其他各种国家功能区（包括自贸区、经济区、新区、开发区、合作区）也都会面临国家所出台的有关国家功能区的特殊政策与原有国家法律、行政法规、部门规章、地方性法规、地方规章、地方规范性文件之间的冲突问题。让这类问题更加复杂的是，有些功能区还会出现行政区划不变但行政管理主体发生变更的情形，如雄安新区成立后，构成雄安新区核心区的雄县、容城县、安新县三县由原来属于保定市管辖变为受省政府托管的雄安新区管理委员会管辖；深汕特别合作区则由原来汕尾和深圳共管改由深圳市全面管理。这种行政区划不变而行政管辖主体的变更使得国家功能区不仅要面对国家新政策与原有法律规范体系冲突的问题，而且还可能会面临如何处理原管理主体发布的地方法律规范体系与新管理主体制定的地方法律规范体系之间的关系问题。

（一）　国家功能区新政策与原有法规体系冲突的解决途径

属地主义是我国法律适用的一项基本原则，该原则意味着除非法律有特别规定或者国家对管辖主体有特别安排，否则法律将自动适用于行政区的所有管辖区域。如果国家制定的法律想只适用于某个区域，那么可以为某个区域进行专门立法（如《海南自由贸易港法》）。理论上法律也可以直接规定排除对某个特定行政区域的适用，不过这种做法在暂时调整和暂时停止适用法律制度引入之前很少被采用，更多的做法是通过权威机关特定的决定来排除某个区域的法律适用。全国人民代表大会常务委员会两次通过决定分别排除内地法律对设在横琴岛的澳门大学校区与对横琴口岸澳方口岸区及相关延伸区的管辖就是典型的例子。

在国家设立允许实行特殊新政策的国家功能区后，其在法律适用上面临的一个最大问题是：国家功能区基于改革的需要实行不同于现有法律规定的特殊制度，但现有法律又往往没有专门的条款来排除对国家功能区的适用。正是基于这种情况，自 2012 年以来，全国人民代表大会常务委员会创造了通过在特定区域暂时调整和暂时停止适用部分法律条款的制度来解决这个统一性与特殊性相冲突的难题，并通过 2015 年《立法法》的修订正式确认了这种制度。

修订后的《立法法》第 13 条规定："全国人民代表大会及其常务委员会可以根据改革发展的需要，决定就行政管理等领域的特定事项授权在一定期限内在部分地方暂时调整或者暂时停止适用法律的部分规定。"该条款对"暂时调整或者暂时停止适用法律"的行为在法律上施加了一系列的限制，包括事项限制、时间限制、区域限制、法律规定的范围的限制。不过，此类限制实际上是很难满足实践需要的，对于需要实行特殊政策和特殊制度的特定国家功能区而言更是如此。原因很简单，在各种国家功能区实际需要进行试点改革的内容通常远远超出"行政管理"事项；很多改革试验不仅会在部分地区展开，而且需要在全国范围内或者某个行政区全部范围内展开；需要暂时调整或者暂停适用的有时也不仅是某项法律、法规、规章或者规范性文件的部分内容，也可能是所有内容；不仅如此，很多调整和停止适用也不仅是"暂时"的或者可以规定确定试验期限的，对于需要特殊政策和特殊制度的特定国家功能区而言，它们在很大程度上需要将这种在特定区域的法律调整或停止适用长期化、固定化。也正因为这些法治改革的现实需要，自 2015 年《立法法》第 13 条确立暂时调整或暂停适用法律制度以来，其设立的诸多限制条件并没有得到有效遵守，全国人民代表大会常务委员会如此，国务院也如此，地方各级人民代表大会常务委员会和政府更是如此。

对于地方国家功能区而言，如果某项制度改革涉及对某项或某些法律、法规、规章以及规范性文件的暂时调整或暂停适用，通常的途径有两个：

一个是由立法主体直接依据职权作出暂时调整或暂停适用的决定，另一个是由国家功能区通过法定途径向相关立法主体提出申请，然后再由立法主体作出相应决定。对于立法主体的暂时调整或暂停适用职权，在中央层面已经由《立法法》和《行政法规制定程序条例》进行确认，在地方层面，有些地方立法条例已进行了明确确认（如《浙江省地方立法条例》），但也有些地方的立法条例并非如此。就广东省的情况而言，《广东省地方立法条例》并没有确认这一制度，只有《深圳市制定法规条例》和《汕头市立法条例》明确规定了暂时调整或暂停适用地方性法规的制度。与地方立法条例不同，由各省制定的大多数国家功能区条例都明确确认了有关申请暂时调整或暂停适用的制度。例如，《中国（广东）自由贸易试验区条例》第13条规定："自贸试验区片区的创新需要暂时调整或者停止适用法律、行政法规的部分规定的，有关部门应当及时提出意见，依法定程序争取国家支持先行先试。自贸试验区片区的创新活动需要暂时调整或者停止适用本省或者片区所在市制定的地方性法规的，省、片区所在市人民政府可以提请省、片区所在市人民代表大会及其常务委员会作出决定。需要暂时调整或者停止适用本省或者片区所在市制定的规章的，省、片区所在市人民政府应当及时作出相关规定。"在广东，作出类似规定的国家功能区条例还包括《广州市临空经济区条例》、《深圳经济特区前海蛇口自由贸易试验片区条例》以及《深圳经济特区前海深港现代服务业合作区条例》。

对于地方国家功能区而言，通过向相关立法主体提出暂时调整或暂停适用的申请是确立改革措施合法性的一个重要途径。不过，这种途径毕竟需要通过"一事一议"的方式进行申请，虽然相对于要求进行法律修订来说，这是一种比较快的法律冲突解决途径，但它仍然需要费些周折。为了更灵活地适用暂时调整或暂停适用制度，个别地方的人民代表大会及其常务委员会还创造性地设计了一种自动解决法律冲突的途径。2019 年 7 月通过的《上海市人民代表大会常务委员会关于促进和保障浦东新区改革开放再出发实现新时代高质量发展的决定》在解决法律适用问题方面就作出了两个比较令人瞩目的创新。

首先，它除了确认通过修订地方性法规以及暂时调整或者暂时停止适用的方式满足浦东新区的制度创新需求外，还特别规定，"本市地方性法规的规定，凡与国家推进浦东新区改革开放有关法律、行政法规以及国务院有关决定不一致的，自动作相应调整"。这个规定在法律上的特殊意义在于，只要出现与国家推进浦东新区改革开放有关法律、行政法规以及国务院有关决定不一致的情形，就可以对上海市的地方性法规自动作相应调整，而不需要专门让上海市人民代表大会常务委员会依据职权或者基于政府的请求不断作出暂时调整或者暂时停止适用的决定，从而极大地提高了让地方性法规适应浦东新区制度改革的效率。从法律适用的角度言之，上海市人民代表大会常务委员会自愿接受根据国务院作出的与推进浦东新区改革开放有关调整的决定尤其具有特别的意义。地方性法规在法律位阶上低于法律和行政法规，因此法律和行政法规在与地方性法规相冲突时本来就具有适用上的优先性，但国务院的一般决定（如 2020 年《国务院关于上海市浦东新区开展"一业一证"改革试点大幅降低行业准入成本总体方案的批复》）只属于国务院的行政规范性文件，因此它们并不具有高于上海市地方性法规的法律效力，两者发生冲突时若上海市人民代表大会常务委员会不专门作出决定，浦东新区的政府部门在法律适用上就会面临无所适从的局面，但现在上海市人民代表大会常务委员会自愿决定在上海市地方性法规与有关浦东改革开放的国务院决定相冲突时优先适用国务院的决定，就从根本上消除了两者发生冲突的可能性。

其次，该决定规定"浦东新区人民代表大会常务委员会可以围绕自贸试验区和科创中心建设等重点工作，依法决定在一定期限在浦东新区暂时调整或者暂时停止适用本市地方性法规的部分规定，报市人民代表大会常务委员会备案"。这个规定在法律适用上的意义在于，上海市人民代表大会常务委员会直接授予浦东新区人民代表大会常务委员会一般性的暂时调整或者暂时停止适用的权力。这就意味着浦东新区人民代表大会常务委员会在发现需要实施有违上海市地方性法规的新政策或措施时完全可以自主直接进行调整或停止适用，而无须再基于"一事一议"的原则进行逐项申请。应该指出，上海市人民代表大会常务委员会的这项授权有两个比较大的创新：一是授予不享有地方立法权限的下级人民代表大会常务委员会；二是授权的范围非常宽泛，大大超出全国人民代表大会常务委员会以及国务院现有的相关授权实践。这种宽泛的调整或停止适用地方性法规的授权显然非常有利于浦东新区从事突破上海市地方性法规之规定的制度创新。也正因如此，2019 年 9 月通过的《天津市人民代表大会常务委员会关于促进和保障新时代滨海新区高质量发展的决定》也作出了一项类似授权。

除了通过人民代表大会常务委员会决定的方式解决法律冲突外，有些省份还通过在有关自贸试验区条例中规定专门条款的方式来处理地方性法规与不断调整的自贸区政策之间可能产生的冲突问题，并且一般都确认国家政策在法律适用上具有优先性。例如，2014 年发布的《中国（上海）自由贸易试验区条例》第 46 条规定："国家规定的自贸试验区投资、贸易、金融、税收等改革试点措施发生调整，或者国家规定其他区域改革试点措施可适用于自贸试验区的，按照相关规定执行。"2020 年发布的《中国（河北）自由贸易试验区条例》第 62 条和 2021 年发布的《中国（陕西）自由贸易试验区条例》第 72 条也作了类似的规定。这种冲突解决条款就意味着，如果在自贸区制度方面，地方性法规与未来通过国务院或部委规范性文件以及部委规章发布的有关政策相冲突，就自动优先适用这些新政策，尽管它们在法律效力的位阶方面并不高于地方性法规。

（二）行政管理主体变更与适用地方法律规范体系的转换

法律适用的属地主义原则无论对于中央立法还是地方立法而言都是同样适用的，某个地方的地方性法规、规章和规范性文件根据属地主义原则的要求都应适用于该地方行政管辖的范围，除非存在特殊的法律或者行政安排。就国家功能区的法律适用问题而言，属地主义原则的适用因为中央政府或地方政府的某些特殊安排而出现一些复杂的情况。这种复杂性主要是国家功能区的实际管辖主体发生变化以及相关政策不明确所导致的。从目前国家功能区的实践看，实际发生管辖主体变化的情形主要分为三类：第一类是深汕特别合作区模式，其特点是隶属于汕尾市的部分区域改由深圳市实际管辖；第二类是雄安新区模式，其特点是主要隶属于保定市的三个县改由新设立的雄安新区管理委员会实际管辖；第三类是横琴粤澳深度合作区模式，其特点是隶属于珠海市的横琴新区改由广东省直接管辖。

1. 深汕特别合作区的法律适用

深汕特别合作区是 2011 年根据广东省委、省政府批复的《深汕（尾）特别合作区基本框架方案》正式设立的。深汕特别合作区刚成立时设立的党工委、管委会为广东省委、省政府派出机构，享有地级市一级的管理权限，但又委托深圳、汕尾两市共同管理。2015 年 7 月，广东省政府最终通过《广东深汕特别合作区管理服务规定》对其管理体制进行了更为明确的规定，但这一局面并没有维持太长时间。2017 年 9 月 21 日，广东省委、省政府又下发了《关于深汕特别合作区体制机制调整方案的批复》，该批复一改原来由深圳市和汕尾市分工合作的做法，要求深圳市全面主导合作区的经济社会事务，深汕特别合作区党工委、管委会也调整为深圳市委、市政府派出机构。2018 年 12 月，深圳市深汕特别合作区党工委、管委会正式挂牌。

由于深汕特别合作区经历了比较复杂的管理主体的变化过程，深汕特别合作区的法律适用也呈现一些复杂特点。但从法律的属地主义管辖原则言之，深汕特别合作区在行政区划上隶属于汕尾市，因此除非有特殊的法律或者行政安排，否则就应适用汕尾市的地方法律规范体系。在深汕特别合作区成立初期，根据省委、省政府的批准，深汕特别合作区由深圳和汕尾两市政府通过成立管理委员会行使对合作区的管辖权。根据 2015 年《广东深汕特别合作区管理服务规定》的规定，"深圳市人民政府和汕尾市人民政府建立两市联席会议决策机制，负责指导、协调和解决合作区建设和管理中的重大问题"，"合作区管理机构的管辖范围和管理权限可以根据合作区开发建设情况适时进行调整，由深圳市人民政府和汕尾市人民政府协商，报省人民政府确定"。根据这些规定，汕尾市实际上仍然参与合作区的决策和管辖，只不过其管理主体增加了深圳市和广东省。因此深汕特别合作区原则上仍然适用汕尾市原有的地方法律规范体系，只不过根据《广东深汕特别合作区管理服务规定》这个规章的授权，如果在深汕特别合作区实施的行政措施与汕尾市政府发布的规章和规范性文件之间发生冲突，那么前者在适用上则具有了高于后者的优先性。但无论如何，在深汕特别合作区管理委员会权限以外的领域以及省政府与深汕特别合作区管理委员会没有特别规定的领域，适用的仍然是汕尾市的原有规定。

在广东省委、省政府将深汕特别合作区的行政管理权限全部委托给深圳市后，深汕特别合作区实际上即成了深圳市在法律上的"飞地"。从理论上说，从深圳市正式接管合作区管理权之日起，深汕特别合作区就可以全面适用深圳市的地方法律规范体系。但从实践看，这种接管是一个逐步实现的过程，它可以逐步实现对原有地方法律规范的替换；在接管过程中，不同部门和不同领域实际被接管的时间并不一样。例如，深圳市深汕特别合作区党工委、管委会在 2018 年 12 月 16 日就挂牌成立了；深圳深汕特别合作区人民检察院到 2020 年 7 月 8 日才正式挂牌成立，9 月 15 日正式受理第一起案件；而深圳深汕特别合作区人民法院则直到 2020 年 8 月 31 日才正式挂牌成立。根据 2020 年 9 月 22 日发布的《广东省高级人民法院关于深圳深汕特别合作区人民法院案件管辖的公告》，自 2020 年 10 月 1 日起，汕尾市中级人民法院及其下辖的基层人民法院将不再受理深汕特别合作区的案件，相关案件改由深圳深汕特别合作区人民法院以及深圳市中级人民法院受理。但无论如何，理论上每个部门实际在深汕合作区施政之前，汕尾市原有的地方法律规范仍然有效。

应该指出，在深汕特别合作区管理权限不断变化的过程中，广东省委、省政府并没有专门对深汕特别合作区应适用的法律规则问题作出特别明确的规定，广东省人民代表大会及其常务委员会、汕尾和深圳两市的人民代表大会及其常务委员会和政府也没有就这个问题作出任何决定。深汕特别合作区的法律适用实际是按照"摸着石头过河"的方式进行的。这种方式导致深汕特别合作区在法律适用问题上出现一定程度的混乱。例如，深汕特别合作区党工委、管理委员会在 2018 年 12 月 16 日就挂牌成立了，但 2018 年 12 月 21 日汕尾市人民代表大会常务委员会通过的修订后的《汕尾市水环境保护条例》仍然规定，深汕特别合作区管理委员会在自身的职责范围内做好本区域的水环境保护工作。很显然，汕尾市在修订该条例时仍然认为该条例要适用于深汕特别合作区。

2. 雄安新区的法律适用

河北雄安新区是根据 2017 年 4 月中共中央、国务院的通知设立的。
2017 年 6 月，根据《中央编办关于设立河北雄安新区管理机构有关问题的
批复》，国家成立了中共河北雄安新区工作委员会、河北雄安新区管理委员
会，它们作为河北省委、省政府的派出机构负责领导雄安新区的开发工作，
并对雄县、容城、安新三县及周边区域（包括高阳县的龙化乡以及任丘市
的鄚州镇、苟各庄镇和七间房乡）实行托管。2018 年 4 月，中共中央、国
务院批复了《河北雄安新区规划纲要》；2019 年 1 月，《中共中央国务院关
于支持河北雄安新区全面深化改革和扩大开放的指导意见》也正式发布。
2021 年 7 月，《河北雄安新区条例》正式获得通过。

与目前深汕特别合作区实际由深圳市托管一样，雄安新区实行的也是一
种在不改变行政区划前提下的托管体制。雄安新区成立后，属于保定市的雄
县、容城、安新三县和高阳县的龙化乡，以及隶属于沧州市的任丘市三个乡
镇都统一交由行使设区的市人民政府行政管理职权的雄安新区管理委员会统
一管辖。除了这种宏观层面的托管外，雄安新区还存在一个微观层面的托管，
隶属于高阳县的龙化乡交由安新县托管，隶属于任丘市的鄚州镇、苟各庄镇
和七间房乡交由雄县托管。从法律适用的角度言之，深汕特别合作区的托管
主体与雄安新区的托管主体存在的一个重要区别是，托管深汕特别合作区的
深圳市在托管前就已经有一套本地的地方法律规范体系，而雄安新区的管委
会则完全是一个新设的主体。这个区别给法律适用带来的一个影响是，对于
雄安新区来说，雄安新区管理委员会实行托管后，雄安新区雄县、容城、安
新三县别无选择，只能先适用原有的地方法律规范体系，在雄安新区管理委
员会制定新的规范性文件后才能逐步按照新的规范性文件进行适用。但对于

深汕特别合作区来说，理论上自深圳市正式托管深汕特别合作区之日起，深圳市就可以在深汕特别合作区直接适用深圳市的地方法律规范体系。当然，这一点对于雄安新区微观层面托管的区域（安新县托管的龙化乡以及雄县托管的鄚州镇、苟各庄镇和七间房乡）而言也同样如此。

不过，与深汕特别合作区的情况类似，对于雄安新区过渡时期的法律适用以及可能的法律冲突问题，中央和河北省的所有规范性文件都没有对这个问题作出专门规定。即便对于减少了管辖区域的保定市而言，我们在其制定的新的地方性法规中也很难发现任何对于法规适用范围的说明。在雄安新区成立后所通过的几乎所有的保定市地方性法规虽然都会声明本条例适用于"本市行政区域内"，但却无一例外地都未对已经由雄安新区托管的雄县、容城、安新三县和高阳县的龙化乡的适用问题进行说明。由于缺乏必要的法律安排，雄安新区过渡时期难免会存在一些法律冲突问题。例如，由于在过渡时期，雄安新区不可避免地要先适用原保定市的地方性法规，如果这些地方性法规与国务院和河北省政府有关雄安新区的规范性文件相冲突，那么就会产生法律适用上的难题，毕竟两者并不存在效力上谁高谁低的问题。对于这个问题，比较理想的解决方式是在《河北雄安新区条例》中作出规定。但该条例只是规定了涉及河北省省级地方性法规的暂时调整或暂停适用问题，而没有涉及设区市地方性法规的暂时调整和暂停适用问题。另一种可行的方式是由保定市人民代表大会常务委员会作出一个类似于上海市人民代表大会常务委员会那样的决定，允许当本市原有的地方性法规在雄安新区内与国家有关雄安新区的新政策相冲突时，优先适用国家的新政策。

（三）珠海市地方法律规范体系在横琴粤澳深度合作区的适用

横琴粤澳深度合作区与深汕特别合作区和河北雄安新区一样，在体制和机制上有很多重大的创新。它在管理体制上既与深汕特别合作区和雄安新区存在某些相同之处，也存在很多差异。它与深汕特别合作区和雄安新区一样，都没有改变行政区划，但都存在管辖主体改变的情况，只不过深汕特别合作区和雄安新区目前都可以被称为由其他管理主体"托管"，而横琴粤澳深度合作区则实际由珠海市受委托管理改为由广东省"直管"了。它们在省委、省政府派出机构的问题上也存在一定的相似性。雄安新区工作委员会和管理委员会是省委、省政府的派出机构；在 2018 年 12 月之前，深汕特别合作区工作委员会和管理委员会也属于省委、省政府的派出机构。横琴粤澳深度合作区的前身——横琴新区管理委员会也属于广东省政府的派出机构，但明确委托给珠海市人民政府管理。在合作区成立之后也成立了广东省委和省政府的派出机构，只不过其名称，一个叫"工委"，一个叫"横琴办"。横琴粤澳深度合作区与深汕特别合作区和雄安新区的一个很大不同是，横琴粤澳深度合作区的管理委员会并不能被称为广东省政府的派出机构，并且省委、省政府的工作委员会和广东省政府横琴粤澳深度合作区工作办公室与横琴粤澳深度合作区管理委员会之间还存在明确的职权划分。《总体方案》规定，"党的建设、国家安全、刑事司法、社会治安等工作"由省委、省政府的工作委员会和广东省政府横琴粤澳深度合作区工作办公室负责，其他经济和社会事务由横琴粤澳深度合作区管理委员会负责。不仅如此，与雄安新区与深汕特别合作区（无论是 2018 年 12 月之前还是之后）管理委员会都实际行使设区市政府的行政管理职权不同，横琴粤澳深度合作区成立后改为直接由广东省管辖，因此广东省政府横琴粤澳深度合作区工作办公室和合作区管理委员会行使的是省级政府的行政管理职权。

合作区改为直接由广东省管辖后，在理论上引起的法律效果应该与深汕特别合作区和雄安新区改变管辖主体后的效果一样。在理论上，改变管辖主体后，新管辖主体可以自主决定原有地方法律规范是否继续适用。就合作区而言，作为新管辖主体的广东省横琴粤澳深度合作区工作办公室、合作区管理委员会是新设机构，因此它们并不像深圳市一样本来就存在一套地方法律规范体系，为了防止规范空白，只能承认珠海市原来的法规、规章和规范性文件原则上仍然有效，但珠海市新制定的法规、规章和规范性文件原则上将不再直接适用于合作区。原因很简单，在实际管辖权变更之后，珠海市即便想适用其法规、规章和规范性文件，也无法越过合作区工作办公室以及合作区管理委员会对这些规则进行强制实施，而作为新管辖主体的合作区工作办公室与合作区管理委员会也肯定要建立一套自己的地方法律规范体系。

对于横琴粤澳深度合作区来说，有两个法律适用问题仍待解决。第一个问题是，如何解决原有的珠海市地方法律规范体系与合作区新的规范性文件以及国家有关合作区的新政策之间可能产生的冲突问题？最可行的办法是由珠海市人民代表大会常务委员会按照上海市和天津市人民代表大会常务委员会的相关先例专门作出如下决定："本市在横琴粤澳深度合作区正式成立之前通过的地方性法规和特区法规的规定，凡与国家推进横琴粤澳深度合作区改革开放有关的法律、行政法规、国务院有关决定、广东省地方性法规、广东省政府规章以及广东省人民政府横琴粤澳深度合作区工作办公室和横琴粤澳深度合作区管理委员会通过的规定和决定不一致的，自动作相应调整。"

对于珠海市原有的政府规章和规范性文件与广东省政府横琴粤澳深度合作区工作办公室和合作区管理委员会所通过的规范性文件之间可能产生的冲突问题，需要解决的主要是珠海市政府规章与广东省政府横琴粤澳深度合作区工作办公室和合作区管理委员会规范性文件之间的冲突问题，因为后面两个机构要么是代表省政府作出，要么由省政府参与作出，所以它们制定的规范性文件实际都具有省级政府规范性文件的效力，可以直接覆盖原有的低于其效力的珠海市政府规范性文件。但以广东省政府横琴粤澳深度合作区工作办公室和合作区管理委员会自身名义所制定的规范性文件在法律上尚不属于规章，因此在效力上并不具有高于珠海市政府规章的效力。为了解决这种冲突，也可考虑由珠海市政府作出类似珠海市人民代表大会常务委员会的决定，使原有的珠海市政府规章不至于成为改革的障碍。

第二个问题是，在合作区成立后，珠海市制定的法规、规章和规范性文件是否仍然可以通过一定的方式在合作区发挥作用？合作区改变管辖主体后，珠海市制定的新的法规、规章和规范性文件原则上不再直接适用于合作区，但并不等于说就一定不能在合作区适用了。合作区改为由省直管后，省级管理机构以及合作区管理委员会的重心在于对一些重大事项作出决策，因此并不一定能够兼顾合作区社会和经济生活的各个方面，通过一定方式让珠海市制定的新法规、规章和规范性文件在合作区发挥一定作用可能仍然不可避免。为此，合作区可以通过两种方式来实现这一点。

首先，广东省政府横琴粤澳深度合作区工作办公室和合作区管理委员会可以在通过的规范性文件或者决定中明确规定参照适用珠海市新制定的法规、规章和规范性文件，这实际上是通过认可程序实现对珠海市法规、规章和规范性文件的适用。为了防止广东省政府横琴粤澳深度合作区工作办公室和合作区管理委员会予以认可的珠海市地方性法规、特区法规的部分规定可能不适合合作区改革开放所需要解决的问题，也可以由珠海市人民代表大会常务委员会专门作出如下决定："广东省人民政府横琴粤澳深度合作区工作办公室和横琴粤澳深度合作区管理委员会可以根据合作区的改革开放需要，自主决定在合作区调整或者停止适用本市地方性法规和特区法规的部分或者所有规定。"对于珠海市的政府规章和规范性文件问题，珠海市政府也可作出一个类似的决定，以确保合作区法律适用的充分自主性。

其次，合作区可以发挥珠海经济特区所具有的特区立法权的优势，让其为合作区变通适用法律、行政法规和地方性法规提供立法支持。《总体方案》也特别指出："用足用好珠海经济特区立法权，允许珠海立足合作区改革创新实践需要，根据授权对法律、行政法规、地方性法规作变通规定。"这就说明，国家也希望特区立法权能够在横琴粤澳深度合作区的建设中发挥应有的作用。目前珠海市人大正考虑制定的《横琴粤澳深度合作区法规制定条例》的目的就是试图为未来合作区管理机构与珠海市人大的立法合作制定基本的程序性法律框架。未来这种通过合作区管理机构提案、珠海市人大专门针对合作区制定的特区法规对合作区应当具有法律效力。

三　横琴粤澳深度合作区适用或者优先适用澳门法律的问题

《总体方案》特别强调在横琴粤澳深度合作区实现内地规则与澳门规则的衔接。它强调要"推进规则衔接、机制对接，打造具有中国特色、彰显'两制'优势的区域开发示范，加快实现与澳门一体化发展"，要推动"公共服务和社会保障体系与澳门有序衔接"，"逐步构建民商事规则衔接澳门、接轨国际的制度体系"，最终达到"合作区与澳门经济高度协同、规则深度衔接的制度体系全面确立"的目标。虽然实现内地规则与澳门规则衔接的目标是明确的，但目前人们对于如何实现两者的衔接，以及这种衔接会给法律适用方面带来怎样的挑战这些问题并不是特别明确。为此，有必要根据《总体方案》的精神分析可能的政策路径以及不同政策路径对法律适用所产生的具体影响。

（一）内地规则衔接澳门的内涵

1. 衔接澳门的什么规则？

合作区在管辖权上主要属于内地，根据属地主义原则应适用内地法律。但《总体方案》又强调与澳门的规则衔接，对此首先产生的一个问题是衔接澳门的什么规则？从《总体方案》来看，民商事规则显然是最为重要的领域之一。不过，《总体方案》也明确提到"公共服务和社会保障体系与澳门有序衔接"，而且在市场监管方面，也强调要"强化事中事后监管，建立与澳门衔接、国际接轨的监管标准和规范制度"。从《总体方案》的这些表述来看，与澳门的规则衔接至少既包括民商事领域，也包括公共服务和社会保障体系以及市场监管规则在内的部分行政法领域（包括社会法领域）。对于衔接澳门规则的范围，我们还可以从《总体方案》对于广东省委、省政府派出机构与合作区管理委员会的职责分工中明显看出来。《总体方案》规定，"合作区管理委员会下设执行委员会，履行合作区的国际推介、招商引资、产业导入、土地开发、项目建设、民生管理等职能"，同时规定"合作区上升为广东省管理。成立广东省委和省政府派出机构，集中精力抓好党的建设、国家安全、刑事司法、社会治安等工作，履行好属地管理职能，积极主动配合合作区管理和执行机构推进合作区开发建设"。从这些规定可以看出，至少在党的建设、国家安全、刑事司法、社会治安等这些方面的法律规则不属于内地与澳门规则衔接的领域，而其他属于合作区管理委员会（由澳门方参与）管理的领域都存在与澳门规则衔接的可能性。

2. 如何衔接澳门的规则?

从《总体方案》有关"衔接澳门"的三处相关表述来看,《总体方案》总的精神还是倾向于实现内地规则单方面向澳门规则靠拢的目标,虽然这并不排除澳门特别行政区政府为了实现这种衔接以及机制对接也对澳门规则进行相应的调整。内地规则衔接澳门的方式可以有两种:第一种方式最简单也最直接,就是在合作区的某些特定领域直接适用澳门的法律规则;第二种方式是由内地立法者(包括合作区管理委员会)在制定有关合作区的法律、法规、规章或者规范性文件时采用部分澳门规则。这两种衔接澳门规则的方式对于法律适用会产生不同的影响。第一种直接适用澳门法律的方式对法律适用的影响比较复杂,我们将在下面更进一步地进行分析。第二种方式实际是直接将澳门规则的内容内地化了。在这种内地化的过程中,如果需要对有关的法律、行政法规和地方性法规进行变通,一般可以由珠海市通过行使特区立法权实现;如果超出特区立法权权限并涉及变通法律和行政法规基本原则的事项,如《立法法》第 8 条规定的法律保留事项,则可以由全国人民代表大会常务委员会和国务院通过暂时调整或者暂时停止适用的决定来实现;如果仅仅涉及广东省地方性法规的变通,也可以由广东省人民代表大会常务委员会授权合作区管理委员会直接根据需要调整适用省级地方性法规。

(二) 在合作区适用澳门法律的范围及其对法律适用的影响

1. 在合作区适用澳门法律的范围

很显然,合作区不可能全部直接适用澳门法律,否则合作区就变成像澳门大学横琴校区那样法律上的"飞地"了,而不是"粤澳共商共建共管共享"的区域。从《总体方案》的规定可以看出,至少在党的建设、国家安全、刑事司法、社会治安这些方面的法律规则中应完全排除澳门法律的适用。从理论上说，这四个方面之外的领域在广义上都属于可以与澳门法律开展对接的范围，因此都可以实现对澳门法律的直接适用。但很显然，大范围直接适用澳门法律的方式实际上仍然在相当大的程度上会让合作区"飞地"化，并不符合《总体方案》所规定的"粤澳共商共建共管共享"的精神，因此如果真要直接适用澳门法律，那只能适用少部分甚至个别的澳门法律。

《总体方案》明确提到在规则方面要"衔接澳门"的只有三处，分别强调"民商事规则"、"公共服务和社会保障体系"以及市场"监管标准和规范制度"，它们主要涉及民商法和行政法领域。不过实际上可能适合直接适用澳门法律的主要还是民商事领域。原因很简单，这类澳门法律可以在很大程度上由合作区法院通过现有法律适用制度对在合作区的澳门人进行属人主义的适用并强制执行；在国际私法和区际私法领域，这种对外国法律和境外法律直接适用的实践可谓由来已久。但澳门行政性法律的情况却并非如此，行政法的性质决定了其往往会涉及特定行政主体的责任追究，而澳门行政法规定的行政主体往往并不在合作区，即便澳门行政法可以直接适用于合作区，横琴法院也无法让在澳门的行政主体真正承担法律责任，因此其在性质上并不适合在合作区直接适用。

但是如果不在合作区直接适用澳门公共服务和社会保障方面的法律，如何实现《总体方案》提到的"公共服务和社会保障体系与澳门有序衔接"呢？《粤港澳大湾区发展规划纲要》曾提到"加强跨境公共服务和社会保障的衔接，探索澳门社会保险在大湾区内跨境使用，提高香港长者社会保障措施的可携性"。如果只是试图实现澳门社会保险在合作区的跨境使用，从严格意义上说，并不是在合作区直接适用澳门法律，因为澳门的社会保险只适用于在横琴的澳门居民，保险机构位于澳门，如果发生社会保险法律纠纷，诉讼也发生在澳门，即便澳门居民向横琴法院起诉，一般也无法对那些位于澳门的社会保险机构强制执行。因此澳门社会保险在大湾区内的跨境使用从严格意义上来说并非直接在合作区适用澳门法律。

当然，从法律角度言之，如果非要由合作区法院直接适用澳门涉及特定领域（如社保领域）的行政法事项，那么有一定的法律途径可以实现。为此首先需要全国人民代表大会及其常务委员会通过决定承认特定澳门行政性法律在合作区的有效性；其次，还要澳门特别行政区通过特定的法律途径承认该特定澳门行政性法律在合作区的有效性，并承认合作区法院对案件的管辖权。很显然，这个过程会比较复杂，需要内地和澳门两地开展协同性立法行动。当然，在横琴粤澳深度合作的背景下，这种可能性并不能完全排除。

2. 在合作区适用澳门民商事法律的可能方式及对法律适用的影响

目前澳门方面呼声最高的是在合作区直接适用澳门民商事规则。但是对于如何直接适用澳门民商事规则仍然存在不同的路径选择。

第一种方案是在合作区涉澳民商事案件中完全按照目前的区际私法模式适用澳门民商法。根据这种模式，当遇到涉澳民商事案件时，在合作区的当事人可以根据 2010 年《涉外民事关系法律适用法》在婚姻财产关系、协议离婚、动产、民事合同等领域选择适用澳门民商法；合作区法院审理涉澳民商事案件时，也可以根据该法确立的原则选择适用澳门民商法。这种模式在法律上早就获得确认并实践已久，并且这种模式在内地其他地区同样适用。

第二种方案是通过调整或变通《涉外民事关系法律适用法》中的部分规定，使合作区法院能够让部分涉澳民商事案件优先适用澳门民商事法律。

对此，可以选择以下几种路径。

（1）在合作区全部贯彻属人主义原则，让由横琴法院管辖的澳门当事人之间的民商事案件一律适用澳门民商法。为此，可以为《涉外民事关系法律适用法》增加如下一条："澳门当事人之间发生的民事争议依法应由横琴粤澳深度合作区法院管辖的，适用澳门特别行政区法律，但当事人依据本法另有协议的除外。"

（2）在合作区部分贯彻属人主义原则，只要是由横琴法院管辖的涉澳门当事人的民商事案件原则上一律适用澳门民商法。为此，可将上述变通条款改为："涉及澳门当事人的民事争议依法应由横琴粤澳深度合作区法院管辖的，适用澳门特别行政区法律，但当事人依据本法另有协议的除外。"

（3）在合作区只在个别领域全部或部分贯彻属人主义原则，据此，个别重要领域（如合同法领域）的澳门当事人之间的民商事案件或者涉澳门当事人的民商事案件适用澳门法律。为此，可以通过变通《涉外民事关系法律适用法》的个别条款实现这一点。例如，《涉外民事关系法律适用法》第41条规定："当事人可以协议选择合同适用的法律。当事人没有选择的，适用履行义务最能体现该合同特征的一方当事人经常居所地法律或者其他与该合同有最密切联系的法律"，可以考虑增加如下一款来实现变通："当经常居住地或其他与该合同有密切联系地为横琴粤澳深度合作区，且案件依法应由横琴粤澳深度合作区管辖时，适用澳门特别行政区法律"；考虑到澳门民法承认赌债，而内地不承认，该款还可以特别规定"涉及赌博债务的合同除外"。

这种仅仅个别调整或变通《涉外民事关系法律适用法》规定的方式可以充分照顾到澳门方的某些核心关切，在最为重要的涉及澳门人的商业事项上优先适用澳门民商法，但与此同时却没有强制属于内地当事人之间的民商事纠纷也适用澳门法律；不仅如此，这种方式不必对内地法律体系大动干戈即可实现，并且可以由珠海市通过行使特区立法变通权对《涉外民事关系法律适用法》直接予以变通，而不必非要全国人民代表大会常务委员会专门授权。

第三种方案是在合作区一律适用澳门民商法。这种方案对于很多相对熟悉澳门法律的澳门人来说可能是一种比较理想的方案，但这种方案也有很大的缺点：第一，这种方案实际上把合作区在民商事法律领域完全澳门化了，并不太符合合作区所确立的"粤澳共商共建共管共享"精神；第二，这种方案迫使合作区不得不接受可能被内地认为有违民法典公序良俗原则的澳门民商事规则；第三，这种方案会妨碍当事人适用民商事规则的选择权，既不利于保护内地当事人的利益，在某些情况下也不利于澳门当事人；第四，这种大范围适用澳门法律的做法在中国内地还是一种前所未有的实践。在理论上，全国人民代表大会及其常务委员会有权通过决定对澳门民商事法律在合作区的效力进行认可，但目前的宪法和立法法都对此种权力缺乏明确规定。基于以上理由，在合作区一律适用澳门民商法并非一种好的方案，最佳方案还是第二种。

本章执笔人：黄金荣

第六章　通过特区立法权促进横琴粤澳深度合作区的制度创新

一　特区立法权的机遇与困境

特区立法权是依据全国人民代表大会及其常务委员会专门授予经济特区的人民代表大会及其常务委员会在遵循宪法规定以及法律和行政法规基本原则的前提下制定经济特区适用的专门法规的权力，其本质是赋予经济特区人民代表大会及其常务委员会在不违背法律和行政法规基本原则的前提下对法律、行政法规以及地方性法规的具体规定进行变通的权力。全国人民代表大会及其常务委员会授予经济特区立法权的目的在于让经济特区在推进经济、法治改革和创新方面可以"大胆地试，大胆地闯"[1]。在粤港澳大湾区建设需要进行大量制度改革和创新的背景下，特区立法权将迎来可以大显身手的新的历史性机遇。

大湾区建设涉及"一国两制"、三个法系、三个关税区，因而要尝试进行一系列制度改革，也必然会涉及极为复杂的法律问题。大湾区内的深圳和珠海的特区立法权可以充当大湾区法治创新的一把利器。深圳和珠海两个经济特区所拥有的特区立法权（尤其是立法变通权）可以使这两个大湾

---

① 《1992 年邓小平南巡讲话摘要》，《当代经济》2012 年第 5 期。

区节点城市在进行制度创新时不必像其他地区那样经常不得不频繁地依赖全国人民代表大会常务委员会、国务院以及省级人民代表大会常务委员会的授权来解决与上位法之间存在的法律冲突问题。对那些不享有立法变通权的地区来说，如果要在特定区域暂时调整或者暂时停止适用法律、行政法规和省级地方性法规的部分规定，就只能通过向全国人民代表大会常务委员会、国务院或者省级人民代表大会常务委员会申请授权的方式进行，但对于深圳和珠海两个经济特区而言，则完全不必如此大费周章。除非涉及法律、行政法规的基本原则或者涉及《立法法》第 8 条所规定的法律保留事项，否则它们直接可以对有关法律、行政法规以及省级地方性法规调整适用（也就是作变通规定）。这就是经济特区的优势。

中央出台的有关大湾区的政策性文件也对特区立法权在大湾区建设中所发挥的作用寄予厚望。2019 年 8 月发布的《关于支持深圳建设中国特色社会主义先行示范区的意见》特别要求深圳"用足用好经济特区立法权，在遵循宪法和法律、行政法规基本原则前提下，允许深圳立足改革创新实践需要，根据授权对法律、行政法规、地方性法规作变通规定"；2021 年 9 月发布的《总体方案》也提到，"用足用好珠海经济特区立法权，允许珠海立足合作区改革创新实践需要，根据授权对法律、行政法规、地方性法规作变通规定"。但从法律实践的角度而言，理论上需要回答的问题主要包括以下两个：（1）如何用足用好特区立法权。要回答这个问题，我们首先要对立法变通权的法律限制、全国人民代表大会常务委员会和司法机关对特区法规的审查实践以及这些限制和实践对特区法规适用的可能影响等基础问题有基本了解；（2）就合作区建设而言，为落实《总体方案》等中央文件所确立的新政策，目前有哪些领域、问题或者事项需要作变通规定。对于第二个问题，由于中央政策的落实方案尚存在较大不确定性，我们只能在部分相对可以确定的领域罗列需要并且可以变通的事项。

二　特区立法权的法律限制及审查实践对特区
法规适用的可能影响

（一）特区立法权的法律限制

　　根据全国人民代表大会及其常务委员会有关授予经济特区人民代表大会及其常务委员会制定特区法规的授权决定以及立法法的有关规定，经济特区在行使特区立法权时首先面临的一个明确限制是：不得违背宪法的规定以及法律和行政法规的基本原则。不过对于哪些规定属于法律和行政法规的基本原则，这个问题仍存在较大不确定性，它们在很大程度上要依赖于法律适用者的具体解释。行使特区立法权所面临的第二个限制是：在立法范围上要遵循《立法法》第 8 条有关法律保留事项条款。不过，《立法法》第 8 条的法律保留事项本身也存在较大的解释空间。对于"民事基本制度""诉讼和仲裁制度""基本经济制度以及财政、海关、金融和外贸的基本制度"等含义的不同解释会直接影响特区立法的内容和范围。

　　除了上述两个限制，2015 年《立法法》规定的程序限制也可能会对特区立法权的行使内容产生较大影响。2015 年《立法法》第 98 条第 5 项规定："经济特区法规报送备案时，应当说明对法律、行政法规、地方性法规作出变通的情况。"在立法法修订前，经济特区在特区法规报送备案时，并没有义务向全国人民代表大会常务委员会说明其对法律、行政法规和地方性法规作出变通的情况。除非进行仔细审查，否则全国人民代表大会常务委员会也无法直接知道特区法规是否作出了变通规定，以及哪些条款作了变通。对于法官和其他特区法规的适用者来说，一般只有在具体案件中遇到特区法规与法律、行政法规和地方性法规有冲突时才能发现是否可能存在变通。对于 2015 年《立法法》第 98 条第 5 项的不同理解可能会对特区法规的适用产生不同影响。如果将此要求理解成特区法规变通条款的认定要以特区立法机关备案时明确说明为限，那么就意味着那些在备案时未予说明但与法律和行政法规发生冲突的特区条款将不再具有适用上的优先性。[①]但如果不这样理解，那么无论特区立法机关是否在备案时对变通情况进行了说明，当特区法规与法律、行政法规相冲突但又不违背法律、行政法规的基本原则时，特区法规中的冲突条款都具有适用上的优先性。

（二） 特区立法变通权的实践及其对特区立法的影响

目前国家法律对于特区立法权有一些限制，但这些限制会对特区的立法创新构成多大的障碍还需通过实践进行检验。此外，目前对于特区立法权的理解还存在某些不清楚的地方，对此也只能通过法律的适用实践寻找答案。对特区法规进行监督的渠道主要有两个：一个是负责对经济特区法规进行备案审查的全国人民代表大会常务委员会，另一个就是负责适用特区法规的法院。

1. 全国人民代表大会常务委员会对特区法规的备案审查实践

自 2000 年《立法法》通过以来，法规备案审查制度已经日益成为确保法律统一性的基本制度。但是，在相当长的一段时间内，全国人民代表大

---

① 参见黄金荣《大湾区建设背景下经济特区立法变通权的行使》，《法律适用》2019 年第 21 期，第 76 页。

会常务委员会在备案审查的程序、回应性、透明度和力度等方面都存在很多不足，因此即便出现涉嫌违反法律规定的特区法规，全国人民代表大会常务委员会也不见得能够进行有效处理。例如，1982 年国务院《公证暂行条例》实际确立了公证自愿原则，但 1999 年《深圳经济特区公证条例》却对抵押等八类事项都要求强制进行公证，2001 年《深圳经济特区公证条例》修订后仍保留了四类强制公证事项。2005 年《公证法》只规定"法律、行政法规规定应当公证的事项，有关自然人、法人或者其他组织应当向公证机构申请办理公证"，但《深圳经济特区公证条例》直到 2017 年才最终取消了大部分强制公证事项。很显然，该特区法规有关强制公证的规定实际上涉嫌违背法律和行政法规的基本原则却长期没有得到有效纠正，全国人民代表大会常务委员会的备案审查程序也未能有效发现这个问题。

不过近些年来，全国人民代表大会常务委员会法规备案审查的意愿和力度都比以往大为加强。目前可以查询到的全国人民代表大会常务委员会对经济特区法规备案审查的案例主要有两个：（1）针对《深圳经济特区物业管理条例》与《物权法》关于业主大会及业主委员会职责范畴的规定相冲突的问题（2017 年审查案例），全国人民代表大会常务委员会法规审查备案室在经过审查后确认不存在抵触情形。（2）针对《深圳经济特区食品安全监督条例》与《食品安全法》有关职业打假的条款相冲突的问题（2018 年审查案例），全国人民代表大会常务委员会法规审查备案室在审查后确认两者存在冲突，但认为《深圳经济特区食品安全监督条例》第 97 条属于立法变通，且"不存在超越经济特区立法权限、违背法律基本原则问题"。从全国人民代表大会常务委员会对特区法规的审查实践可以看出，目前全国人民代表大会常务委员会至少对特区法规是否可能违背法律和行政法规基本原则等问题进行了审查。

2. 法院对特区法规冲突的适用实践

关于法院对特区法规的适用，主要看它们如何处理特区法规与法律、行政法规之间的法律冲突，尤其要看它们对特区变通立法的认定方面存在争议的领域如何处理。从现有司法案例看，迄今为止，尚未发现法院系统曾在任何具体案例中以特区法规违反法律或行政法规的基本原则为由拒绝予以适用，也未发现以特区法规的事项超越《立法法》第 8 条法律保留条款为由而不适用特区法规的情况。

我们再来分析一下法院对于那些在理论上对立法变通条款认定方面存在争议的问题是如何处理的。从理论上说，特区立法变通权的行使应该是立法者有意识的一种行为。只有这样，才能通过有意识地变通法律和行政法规的相关条款达到创立有别于国家制度的经济特区制度的目的。如果从这个角度出发，只有特区立法者明确表示变通的条款在与法律和行政法规相冲突时才具有适用上的优先性。这就意味着一个先于法律和行政法规制定的"先行先试"特区法规生效后与后来制定的法律和行政法规相冲突时，特区法规并不应享有适用上的优先性；那些无意犯下的冲突条款也不应具有适用上的优先性。按此理论，2015 年《立法法》第 98 条规定，对于特区人民代表大会常务委员会报送特区法规备案审查时要求其说明立法变通的情况后，法院对于特区法规变通条款的认定应该以特区人民代表大会常务委员会自身向全国人民代表大会常务委员会作出的关于变通情况的说明为准。不过，对于法院来说，这种理论上合理的推理在实践中也存在一定困难。首先，虽然我们通常可以从某个条例是否冠以"经济特区"的名称来判断法规是否是特区法规，但特区法规本身一般不会直接明示其是否有变通规定以及对哪些条款作了变通。不仅如此，虽然现在立法法要求特区人民代表大会常务委员会向全国人民代表大会常务委员会说明变通情况，但到目前为止，对于这种变通情况的说明，全国人民代表大会常务委员会并未对外公开，因此法院实际上仍然无从知晓特区法规的变通情况。在这种情况下，法院也不可能判断哪些变通条款属于特区立法者所明示的变通，哪些属于因为疏忽或者其他原因导致的与法律和行政法规的冲突。

但从法院有关特区法规适用的判例看，法院只要在审判中发现经济特区法规与法律或行政法规相冲突，就一律以特区法规有权变通为由适用经济特区法规，不管是属于特区法规因未及时与后来通过的法律或行政法规相协调，还是属于某个冲突条款是特区立法者无意疏忽所导致的，都统一优先适用特区法规。2000 年《立法法》通过前，有一个比较有影响力的"贤成大厦案"。它涉及 1995 年《深圳特区企业清算条例》这一特区法规与 1996 年《外商投资企业清算办法》这一行政法规之间的法律冲突。尽管该特区法规被经济特区视为一种"先行先试"性立法而不是变通类立法，并且在与之相冲突的行政法规在出台后也没有进行修改，但无论深圳市中级人民法院还是广东省高级人民法院最终都认定《深圳特区企业清算条例》具有优先于行政法规的适用性。在 2015 年《立法法》修订后的"谭安利诉深圳公安局案"中，当法院发现 2014 年《深圳经济特区居住证条例》第 19 条与 2015 年国务院《居住证暂行条例》第 2 条冲突时，也同样认定《深圳经济特区居住证条例》"作为特区立法，可以对上位法作变通规定"，尽管在《深圳经济特区居住证条例》制定时，其所谓要作变通规定的国务院《居住证暂行条例》甚至还不存在。

三　用足特区立法权

中央希望作为大湾区节点城市的深圳和珠海能够用足用好特区立法权。对于大湾区的经济特区城市而言，用足特区立法权就意味着在推进制度改革创新的过程中，如果有需要，首先就应尽量利用经济特区立法权这一利器。这主要体现在三个方面。

（一） 优先选择行使特区立法权而不是寻求全国人民代表大会常务委员会等主体的授权

深圳和珠海这类经济特区城市发现需要在特区实施与现有法律、行政法规以及省级地方性法规不同的制度时，通常可以选择两种途径来处理这种问题，一种是直接寻求全国人民代表大会常务委员会、国务院或者省级人民代表大会常务委员会的授权，另一种是直接行使特区立法权。这两种方式可谓各有利弊。前一种授权方式具有较强的政治和法律权威性，可以最大限度地减少政治和法律上的争议，对于试图获得中央对特区特定制度改革支持的经济特区而言，这种方式可以一劳永逸地解决某些问题。但这种方式的弊端是比较费时，且不一定能够成功。在改革具有很大试验性和不成熟性的情况下，中央往往会因为谨慎而不能及时作出决定。直接行使特区立法权最大的优势是特区可以根据本地制度变革的现实需要直接对法律、行政法规和地方性法规进行变通，而不必像其他地区那样必须依赖全国人民代表大会常务委员会、国务院或者省级人民代表大会常务委员会的授权进行制度改革，因此具有极大的灵活性和便利性。但行使特区立法权也有局限性，即无法对涉及法律和行政法规基本原则的事项进行变通，也无法对《立法法》第 8 条规定的属于法律保留事项或者说属于中央事权的事项进行立法或者变通。在大湾区建设的背景下，用足特区立法权就意味着经济特区在法律允许的前提下应大胆地优先选择行使特区立法权而不是寻求全国人民代表大会常务委员会、国务院或者省级人民代表大会常务委员会的授权。

（二）　对于可能涉及特区立法权限制的事项，经济特区也存在一定的行使空间

　　根据全国人民代表大会常务委员会的授权，深圳和珠海行使特区立法权时不仅受到法律和行政法规的基本原则的限制，还要受到《立法法》第 8 条法律保留事项的限制。因此，对涉及法律和行政法规基本原则的事项，经济特区原则上不宜变通；对于《立法法》第 8 条法所规定的法律保留事项，在国家法律没有规定之前特区不宜进行"先行先试"性立法，在国家法律进行规定之后，经济特区原则上也不宜进行变通。但这并不意味着特区立法权遇到此类问题就完全无所作为了。事实上，即便是面对这些问题，特区立法权仍然存在一定的行使空间。原因主要在于，法律和行政法规的原则以及法律保留事项本身便具有一定程度的模糊性和解释空间。更为重要的是，迄今为止，法院的司法判例中尚未发现根据法律、行政法规的基本原则或《立法法》第 8 条规定对特区法规进行审查的实践，也从未有司法判例以违反法律或行政法规的基本原则为由而拒绝特区法规的适用；全国人民代表大会常务委员会的备案审查实践迄今也同样未有以特区法规超越立法权限为由否定特区法规适用性的例子。这种司法实践以及全国人民代表大会常务委员会的备案审查实践至少表明，司法机关和全国人民代表大会常务委员会对于特区立法的实践总体抱有一种非常宽容的态度，这种态度在一定程度上会对特区行使特区立法权起到一定的激励作用。在几个经济特区行使特区立法权的实践方面，深圳的力度无疑最大，其立法涉嫌突破特区立法权限制的事例最多，但与此同时，其所取得制度改革方面的成就也最大。深圳的特区立法可以说最大限度地利用了目前法律适用机关

对特区立法权所采取的宽容态度，最终创造了比其他经济特区更大的改革成就。

（三）　横琴粤澳深度合作区改为省级管理不妨碍其充分利用珠海特区立法权

合作区改为由广东省管辖后，理论上将由广东省政府和广东省人民代表大会及其常务委员会通过地方性法规、规章和规范性文件对合作区的事务进行直接管理，部分事项将由广东省政府与澳门特别行政区政府共同组成的合作区管理委员会通过发布规范性文件的方式进行管理。合作区正式成立后，除非受到合作区工作办公室和合作区管理委员会的认可，珠海市制定的新的地方性法规、规章和规范性文件原则上不再直接适用于合作区。尽管如此，合作区既不太可能也没有必要完全排除珠海的法规、规章和规范性文件的适用。其原因在于，在很多不涉及制度创新的领域，合作区的管理要求与珠海市其他区域具有极大的相似性，合作区对珠海的地方法律规范体系的适用可以在很大程度上节省合作区工作办公室和合作区管理委员会的管理成本。合作区工作办公室和合作区管理委员会完全可以通过明示或默示认可的方式选择适用珠海的法规、规章和规范性文件。

对于合作区来说，珠海拥有比广东省人民代表大会常务委员会和广东省人民政府更具优势的特区立法权，它可以成为推进合作区制度改革与创新的法律利器。正因如此，《总体方案》才会特别指出"用足用好珠海经济特区立法权"。应该指出，根据1981年11月《全国人民代表大会常务委员会关于授权广东省、福建省人民代表大会及其常务委员会制定所属经济特区的各项单行经济法规的决议》，广东省人民代表大会及其常务委员会有权

"根据有关的法律、法令、政策规定的原则，按照该省经济特区的具体情况和实际需要，制定经济特区的各项单行经济法规"。因此广东省人民代表大会及其常务委员会事实上也拥有一定程度的经济特区立法权，可以在不违背法律、行政法规原则的前提下对法律、行政法规作出变通规定。1992 年和 1996 年全国人民代表大会及其常务委员会相继授予深圳、珠海和汕头特区立法权之前，广东省人民代表大会及其常务委员会曾制定过一系列经济特区法规，如 1986 年《深圳经济特区与内地之间人员往来管理规定》、1991 年《广东省经济特区土地管理条例》、1993 年《广东省珠海经济特区职工社会保险条例》。不过随着深圳、珠海和汕头相继获得特区立法权，广东省人民代表大会及其常务委员会所制定的经济特区法规都陆续被废除，广东省人民代表大会及其常务委员会也基本停止行使其制定经济特区单行经济法规的权力。在合作区改为直接由广东省管辖后，由于合作区在行政区划上仍然隶属于珠海经济特区，广东省人民代表大会及其常务委员会仍然可以通过行使长期搁置的经济特区单行经济法规立法权为合作区制定单行经济法规，并可以对法律、行政法规进行必要的变通。不过，从《全国人民代表大会常务委员会关于授权广东省、福建省人民代表大会及其常务委员会制定所属经济特区的各项单行经济法规的决议》的措辞中可以看出，其对于经济特区可行使变通权的立法范围不如全国人民代表大会及其常务委员会直接授予经济特区的特区立法权宽泛，仅限于"制定经济特区的各项单行经济法规"。而 1996 年《全国人民代表大会关于授权汕头市和珠海市人民代表大会及其常务委员会、人民政府分别制定法规和规章在各自的经济特区实施的决定》并不仅限于制定经济法规的限制。从这个意义上说，对于合作区而言，在推进制度改革时充分利用珠海的特区立法权比使用广东省人民代表大会及其常务委员会的经济特区单行经济法规制定权具有更大的优势和便利性。

四 用好特区立法权

如果说用足特区立法权意味着合作区要充分利用有利于其进行制度改革和创新的珠海特区立法权这个法律利器，那么用好特区立法权则意味着合作区在利用特区立法权进行制度改革和创新时也要充分注意其在法律、政治和技术上的一些边界和限度，以确保特区立法权的行使做到法律上合法、政治上稳妥、技术上灵活，最大限度地降低通过特区立法权进行制度创新可能产生的法律、政治和技术风险。

（一） 注意特区立法权边界，减少合法性争议

如前所述，可能涉及特区立法权行使合法性争议的问题主要存在于是否违背法律、行政法规基本原则，是否违反《立法法》第 8 条法律保留事项，以及是否存在特区法规非明示变通条款这三个方面。从确保特区立法权合法性的角度看，法律、行政法规明确确认的基本原则不应进行变通，对于法律、行政法规虽然没有明确确认，但从法律、行政法规整体进行解读可能涉及基本原则的问题，也要尽量避免进行变通；对于《立法法》第 8 条法律保留事项，如果法律未予规定，经济特区不应予以"先行先试"，如果全国人民代表大会常务委员会已经制定法律，对这些事项也要尽量避免变通，因为从严格意义上说，如果予以变通，就相当于在特区法规中制定属于法律保留的事项；对于 2015 年《立法法》第 98 条第 5 项规定的备案审

查时的变通情况说明要求，为了防止法律适用争议，经济特区应该在特区法规立法时尽量明确予以变通的条款以及所变通的法律或行政法规条款。

当然，上述三个限制都有比较明确的法律依据，但又在不同程度上存在模糊或者不确定的一面。很多法律和行政法规的基本原则本身并不是特别明确，对这些原则的解读也可能会出现较大的分歧，这就使得特区立法是否突破了法律或行政法规的基本原则成为一个有争议的问题。《立法法》第 8 条确认的法律保留事项也存在诸多模糊的地带，人们对"民事基本制度""诉讼和仲裁制度""基本经济制度以及财政、海关、金融和外贸的基本制度"这类表述的外延理解会存在分歧。此外，2015 年《立法法》第 98 条第 5 项的规定是否就意味着对特区法规变通条款的确认是以特区人民代表大会常务委员会向全国人民代表大会常务委员会明确说明变通的条款为限，这一问题迄今在法律上也没有明确的答案。

让问题更加复杂的是，经济特区对于法律上的某些界限，事实上并没有得到有效遵守，但这些涉嫌越界的行为实际上也从来没有得到有效纠正。就深圳经济特区而言，除了前述《深圳经济特区公证条例》涉嫌违反行政法规和法律基本原则外，2020 年 8 月通过的《深圳经济特区个人破产条例》也涉嫌违反《立法法》第 8 条规定。个人破产制度属于《立法法》第 8 条规定的"诉讼和仲裁制度"，而该特区立法显然对法律未予规定的事项进行了"先行先试"立法。此外，与《深圳经济特区个人破产条例》同日通过的《深圳经济特区生态环境公益诉讼规定》也涉嫌对属于法律保留的事项进行变通。该条例第 6 条允许"对生态环境和资源保护等领域负有监督管理职责的行政机关"对于污染环境、破坏生态行为提出生态环境公益诉讼，但 2017 年《民事诉讼法》第 55 条只是规定"法律规定的机关"可以对环境污染行为提起民事诉讼，2014 年《环境保护法》、2015 年《大气污染防治法》、2016 年《海洋环境保护法》等法律并没有直接规定环境保护部门可以直接提起环境公益诉讼，因此《深圳经济特区生态环境公益诉讼规定》显然是对《民事诉讼法》和其他环保法律的一种变通。这种变通就属于对《立法法》第 8 条规定的"诉讼和仲裁制度"的变通。

（二）争取权威部门支持，确保特区立法权的行使具有政治合法性

政治合法性主要是指所得到的上级权威机关以及社会公众的认可度。对于特区立法机关而言，行使特区立法权的合法性是首先要考量的内容。政治合法性问题至关重要，在某些情况下甚至比法律上的合法性还要重要。具有法律合法性的特区立法不见得能够获得上级政府或社会公众的认可，而政治合法性有时可以在相当程度上弥补法律合法性上的不足。在改革创新成为中央推进大湾区、自贸区等国家功能区建设主导性口号的情况下，从上到下对于改革创新的支持就是经济特区通过特区立法权推进国家功能区建设最好的政治合法性来源。虽然中央基于依法治国方略的考虑早就提出重大改革要于法有据的指导思想，但全国人民代表大会常务委员会实际上存在"先上车再买票"现象并且 2015 年《立法法》正式确立暂时调整和暂停适用制度后，从全国人民代表大会常务委员会、国务院到地方各级人民代表大会及其常务委员会都在不同程度上不断突破立法法的限制，扩大暂时调整和暂停适用制度的实施范围。从这个角度看，政治合法性实际上经常压倒法律合法性的要求。深圳市 2020 年通过的《深圳经济特区个人破产条例》实际上就在很大程度上反映了这种情况。虽然该特区法规涉嫌违反《立法法》第 8 条规定，但深圳市人民代表大会及其常务委员会制定该特区法规时并非没有政策依据。2020 年 10 月 11 日，中共中央办公厅、国

务院办公厅发布的《深圳建设中国特色社会主义先行示范区综合改革试点实施方案（2020－2025年）》就明确规定要"推进破产制度和机制的综合配套改革，试行破产预重整制度，完善自然人破产制度"。这份实际上由国务院和深圳市充分协商后发布的政策性文件虽然在法律上无法作为深圳市对个人破产制度进行特区立法的合法授权凭据，但在政治上却被视为深圳市进行"先行先试"立法的通行证。

从现实层面言之，经济特区要确保特区立法的政治合法性，除了要争取特区所在市的各部门及公众支持外，最重要的途径还是需要尽量就制度创新问题事先与上级权威部门，尤其是中央各部门进行充分沟通，哪怕这种沟通在法律上并没有必要。事实上，在大湾区法治建设中，深圳和珠海在开展与大湾区制度创新有关的特区立法时基本上都遵循了这个模式。对于经济特区而言，特区立法从中央可以争取到的最大政治合法性就是在中央的有关政策中充分反映自己的制度变革诉求。例如，深圳早在2020年10月中央发布《深圳建设中国特色社会主义先行示范区综合改革试点实施方案（2020－2025年）》之前就试图制定《深圳经济特区个人破产条例》，并在2020年6月就完成了立法草案并提交深圳市人民代表大会审议。与此同时，它也成功地将"完善自然人破产制度"纳入中央的上述政策性文件中，从而为深圳的特区立法提供了最大的政治保证。2019年《规划纲要》、2020年《深圳建设中国特色社会主义先行示范区综合改革试点实施方案（2020－2025年）》、2021年《总体方案》等中央政策性文件包含大量的制度改革设想，均为特区进行相关立法提供了重要政治保证。合作区这类国家功能区经常涉及"一国两制"，并且有关改革举措也经常具有相当程度的试验性和复杂性，因此经济特区在涉及重大制度创新时事先向上级请示汇报并不奇怪。例如，尽管《规划纲要》已经明确规定"在深圳前海、广州南沙、珠海横琴建立港澳创业就业试验区，试点允许取得建筑及相关工程咨询等港澳相应资质的企业和专业人士为内地市场主体直接提供服务"，并且对这个领域的法律、行政法规进行变通在法律上并不会遇到特别大的合法性争议，但珠海市人民代表大会常务委员会在 2019 年 9 月制定《珠海经济特区横琴新区港澳建筑及相关工程咨询企业资质和专业人士执业资格认可规定》之前，除了广泛咨询了港澳相关机关和组织的意见外，仍"分别赴全国人民代表大会常务委员会、住房和城乡建设部、省人民代表大会常务委员会、省住房和城乡建设厅就主要制度请示汇报，得到支持和指导"①，可以说将特区立法的请示汇报工作真正做到了家。

（三） 在特区变通立法方式上应做到原则性与灵活性的统一

特区变通立法方式的原则性主要是指特区立法者对于需要变通的法律和行政法规的事项和条款应该以做到明确为原则。特区立法带有变通权这种很少受到制约的特权，因此在相当一段时间内，特区人民代表大会及其常务委员会在推进特区立法时，无论在特区法规中还是在有关立法说明中，对于特区法规涉及的变通事项和条款往往缺乏足够的明示或者说明。迄今为止，司法实践显示的司法倾向是，在遇到法律、行政法规与特区法规相冲突时，不管是因为特区法规未根据新的上位法进行及时修改或者是因为立法者失误，还是因为立法者行使了变通权，法院一律优先适用特区法规。这种倾向实际上也进一步抑制了特区立法者对于特区法规变通事项和条款进行明示或说明的意愿。经济特区立法者的这种倾向并不符合有关全国人民代表大会及其常

---

① 朱仁达：《开展创新性立法 为粤港澳大湾区建设提供法治保障》，《人民之声》2021 年第 7 期，第 13 页。

务委员会授予特区人民代表大会及其常务委员会的立法目的，也不利于有关机关和公众对经济特区立法权的监督。特区立法只有做到明明白白变通，才能有利于司法机关和其他法律适用者对特区法规进行明确适用和监督。2015年《立法法》要求特区立法者在将特区法规向全国人民代表大会常务委员会备案时应说明变通情况的规定进一步明确了经济特区立法者对特区法规变通事项和条款的明示和说明义务，这种义务客观上要求特区立法在试图进行制度创新时，务必仔细研究特区法规对法律和行政法规应予变通的具体事项和条款，并在立法时进行明确说明。在全国人民代表大会常务委员会备案审查工作不断加强的背景下，特区立法者只有这样做才能有效应对未来特区法规适用可能带来的新挑战。

特区变通立法方式的灵活性主要表现在两个方面。首先，从经济特区的角度来说，强调特区立法者对于需要变通法律和行政法规的事项和条款应该以做到明确为原则，并不等于要完全放弃以往奉行一定程度模糊政策所享有的适用优先性的便利和优势。现有的司法与备案审查实践对变通事项和变通条款奉行模糊政策，因而现有的司法与备案审查实践总体上对特区而言比较有利。这并不妨碍特区立法者在特定情况下基于实践的原因（如无法全面查明需要变通的法律和行政法规条款或者变通本身可能会存在越权嫌疑）暂时仍然奉行模糊政策。其次，基于大湾区建设背景下特区变通立法事项可能比较单一、频繁的特点，经济特区可以在立法方式上不拘泥于传统特区立法大而全的特点，尽量本着解决问题的态度，采取"成熟几条立几条，管用几条立几条"的方式进行所谓的"小切口"立法。① 仅有 14 个条款的《珠海经济特区横琴新区港澳建筑及相关工程咨询企业资质和专业人士执业资格认可

---

① 朱仁达：《开展创新性立法 为粤港澳大湾区建设提供法治保障》，《人民之声》2021 年第 7 期，第 15 页。

规定》就是这种立法方式的一个很好体现。

（四） 正确对待可能出现的法律风险

上述三个方面所言的总的精神就是要尽量采取政治、法律和技术上稳妥的方式进行特区立法，尽量减少政治、法律和技术上的争议，减少决策风险。不过，对于改革创新而言，没有任何风险的决策很难存在的。如果过于强调政治和法律上的合法性，那么经济特区可能就缺少创新的动力和胆量。在这个方面，深圳、珠海、厦门和汕头四个经济特区对于特区立法权行使情况的对比就很能说明问题。在四个经济特区中，毫无疑问深圳在行使特区立法权方面最为积极，制定的特区法规最多，变通的法律和行政法规最多，有争议的特区立法也最多，当然另外一个方面是其在制度创新方面的力度也最大。

在依法治国的背景下，要进行特区立法，法律上的合法性当然至关重要，但如果过于顾忌法律上可能的争议，可能会导致特区立法裹足不前；与此同时，虽然政治合法性在中国语境下至关重要，但如果过于坚持政治合法性而忽视法律合法性，那么有些改革可能出现重大的法律争议。此外，现有法律适用实践中对于特区奉行立法变通模糊政策，对特区立法比较有利。但如果对于变通事项的明确性要求完全不管不顾，那么也很可能会让特区法规不能适应未来理论和实践的发展。应该说，特区立法者可以采用很多方式尽量减少特区立法的政治和法律风险。进行详尽的法律冲突查明、向上级权威机关进行更多的请示汇报、尽可能模仿其他经济特区已经采取过的实践等方式都可以在很大程度上降低特区立法的决策风险。但特区立法者也应意识到，风险是难以完全避免的，在横琴粤澳深度合作区这样涉及复杂制度创新的领域尤其如此。不过，应该感到庆幸的是，在国家大力鼓励在国家功能区改革创新的形势下，从中央到地方、从政府到社会都会对改革创新采取了一种比较宽容的态度。

五　合作区需要进行法律变通的领域

大湾区建设中，中央已经发布了《横琴粤澳深度合作区建设总体方案》等政策性文件。落实这些政策性文件规定的某些政策很可能会涉及与现有法律和行政法规的冲突问题，而这正是特区立法变通权可以发挥重要作用的领域。不过，具体需要变通哪些法律和行政法规以及怎样进行变通在很大程度上取决于中央的大湾区政策如何规定以及地方如何设计落实这些政策。就合作区而言，目前珠海已经专门通过两个特区法规落实港澳专业人员和机构在横琴的执业问题。2019 年 9 月《珠海经济特区横琴新区港澳建筑及相关工程咨询企业资质和专业人士执业资格认可规定》对《建筑法》《注册建筑师条例》等有关行业准入、资质管理和部分法律责任内容进行了变通；2020 年 9 月《珠海经济特区港澳旅游从业人员在横琴新区执业规定》对《旅游法》第 37 条和《导游人员管理条例》第 4 条进行了变通。但未来还存在可能需要通过行使特区立法权来落实的政策领域。

（一）落实某些领域专业人员和机构的执业资格政策可能需要对一些法律、行政法规和规章进行变通

《总体方案》规定，要"允许具有澳门等境外执业资格的金融、建筑、

规划、设计等领域专业人才，在符合行业监管要求条件下，经备案后在合作区提供服务，其境外从业经历可视同境内从业经历。支持在合作区采取便利措施，鼓励具有澳门等境外资格的医疗领域专业人才依法取得境内执业资格"。要落实这些规定，有些领域根据现有的制度安排即可落实，有些领域还可能需要进行法律变通。

建筑师、旅游从业人员执业资格的问题已由珠海特区法规予以认可，还有些专业资格的认可根据现有的制度安排也已经基本可以达到目的。例如，港澳医师资格认证问题已经由 2009 年卫生部、国家中医药管理局依据《执业医师法》第 47 条发布的《香港和澳门特别行政区医师获得内地医师资格认定管理办法》予以确认。港澳律师资格问题由 2020 年国务院根据全国人民代表大会常务委员会的授权通过的《香港法律执业者和澳门执业律师在粤港澳大湾区内地九市取得内地执业资质和从事律师执业试点办法》予以解决。在专业资格的认可方面，还有些领域可能需要对有关法律、行政法规乃至规章进行变通。

1. 港澳会计师在大湾区的执业资格可能需要变通《注册会计师法》和《境外会计师事务所常驻代表机构管理暂行办法》

如果港澳会计师仅仅试图在内地设立的港澳会计常驻代表机构从事有关境外企业的会计业务，那么可以按照 2008 年财政部颁布的《境外会计师事务所常驻代表机构管理暂行办法》在内地执业。但如果试图按照广东省财政厅设想的对港澳会计专业人士在内地执业实行国民待遇，允许不具有注册会计师执业资格的港澳会计专业人士根据会计师事务所的内部协议，成为从事特定业务或执行特定管理职能的合伙人，并在大湾区直接执业，那么就需要对《注册会计师法》有关注册会计师资格以及会计师事务所的条款进行变通。

2. 注册城乡规划师在大湾区的执业资格可能需要对 2017 年《城乡规划法》和人力资源和社会保障部《注册城乡规划师职业资格制度规定》进行变通

2017 年《城乡规划法》第 24 条要求城乡规划组织编制机关应当委托具有相应资质等级的单位承担城乡规划的具体编制工作，同时要求城乡规划单位需要具备一定的条件，包括"有规定数量的经相关行业协会注册的规划师"。2017 年人力资源和社会保障部《注册城乡规划师职业资格制度规定》第 2 条和第 3 条又确认了注册城乡规划师资格的获取要通过全国统一考试取得注册城乡规划师职业资格证书，并依法注册。如果要让不符合上述法律和规章规定的港澳城乡规划师以及规划单位在大湾区执业或者运营，就需要对上述法律和规章条款进行变通。

（二）　澳资医疗机构的设立可能需要对国务院有关规范性文件进行变通

对《总体方案》确认的医疗方面的问题，有些事项的法律冲突问题已经基本得到解决。如对于允许合作区自主批准进口急需药品和注册医疗器械的问题，国家药监局等 8 部门联合通过的《粤港澳大湾区药品医疗器械监管创新发展工作方案》（国市监药〔2020〕159 号）已经通过在大湾区内地九市暂停实施《医疗器械监督管理条例》第 11 条第 2 款等方式予以解决。但仍有个别事项存在一定的法律冲突。例如，《总体方案》规定，"支持澳门医疗卫生服务提供主体以独资、合资或者合作方式设置医疗机构，聚集国际化、专业化医疗服务资源"。但境外资本设置医疗机构要受 2019 年《外商投资法》的限制。《外商投资法》第 4 条规定，"国家对外商投资实行准入前国民待遇加负面清单管理制度"，"负面清单，是指国家规定在特定领域对外商投资实施的准入特别管理措施"，"负面清单由国务院发布或者批准发布"。2018 年的负面清单曾规定，外商投资医疗机构限于合资与合作。但 2021 年负面清单又进一步对外商投资医疗机构进行了限制，将外商投资医疗机构限于合资。因此要落实《总体方案》的政策，有必要对国务院 2021 年负面清单进行变通。

（三） 适用澳门法律的方案可能会涉及对《涉外民事关系法律适用法》中个别条款的变通

《总体方案》指出，"在遵循宪法和澳门特别行政区基本法前提下，逐步构建民商事规则衔接澳门、接轨国际的制度体系"。对于这个政策的落实方案，目前尚有不同的见解。如果最终方案是在合作区涉及澳门居民的民商事纠纷中优先适用澳门民商事规则，可以通过变通《涉外民事关系法律适用法》的个别条款来实现。例如，如果选择的方案是原则上让由横琴法院管辖的澳门当事人之间的民商事案件一律适用澳门民商法，那么可以为《涉外民事关系法律适用法》增加如下一条："澳门当事人之间发生的民事争议依法应由横琴粤澳深度合作区法院管辖的，适用澳门特别行政区法律，但当事人依据本法另有协议的除外。"如果最后的方案是只对个别重要领域（如合同法领域）的澳门当事人之间的民商事案件或者涉澳门当事人的民商事案件适用澳门法律，那么可以通过变通《涉外民事关系法律适用法》某些条款（如第 41 条有关合同法律适用条款）实现。

（四） 在合作区设立非营利性社会服务或纠纷解决机构可能会涉及对《境外非政府组织境内活动管理法》的变通

《总体方案》规定要"对接澳门教育、医疗、社会服务等民生公共服务和社会保障体系","加强粤澳司法交流协作,建立完善国际商事审判、仲裁、调解等多元化商事纠纷解决机制"。如果落实这些内容需要为澳门的相关社会组织在合作区开展活动提供更大的空间和便利,那么可能需要对《境外非政府组织境内活动管理法》有关登记、备案以及活动规范等方面的内容进行必要的变通。

(五) 涉及较大数量法律、法规有关行政审批事项条款可以进行变通,但由全国人民代表大会常务委员会或国务院统一授权更合适

《总体方案》确认,"市场准入实行'非禁即入'原则和备案制度,对具有强制性标准的领域,原则上取消许可和审批"。"实施市场准入承诺即入制,严格落实'非禁即入',在'管得住'前提下,对具有强制性标准的领域,原则上取消许可和审批,建立健全备案制度"。要落实这些政策可能会涉及一系列法律、行政法规中行政审批事项的调整。虽然也可通过特区立法权进行变通,但由全国人民代表大会常务委员会或者国务院统一授权比经济特区用特区立法权进行变通效率更高。2012年《关于授权国务院在广东省暂时调整部分法律规定的行政审批的决定》就属于这类批量的授权行为。此外,《总体方案》涉及税收、海关、金融的诸多事项属于立法法的法律保留事项,因此稳妥的方式还是先获得全国人民代表大会常务委员会授权。

本章执笔人:黄金荣

第七章　横琴粤澳深度合作区的行政管理体制

一　健全粤澳共商共建共管共享的新体制

2021 年 9 月 5 日，中共中央、国务院印发了《横琴粤澳深度合作区建设总体方案》（以下简称《总体方案》），拉开了横琴粤澳深度合作区（以下简称"合作区"）建设的新篇章。《总体方案》指出，要"健全粤澳共商共建共管共享的新体制"，从开发管理机构、开发执行机构、省委省政府派出机构、收益共享机制和评估机制五个方面，对合作区新体制作出全面阐述。共商，强调双方对政策的制定共同商议，体现合作区重大决策的统筹决定。共建，强调合作区的建设责任由双方共同承担。共管，强调合作区内的管理责任由双方共同承担，体现在政策的落实和执行方面。共享，强调合作区内投资收益由双方共同支配。"共商共建共管共享"目标的实现离不开体制机制的创新。《总体方案》提出的新体制，是对"一国两制"的完善和发展，是粤澳进行合作的最佳选择，同时也是对我国行政管理体制的一项重大创新。在横琴粤澳深度合作区成立前，为了推动经济发展、强化区域合作，我国已经建立了诸多开发区、合作区。为了有序推动开发区、合作区的发展，国家在其中成立了行使相应行政管理职权的机构。那么，在这些开发、合作区中，行使行政管理职权的主体是谁？其具体职权包括什么？该机构与各级政府间的

关系为何？在发生争议后，当事人可以选择何种途径维护自身权益？横琴粤
澳深度合作区的行政管理体制与之前的体制相比有怎样的共性和特性？这些
都是在横琴粤澳深度合作区日后运行过程中将要面临的重要问题。本章将总结
之前成立的开发区、合作区行政管理机构的特点，结合横琴粤澳深度合作区发
展特点和《总体方案》，对横琴粤澳深度合作区的行政管理体制作出详细分析。

二　合作区行政管理体制概述

2021 年 9 月 5 日《总体方案》的公布标志着横琴粤澳深度合作区①的正
式成立。横琴粤澳深度合作区属于功能区，而非行政区。功能区是立足区
域资源、区位优势，以实现某种特定目标并获得相应政策支持为目的而设
立的开发区，不同于国家为了开展分级管理而通过行政区划所设立的省、
市、区等具有政权性质的行政区，但两者都以四周边界明确的地理空间为
基础。② 早在 20 世纪 80 年代，为了实现特定区域的经济发展，我国开始设
立开发区。一般而言，根据批准设立开发区的主体的不同，可以将开发区
分为国家级开发区、省级开发区和市县级开发区。2017 年国务院办公厅发
布的《国务院办公厅关于促进开发区改革和创新发展的若干意见》③ 对国家

---

① 横琴粤澳深度合作区的范围为："横琴岛'一线'和'二线'之间的海关监管区域，总面积约
　106 平方千米。其中，横琴与澳门特别行政区之间设为'一线'；横琴与中华人民共和国关境内
　其他地区（以下简称内地）之间设为'二线'。"
② 赵立波：《功能区体制改革的法定机构蓝本——以青岛蓝色硅谷为例》，《山东社会科学》2020
　年第 11 期。
③ 《国务院办公厅关于促进开发区改革和创新发展的若干意见》（国办发〔2017〕7 号）："（四）明
　确各类开发区发展方向。经济技术开发区、高新技术开发区、海关特殊监管区域等国家级开发区
　要发挥示范引领作用，突出先进制造业、战略性新兴产业、加工贸易等产业特色，主动对接国
　际通行规则，建设具有国际竞争力的高水平园区，打造具有国际影响力的园区品（转下页注）

级和省级开发区作出分类。从横琴粤澳深度合作区的批准主体看，合作区应当属于国家级开发区。9 月 16 日，在广东省人民代表大会常务委员会决定通过的《广东省人民代表大会常务委员会关于横琴粤澳深度合作区有关管理体制的决定》（以下简称"广东省人大决定"）中，再次明确了横琴粤澳深度合作区的区域范围，同时对横琴粤澳深度合作区的行政管理体制作出规定。

《总体方案》指出，横琴粤澳深度合作区相关体制机制的创新包括合作区管理委员会①、合作区执行委员会②、广东省委和省政府派出机构③；"广东省人大决定"指明执行委员会的法律性质为法定机构④，并明确执行委员会及其工作机构可以接受省、市政府及有关部门的委托或授权。⑤9 月17 日公布的《横琴粤澳深度合作区执行委员会关于各工作机构职责的公告》

（接上页注③）牌。经济开发区、工业园区、高新技术产业园区等省级开发区要依托区域资源优势，推动产业要素集聚，提升营商环境国际化水平，向主导产业明确、延伸产业链条、综合配套完备的方向发展，成为区域经济增长极，带动区域结构优化升级。"

① 《总体方案》："（二十）建立合作区开发管理机构。在粤港澳大湾区建设领导小组领导下，粤澳双方联合组建合作区管理委员会，在职权范围内统筹决定合作区的重大规划、重大政策、重大项目和重要人事任免。合作区管理委员会实行双主任制，由广东省省长和澳门特别行政区行政长官共同担任，澳门特别行政区委派一名常务副主任，粤澳双方协商确定其他副主任。成员包括广东省和澳门特别行政区有关部门、珠海市政府等。"

② 《总体方案》："（二十一）组建合作区开发执行机构。合作区管理委员会下设执行委员会，履行合作区的国际推介、招商引资、产业导入、土地开发、项目建设、民生管理等职能。执行委员会主要负责人由澳门特别行政区政府委派，广东省和珠海市派人参加，协助做好涉及广东省事务的协调工作。粤澳双方根据需要组建开发投资公司，配合执行委员会做好合作区开发建设有关工作。"

③ 《总体方案》："（二十二）做好合作区属地管理工作。合作区上升为广东省管理。成立广东省委和省政府派出机构，集中精力抓好党的建设、国家安全、刑事司法、社会治安等工作，履行好属地管理职能，积极主动配合合作区管理和执行机构推进合作区开发建设。"

④ "广东省人大决定"："三、合作区管理委员会下设执行委员会。合作区执行委员会是承担合作区经济和民生管理职能的法定机构，依法履行国际推介、招商引资、产业导入、土地开发、项目建设、民生管理等相关行政管理和公共服务职能，负责合作区具体开发建设工作。"

⑤ "广东省人大决定"："五、广东省人民政府及其有关部门、珠海市人民政府及其有关部门将有关省级、市级管理权限依法授权或者委托给合作区执行委员会及其工作机构行使。"

明确了"执行委员会下设的九个工作机构，可依法对外行使职权，承担法律责任"，同时公布了九个工作机构的职责，这九个工作机构包括行政事务局、法律事务局、经济发展局、金融发展局、商事服务局、财政局、统计局、城市规划和建设局、民生事务局。根据《总体方案》和相关规定，横琴粤澳深度合作区的组织架构如图7-1所示。

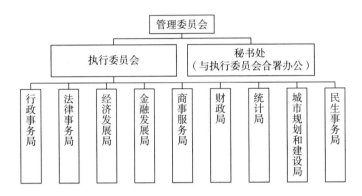

图7-1　横琴粤澳深度合作区的组织架构

一般而言，在开发区体制内，享有行政管理职权的主体为管理委员会及其职能部门。以大湾区内的开发区为例，在深汕特别合作区中，享有管理职能的机构为深汕特别合作区管理委员会；在前海深港现代服务业合作区中，享有管理职能的机构为前海管理局。① 在其他合作区或开发区中，一般仅设有管理委员会，没有执行委员会。但在横琴粤澳深度合作区中，享有行政管理职权的主体应当为执行委员会，这与《总体方案》中体制机制的创新有着密不可分的关联。此外，开发区为功能区而非行政区，一些社会管理职权依旧由当地政府行使，如省政府、市政府职能部门的派出机构等。下文

---

① 《深圳经济特区前海深港现代服务业合作区条例》第7条："设立深圳市前海深港现代服务业合作区管理局（以下简称管理局）。在市人民政府领导下，依照本条例履行前海合作区开发建设、运营管理、产业发展、法治建设、社会建设促进等相关行政管理和公共服务职责，可以实行企业化管理但不得以营利为目的。经国务院批准的前海合作区扩展区域的职权划分由市人民政府另行规定。管理局应当编制年度工作报告，并向社会公布。"

将对横琴粤澳深度合作区中享有行政管理职权的主体进行详细分析。

（一） 管理委员会

一般而言，各开发区都设立管理委员会作为其管理机构，并明确相应管理职权。在横琴粤澳深度合作区中，管理委员会作为合作区的开发管理机构，在职权范围上与其他合作区有较大区别。前海和横琴对管理委员会和执行委员会职权表述的区别见表 7 - 1。

表 7 - 1　前海和横琴对管理委员会和执行委员会职权表述对比

前海深港现代服务业合作区/前海蛇口自由贸易试验片区	横琴粤澳深度合作区
《深圳经济特区前海深港现代服务业合作区条例》 第 7 条（第 2 款）管理局在市人民政府领导下，依照本条例履行前海合作区开发建设、运营管理、产业发展、法治建设、社会建设等相关行政管理和公共服务职责，可以实行企业化管理但不得以营利为目的。 《深圳经济特区前海蛇口自由贸易试验片区条例》 第 6 条 自贸区管理委员会为市政府的派出机构，履行下列职责： （一）统筹推进自贸片区发展改革和制度创新工作，制定、拟定并组织实施自贸片区发展规划和政策措施； （二）负责自贸片区投资、贸易、金融、人才、科技等有关行政管理和公共服务； （三）负责自贸片区规划、城市建设等具体事务，统筹推进自贸片区产业布局和重大投资项目的引进和建设管理； （四）协调税务、金融监管、海关、海事等部门在自贸片区的行政管理工作； （五）组织实施信用管理和监管信息共享工作； （六）依法履行国家安全审查、反垄断审查相关职责； （七）履行国务院、广东省人民政府、市政府赋予的其他职责。 经市机构编制各部门批准，管理委员会可以设立具有行政管理职能的工作部门，对外履行相关职责。	《总体方案》： （二十）建立合作区开发管理机构。在粤港澳大湾区建设领导小组下，粤澳双方联合组建合作区管理委员会，在职权范围内统筹决定合作区的重大规划、重大政策、重大项目和重要人事任免。…… （二十一）组建合作区开发执行机构。合作区管理委员会下设执行委员会，履行合作区的国际推介、招商引资、产业导入、土地开发、项目建设、民生管理等职能。…… "广东省人大决定" 二、设立合作区管理委员会。合作区管理委员会在职权范围内统筹决定合作区的重大规划、重大政策、重大项目和重要人事任免。 三、合作区管理委员会下设执行委员会。合作区执行委员会是承担合作区经济和民生管理职能的法定机构，依法履行国际推介、招商引资、产业导入、土地开发、项目建设、民生管理等相关行政管理和公共服务职能，负责合作区具体开发建设工作。

《总体方案》和"广东省人大决定"指出，管理委员会的职责是"重大规划、重大政策、重大项目和重要人事任免"，但是未提及行政管理职责。广东省人民代表大会常务委员会发布公告，将行政管理和公共服务职能授予执行委员会，其对管理委员会的定位依旧是重大事项的统筹决定。结合目前已有的规定，横琴粤澳深度合作区管理委员会的定位更接近于决策机构，执行委员会所履行的职权和其他合作区管理委员会相似。

横琴新区发展决策委员会也存在于横琴新区之中，《珠海经济特区横琴新区条例》第 11 条①对横琴新区发展决策委员会的职责作出规定，即"决定横琴新区发展中的重大事项"，而《总体方案》中的"重大规划、重大政策、重大项目和重要人事任免"就可以解读为重大事项。对比其他开发区、合作区的规定，深度合作区管理委员会则更类似于联席会议。例如在前海深港现代服务业合作区中，存在部际联席会议。② 这种委员会的设置更类似于一种议事协商机构或决策机构，其决策影响着执行委员会及其工作机构的政策执行，但它并不行使行政管理职权，也不是对外承担法律责任的主体。这与其他开发区、合作区的规定有所不同。

---

① 《珠海经济特区横琴新区条例》第 11 条："设立横琴新区发展决策委员会，决定横琴新区发展中的重大事项。"

② 以前海深港现代服务业合作区为例。为推进落实《前海深港现代服务业合作区总体发展规划》的实施，经国务院批准同意，2011 年 9 月 27 日，联席会议第一次会议暨成立大会在京召开，标志着深圳前海深港现代服务业合作区建设际联席会议制度（以下简称"联席会议"）正式建立。联席会议包括国家发展和改革委员会、科技部、工业和信息化部、公安部、财政部、人力资源和社会保障部、国土资源部、环境保护部、交通运输部、商务部、文化部、卫健委、人民银行、海关总署、税务总局、工商总局、质检总局、知识产权局、港澳办、银监会、证监会、保监会、国家开发银行 23 个部委以及广东省政府、香港特别行政区政府、深圳市政府共 26 个部门。联席会议的成立进一步统一了思想，增强了对推进前海开发开放重要性的认识，明晰了支持前海开发开放政策的总体方向；建立了部际协调机制，形成了国务院各部委、广东省、香港特别行政区、深圳市联动推进前海开发开放的强大合力；达成了支持前海开发开放的多项共识，形成了国务院各部门、各相关地区合力推进前海开发开放的工作格局。2014 年 1 月 28 日，国务院办公厅发文称，经国务院同意，建立促进广东前海南沙横琴建设部际联席会议制度。

（二） 执行委员会及其工作机构

1. 执行委员会

横琴粤澳深度合作区执行委员会的设立是深度合作区体制方面的重要创新。《总体方案》将执行委员会定义为开发执行机构，并赋予其"履行合作区的国际推介、招商引资、产业导入、土地开发、项目建设、民生管理等职能"，"广东省人大决定"明确其为法定机构，并将职能界定为"行政管理和公共服务职能"。①从法律层面看，《总体方案》是规范性文件，制定主体是国务院，它所起到的是指导性作用，虽然无法直接发挥法律效力，但它是广东省、珠海市等主体制定法规、规章及决定的重要依据；"广东省人大决定"属于重大事项决定权，②明确将有关横琴粤澳深度合作区管理体制的决定认定为重大事项，从法律视角看，此项决定的制定主体是广东省人民代表大会常务委员会，因此具有立法性质，可以将其视作法的渊源。③上述两个文件都可以被视为明确执行委员会法律地位和权力来源的依据。

根据目前已有的规定，在横琴粤澳深度合作区享有行政管理职权的机构应为执行委员会，它作为法定机构是可以对外独立承担法律责任的。这里需要指出的是，当我们讨论横琴粤澳深度合作区执行委员会的性质、职责、复议诉讼主体地位时，我们所对比的是其他开发区、合作区的管理委

---

① "广东省人大决定"："三、合作区管理委员会下设执行委员会。合作区执行委员会是承担合作区经济和民生管理职能的法定机构，依法履行国际推介、招商引资、产业导入、土地开发、项目建设、民生管理等相关行政管理和公共服务职能，负责合作区具体开发建设工作。"

② 《中华人民共和国地方各级人民代表大会和地方各级人民政府组织法》第 8 条："县级以上地方各级人民代表大会行使下列职权：……（三）讨论、决定本行政区域内的政治、经济、教育、科学、文化、卫生、环境和资源保护、民政、民族等工作的重大事项。"

③ 参见刘松山《全国人大及其常委会决议与决定的应然界分》，《法学》2021 年第 2 期。

员会，横琴粤澳深度合作区执行委员会实际承担了管理委员会的职责。这也可以从 2021 年 9 月 17 日公布的《横琴粤澳深度合作区执行委员会关于依法承接原珠海横琴新区有关权利义务的公告》中得到印证，即执行委员会承接了之前管理委员会的职责。

区分决策机构和执行机构的做法在其他开发区已有所实践，黑龙江省哈尔滨新区的机构设置和横琴粤澳深度合作区有一定相似性。2019 年 4 月 26 日，黑龙江省第十三届人民代表大会常务委员会第十一次会议通过《黑龙江省人民代表大会常务委员会关于哈尔滨新区行政管理有关事项的决定》（以下简称《黑龙江省哈尔滨新区条例》）对各机构职责作出界定。其中便明确了哈尔滨新区管理委员会的职责，[1] 省政府有关部门在新区内的派出机构可以依法行使相应的行政管理职权。[2]《黑龙江省哈尔滨新区条例》设置了自贸片区管理局，是自贸片区管理委员会的下设机构，是在自贸片区内履行相应行政管理和公共服务职责的法定机构。[3] 该管理局的设置和执行委员会具有一定相似性，享有具体行政管理职权的并非合作区管理委员会，而是其下设机构。但是两者之间也存在一定区别。第一，哈尔滨新区管理委

---

① 《黑龙江省哈尔滨新区条例》："三、新区管委会负责哈尔滨新区内松北区及呼兰利民经济技术开发区域（以下简称"新区江北一体发展区"）经济发展、开发建设的统一规划、统筹协调和组织实施工作，履行以下职责：（一）统筹协调新区江北一体发展区的改革发展和体制机制创新，统筹新区的产业布局，组织制定并实施加快推进新区开发开放的政策和措施；（二）组织编制新区江北一体发展区的经济社会发展规划、国土空间规划和其他重点专项规划，按规定报批后组织实施；（三）统筹协调和统计汇总新区规划范围内的经济社会发展情况；（四）需要新区管委会统筹协调的其他工作。"

② 《黑龙江省哈尔滨新区条例》："六、省政府有关部门在新区内的派出机构，负责区域内的行政管理工作，依法行使相应的行政审批和行政处罚等行政管理事权，接受派出部门的管理和新区管委会的监督指导。"

③ 《黑龙江省哈尔滨新区条例》第 6 条："中国（黑龙江）自由贸易试验区哈尔滨片区管理委员会（以下简称自贸片区管委会）与新区管委会合署办公。自贸片区管委会下设的自贸片区管理局，是履行自贸片区相应行政管理和公共服务职责的法定机构，负责自贸片区的制度创新、综合协调、运营管理、招商引资、开发建设。其机构设置、人员聘用、薪酬机制由自贸片区管委会确定。自贸片区管理局可以从境外、国外选聘高级管理人员。"

员会和横琴粤澳深度合作区管理委员会的性质有一定不同，前者并不是一个纯粹的决策机构。第二，哈尔滨新区的法定机构是管理委员会下设的局，一般而言该局之下不再设立其他工作机构，但横琴粤澳深度合作区下设执行委员会，执行委员会之下还可设立工作机构，也就是各局。

2. 工作机构

横琴粤澳深度合作区执行委员会之下设置了九个工作机构。2021 年 9 月 17 日发布的《横琴粤澳深度合作区执行委员会关于各工作机构职责的公告》规定了九个工作机构的职责。该公告指出"执委会下设的九个工作机构，可依法对外行使职权，承担法律责任"。目前执行委员会下设的九个工作机构包括行政事务局、法律事务局、经济发展局、金融发展局、商事服务局、财政局、统计局、城市规划和建设局、民生事务局。公告指出这九个机构"可依法对外行使职权，承担法律责任"，从表述上看，是希望这九个工作机构也可以成为行使行政职权的主体。那么，开发区管理委员会下设的职能部门[①]是否能够独立承担法律责任？若可以，又需要满足怎样的条件？

开发区管理委员会下设的职能部门对外行使职权、承担法律责任早有实践。对执行委员会下设的工作机构行使行政职权可以从行政授权和被告资格两个方面进行分析。

首先，从行政授权的角度看，部分开发区条例对其职能部门作出规定，这些规定在一定程度上可以视作行政授权。例如，《深圳经济特区前海蛇口自由贸易试验片区条例》第 9 条[②]赋予深圳市前海地方金融监督管理局权

---

① 在横琴粤澳深度合作区中，我们讨论的是执行委员会及其工作机构。

② 《深圳经济特区前海蛇口自由贸易试验片区条例》第 9 条："深圳市前海地方金融监督管理局在自贸片区行使市级地方金融监督管理职责，履行行政许可、行政处罚、行政强制、行政检查等相应职责，负责自贸片区地方金融管理领域的统筹、协调、统计、调查工作，可以制定相关先行先试的监管制度。深圳市前海地方金融监督管理局可以开展以合作监督与协调监管为支撑的金融综合监管试点，探索建设跨境金融创新监管区。"

责、第 10 条①赋予综合行政执法机构权责；《宁波杭州湾新区条例》第 6 条②明确"新区管理委员会所属行政管理职能机构，实施有关法律、法规和规章设定的行政执法权"。也有功能区的相关条例将管理委员会的工作部门类比为政府的工作部门，例如《郑州航空港经济综合实验区条例》第 8 条第 2 款指出"管理委员会的工作部门行使省辖市级人民政府工作部门的行政管理权限"。《深圳经济特区前海蛇口自由贸易试验片区条例》第 6 条明确"经市机构编制部门批准，管委会可以设立具有行政管理职能的工作部门，对外履行相关职责"。其次，从被告资格的角度看，2018 年《最高人民法院关于适用〈中华人民共和国行政诉讼法〉的解释》第 21 条③对开发区管理机构及其所属职能部门的被告主体资格作出了明确规定。该解释明确规定，国务院、省级人民政府批准设立的开发区管理机构的职能部门可以作为被告。

由此可见，在实践中，开发区管理委员会所属职能部门也是享有行政管理职权的主体，可以对外独立承担法律责任。由于开发区是功能区而非行政区，管理委员会或执行委员会的权力并非源于宪法和组织法，而是源

---

① 《深圳经济特区前海蛇口自由贸易试验片区条例》第 10 条："自贸片区综合行政执法机构行使商务、知识产权、市场监督管理、交通运输、生态环境保护、水务、劳动监察、文化（含新闻出版广播影视、版权）、城市管理、自然资源、安全生产等监督管理领域行政处罚、行政监管、行政检查等职权。"

② 《宁波杭州湾新区条例》第 6 条："新区管理委员会所属行政管理职能机构，实施有关法律、法规和规章设定的行政执法权。按照法律、法规、规章和省人民政府有关规定，慈溪市城市管理行政执法部门在新区设置的派出机构，以慈溪市城市管理行政执法部门的名义，行使城市管理相对集中行政处罚权。宁波市、慈溪市行政机关和法律、法规授权组织在新区设置的派出机构，以宁波市、慈溪市行政机关和法律、法规授权组织的名义行使相关行政执法权。"

③ 《最高人民法院关于适用〈中华人民共和国行政诉讼法〉的解释》第 21 条："当事人对由国务院、省级人民政府批准设立的开发区管理机构作出的行政行为不服提起诉讼的，以该开发区管理机构为被告；对由国务院、省级人民政府批准设立的开发区管理机构所属职能部门作出的行政行为不服提起诉讼的，以其职能部门为被告；对其他开发区管理机构所属职能部门作出的行政行为不服提起诉讼的，以开发区管理机构为被告；开发区管理机构没有行政主体资格的，以设立该机构的地方人民政府为被告。"

于授权。同样，其所属职能部门或下设工作机构也需要通过授权的方式来享有相应的行政管理职权。若没有明确授权，只能将其视作没有对外承担法律责任资格的内设机构，其相应的法律责任应当由其设立机构承担，即管理委员会或执行委员会。

《横琴粤澳深度合作区执行委员会关于各工作机构职责的公告》希望执行委员会的工作机构独立承担责任，它的权责并非基于工作机构的成立自然获取，而是需要获得一定授权。根据 2021 年 9 月 17 日广东省人民代表大会常务委员会公布的"广东省人大决定"①，广东省人民政府及其有关部门、珠海市人民政府及其有关部门可以将省级、市级管理权限依法授予或委托给执行委员会及其工作机构。此外，横琴新区管理委员会及其工作机构的相应职权中与新成立的横琴粤澳深度合作区的发展不冲突的，其职责可以由新成立的横琴粤澳深度合作区执行委员会及其工作机构承接。横琴粤澳深度合作区工作机构的权力来源包括两种：一种是继承之前管理委员会及其职能部门的权责，另一种是在合作区成立后获得新授权。

第一，对之前管理委员会及其职能部门权责的继承。广东省人民政府在官方网站上公布的政府权责清单②中就涉及横琴粤澳深度合作区，其中很多职能都是之前横琴新区管理委员会及其职能部门基于授权所享有的。执行委员会下设的九个工作机构，在广东省人民政府官网上都有单独分类。从目前公布的内容看，除了行政事务局、法律事务局和统计局外，其他六个工作机构都规定了相应的权责。经济发展局、金融发展局和财政局三个工作机构所规定的权责较少，具体见表 7 - 2。

---

① "广东省人大决定"："五、广东省人民政府及其有关部门、珠海市人民政府及其有关部门将有关省级、市级管理权限依法授权或者委托给合作区执行委员会及其工作机构行使。"
② 权责清单资料截至 2022 年 1 月 25 日。

表7-2　经济发展局、金融发展局和财政局之权责

工作机构	具体权责
经济发展局 （涉及6项公共服务，3项其他权责）	境外投资备案 单用途商业预付卡备案 工业、信息化领域企业技术改造投资项目备案
金融发展局 （涉及5项行政许可，10项其他权责）	融资担保公司事项备案 小额贷款公司设立审批 融资担保公司设立、变更审批
财政局 （涉及2项行政检查）	对政府采购活动的监督检查 对国家机关、社会团体、企业、事业单位和其他组织会计信息质量进行监督检查

　　其他三个工作机构规定的权责较多，商事服务局目前公布了2019项权责清单，涉及146项行政许可、17项公共服务、2235项行政处罚、68项行政强制、4项行政奖励、1项行政裁决和24项其他权责。城市规划和建设局目前公布了150项权责清单，包括141项行政许可、20项公共服务、12项行政征收、4项行政确认、6项行政奖励、2项行政裁决、58项其他权责。民生事务局目前公布了84项权责清单，涉及149项行政许可、36项公共服务、10项行政给付、5项行政确认、1项行政奖励、30项其他权责。各工作机构在广东省政府所公布的权责清单范围内可以独立承担法律责任。

　　第二，今后各工作机构获得的新授权。除上述权责清单所规定的内容外，各工作机构也可以从广东省政府及其有关部门、珠海市政府及其有关部门处获得相应授权。从之前的实践看，广东省或其他地级市通过授权给予合作区管理委员会职能部门相应管理职权的情况并不少见。《行政诉讼法》第2条①规定，借助法律、法规、规章可以授权特定主体作出特定行政

---

① 《行政诉讼法》第2条："公民、法人或者其他组织认为行政机关和行政机关工作人员的行政行为侵犯其合法权益，有权依照本法向人民法院提起诉讼。前款所称行政行为，包括法律、法规、规章授权的组织作出的行政行为。"

行为的资格。因此，职能部门或工作机构可以基于法律、法规、规章的授权而成为行使行政职权的主体。那么，如何通过授权的方式使横琴粤澳深度合作区执行委员会下设的工作机构获得相应行政职权并独立承担法律责任呢？

首先，在合作区条例的制定中，可以对职能部门作出授权。合作区条例的性质为法规，满足授权所要求的法律层级。目前授权共有两种方式：一种是明确指出对何种机构授予何种类型的权力。例如，《深圳经济特区前海深港现代服务业合作区条例》第17条①对深圳市前海地方金融监督管理局作出授权，指出其"在前海合作区行使市级地方金融监督管理职权，履行行政许可、行政处罚、行政强制、行政检查等相应职责"。另一种是未明确指出机构名称，而是将特定职权授予行使相应职权的机构。例如在《深圳经济特区前海蛇口自由贸易试验片区条例》中，对综合行政执法机构便进行了授权，其中第10条②明确其可以行使相关领域的行政处罚、行政强制、行政检查等职权。该条虽然没有明确执法机构的名称，但是承担相应管理职权的工作机构可以根据此项授权独立承担该项职权所附随的法律责任。

其次，广东省、地级市通过公布"下放权责"清单目录的方式，来授予管理委员会相应职权。横琴新区也因此种方式获得过相应的授权。例如，2012年4月20日，广东省人民政府第十一届92次常务会议通过了《广东

---

① 《深圳经济特区前海深港现代服务业合作区条例》第17条："深圳市前海地方金融管理局在前海合作区行使市级地方金融监督管理职权，履行行政许可、行政处罚、行政强制、行政检查等相应职责，负责前海合作区地方金融管理领域的统筹、协调、统计、调查工作，可以制定相关先行先试的监管制度。深圳市前海地方金融监督管理局可以开展以合作监管与协调监管为支撑的金融综合监管试点，探索建设跨境金融创新监管区。"

② 《深圳经济特区前海蛇口自由贸易试验片区条例》第10条："自贸片区综合行政执法机构行使商务、知识产权、市场监督管理、交通运输、生态环境保护、水务、劳动监察、文化（含新闻出版广播影视、版权）、城市管理、自然资源、安全生产等管理领域行政处罚、行政强制、行政检查等职权。"

省第一批调整由横琴新区管理委员会实施的省级管理权限事项目录》，将16项省级管理权限①下放给横琴新区管理委员会，同时还委托其实施5项省级管理事项②。广东省政府也陆续3次下放省级管理事项给中国（广东）自由贸易试验区各片区管理委员会。2017年1月15日，广东省人民政府第十二届93次常务会议通过《中国（广东）自由贸易试验区各片区管委会实施的第二批管委会省级管理事项目录》，共下放1项省级管理事项，委托5项省级管理事项。2020年7月23日，广东省人民政府第十三届107次常务会议通过《广东省人民政府关于将第三批省级管理权限调整由中国（广东）自由贸易试验区各片区管委会实施的决定》，将68项省级管理权限调整为由自由贸易试验区各片区管理委员会实施，同时明确"在自贸试验区范围内，广州、深圳、珠海市不再实施相同管理权限"。这68项省级管理权限明确了横琴新区管理委员会所享有的权力。③ 其他地级市政府及其职能部门也曾

---

① 这16项权限包括：1. 省管权限的外商投资项目核准；2. 省管权限的地方政府投资项目审批；3. 中外合作经营外国合作者先行回收投资审批；4. 省管权限的地方政府投资项目用地审核；5. 大中型建设工程初步设计审查；6. 建设项目选址意见书核发；7. 注册在横琴新区的外商投资建筑工程公司施工专业承包序列二级资质、部分不分等级资质的审批权；8. 省管权限的外商投资项目合同、章程审批；9. 原由省实施审批、但不安排省级投资补助且不需省统筹协调和综合平衡的大型水利工程初步设计文件审批；10. 设立外商投资电影院审批；11. 设立电影制片单位、对外开展影视活动交流审核；12. 出版物印刷企业及外商投资印刷企业的设立、变更审批；13. 申请设立新华书店、外文书店，从事出版物批发业务及其变更事项审批；14. 外商投资企业登记管理；15. 企业冠省名登记申请的受理、初审；16. 标准内、编制内小汽车定编管理权限。
② 这5项包括：1. 注册在横琴新区的外商投资建筑工程公司施工总承包序列二级资质、专业承包序列一级资质的审批权；2. 注册在横琴新区的外商投资工程服务公司监理乙级资质的审批权；3. 注册在横琴新区的外商投资工程服务公司设计乙级资质审批权；4. 注册在横琴新区的外商投资建筑施工企业安全生产许可证审批权；5. 外国专家来华工作许可证审批权。
③ 其中，授予横琴新区管理委员会的权力包括：10. 律师事务所（分所）设立、变更、注销许可；11. 律师执业、变更、注销许可；12. 香港、澳门永久性居民中的中国居民申请在内地从事律师执业许可；13. 台湾居民申请在大陆从事律师执业许可；14. 司法鉴定机构及其分支机构设立、变更、注销登记；15. 司法鉴定人执业、变更、注销登记；16. 香港、澳门律师事务所与内地律师事务所联营核准；17. 港澳律师事务所驻内地代表机构设立、变更、撤销许可；18. 司法鉴定机构有《司法鉴定机构管理登记办法》第三十九条规定情形之一的行政处罚；19. 司（转下页注）

作出过授权。例如，2021 年 6 月 3 日，深圳市规划和自然局发布公告，将
12 项规划和自然资源领域的省级管理权限调整为由中国（广东）自由贸易
试验区深圳前海蛇口片区管理委员会办理。由此可见，广东省政府及其职
能部门、珠海市政府及其职能部门可以通过公布决定或发布目录清单的形
式，向横琴粤澳深度合作区工作机构作出新授权。

在实践中所遇到的问题往往是，法律、法规和规章赋予管理委员会和
执行委员会明确的权责，但未提及职能部门或工作机构。职能部门和工作
机构的授权往往来源于管理委员会、执行委员会的公告。那么，在这种情
况下，职能部门或工作机构是否可以行使行政职权？

根据《最高人民法院关于适用〈中华人民共和国行政诉讼法〉的解释》
第 21 条的规定，如果开发区是由国务院或省批准设立的，那么其管理委员
会所属职能部门可以行使行政职权，并成为行政诉讼的被告。按照这个标
准来判断，横琴粤澳深度合作区属于由国务院或省批准设立的开发区，因

（接上页注③）法鉴定人有《司法鉴定人登记管理办法》第二十九条规定情形之一的行政处罚；
20. 公司律师执业审核；21. 律师事务所（分所）执业许可证补证、换证；22. 律师执业证书
补证、换证；……25. 国家和省批准、核准的建设项目（跨地级以上市项目除外）规划选址意
见书核发；26. 省管填海项目竣工验收；27. 建设项目环境影响评价文件审批；28. 房地产开发
企业二级资质核准；29. 古树名木迁移审核审批；30. 建设工程设计乙级资质（涉及铁路、交
通、水利、信息产业、民航、海洋等方面除外）核准，建设工程勘察乙级资质核准；31. 房屋
建筑和市政基础设施工程竣工验收备案；32. 房地产评估机构备案；33. 房地产评估机构分支备
案；……38. 市辖区内不涉及跨市级行政区划的生产建设项目水土保持方案审批（不含中央立
项项目）；……42. 省管权限内的渔船渔业船网工具指标审批；43. 海洋大型拖网、围网作业的
捕鱼捕捞许可证核发（不含涉外渔业）；44. 远洋渔业船舶登记；45. 省管渔业船舶船员证书签
发；46. 专项捕捞许可证（拖虾、拖贝、鳗苗）审核；47. 港澳流动渔船（含大型船）渔业捕
捞许可证审批发证；48. 省管权限的港澳流动渔船渔业船网工具指标审批；49. 港澳流动渔船
（含大型船）渔业捕捞许可年审；……55. 遗传病诊断、产前诊断等方面的母婴保健技术服务执
业许可证核发；56. 放射卫生技术服务机构资质认定；57. 省管权限的放射诊疗许
可；……59.《医疗广告审查证明》（含中医医疗广告）核发；60. 省管权限医疗机构内医师执
业证书核发（含中医类别医疗机构内的医师）；61. 省管权限内的医疗机构设置审批和执业许可
（含中医）。

此其执行委员会下设的工作机构可以行使行政职权。但如果从行政主体的角度看，横琴粤澳深度合作区执行委员会下设工作机构所具有的行政主体资格则存疑。从目前横琴粤澳深度合作区的授权和其他合作区的授权经验看，法律、法规、规章往往将具体权力授予管理委员会或执行委员会，并非授予工作机构。管理委员会和执行委员会基于上述授权可以获得行政主体资格。目前法律、法规、规章对职能部门或工作机构进行专门授权的情况较少。以横琴粤澳深度合作区执行委员会在2021年9月17日发布的《横琴粤澳深度合作区执行委员会关于开展综合行政执法工作的公告》为例，该公告将23项综合行政执法权授予商事服务局。这些行政处罚权、行政强制权由商事服务局集中行使后，相关主管部门便不得再行使。这些授权中，有的已经在广东省政府的权责清单中公布，可以视作授权依据，但有的还未找到明确依据，例如气球施放管理。横琴粤澳深度合作区执行委员会不是立法机关、行政机关，因此无法制定法律、法规和规章，其所公布的公告从法律层级上看应当属于规范性文件，因此有关其可否作为工作机构授权依据的问题的确仍存在争议。① 目前一些权力也没有省政府、省人民代表大会常务委员会或市政府、市人民代表大会常务委员会的授权依据。因此，如果从行政主体的角度看，在没有获得授权的情况下，若工作机构行使未授权的权力，则其不能独立承担法律责任，相关法律责任应当由执行委员会承担。但是如果从行政诉讼的被告主体资格看，由国务院和省所批准设立的合作区执行委员会的工作机构可以类比开发区管理委员会的职能部门，从而作为行政诉讼被告，从被告资格推导其可以行使行政职权，并承担法律责任。

因此，为减少横琴粤澳深度合作区执行委员会及其工作机构在日后行

① 也有观点认为，在行政授权中，规范性文件也可以作为授权依据。

使行政职权时所产生的争议，建议在合作区条例制定或开展新授权时明确工作机构的权力范围，或明确该机构的性质。以商事服务局为例，第一种授权路径是在制定横琴粤澳深度合作区相关条例时加入对商事服务局的授权。例如规定商事服务局是开展综合执法工作的工作机构，或者参照《深圳经济特区前海蛇口自由贸易试验片区条例》第 10 条的规定，指出"深度合作区综合行政执法机构行使市场监督管理、知识产权管理、安全生产监督管理、农业农村管理、生态环境管理、水务管理、卫生健康管理、气球施放管理、住房和城乡建设管、自然资源管理、城市管理、市政管理、城市燃气管理、交通运输管理、文化（含广播电视、新闻出版、版权）管理、体育管理、旅游管理、宗教管理、劳动保障管理、教育管理、民政管理、商务管理、统计管理等方面法律、法规、规章所规定的行政处罚权、行政强制权"。第二种路径是由广东省或珠海市享有相关权限的机构将职权通过决定或权责清单的方式直接授予商事服务局。以气球施放管理为例，上述公告中有"气球施放管理方面法律、法规、规章所规定的行政处罚权、行政强制权"，从广东省政府网站所公布的权责清单看，此项权力未出现在商事服务局的权责中，而是在珠海市气象局的权责范围之内。因此，可以由珠海市气象局将此项权责授权给商事服务局。

由此可见，横琴粤澳深度合作区执行委员会及其工作机构是行使行政职权的主体。虽然实践中相关工作机构行使行政职权的能力是被承认的，但还是建议在合作区条例制定或省、市授权过程中对工作机构行政职权的范围作出更明确的界定，以减少争议。

（三）广东省委、省政府派出机构

《总体方案》指出："成立广东省委和省政府派出机构，集中精力抓好党的建设、国家安全、刑事司法、社会治安等工作，履行好属地管理职能。""属地管理"意为在特定区域内明确管理主体，明晰主体单位责任，调动主体单位及从业人员的工作积极性，提升辖区内的综合治理效能。由此可见，对横琴粤澳深度合作区而言，合作区管理主体及主体责任应由广东省负责明晰，这与大湾区的其他合作区有所区别，例如前海合作区、深汕合作区都是市政府的派出机构，其属地管理应由市政府负责。《总体方案》的规定可以被理解为：除了党的建设、国家安全、刑事司法、社会治安外，其他相关行政管理和公共服务职能都可以授予横琴粤澳深度合作区，给予其充分的自主权。目前，按照《总体方案》的规定，省委、省政府的派出机构已经成立，即中共广东省委横琴粤澳深度合作区工作委员会、广东省人民政府横琴粤澳深度合作区工作办公室。这两个机构在性质上属于派出机构，并没有被明确授予对外职权，因此也不是横琴粤澳深度合作区行政管理职权的行使主体。

在刑事司法方面，横琴粤澳深度合作区已经设立了检察院和法院。2021年12月1日，广东省第十三届人民代表大会常务委员会第三十七次会议通过《关于批准设立广东省横琴粤澳深度合作区人民检察院的决定》，批准设立广东省横琴粤澳深度合作区人民检察院，作为广东省检察院的派出机构，行使基层人民检察院职权，由珠海市人民检察院作为上一级检察院履行相应诉讼职责。因此，在检察院方面，横琴粤澳深度合作区的检察院是广东省的派出机构。在法院方面，2021年12月1日，横琴粤澳深度合作区人民法院发布公告，将珠海市横琴新区人民法院更名为横琴粤澳深度合作区人民法院，同时明确合作区人民法院所管辖的一审案件范围。2021年12月1日，珠海市中级人民法院发布了《关于调整横琴粤澳深度合作区一审行政案件管辖法院的公告》，指出"经广东省高级人民法院批准，对我市部分一审行政案件的管辖进行调整"。2022 年 1 月 17 日，最高人民法院发布《关于支持和保障横琴粤澳深度合作区建设的意见》，明确"广东省高级人民法院要压实主体责任，强化督促落实，积极争取有关部门支持，凝聚服务保障合力，加快推动各项建设和改革任务落地见效"。由此可见，广东省高级人民法院所发挥的是督促落实和保障的作用。

在社会治安方面，从目前所公布的信息来看，行使横琴粤澳深度合作区的社会治安职能的机构是横琴粤澳深度合作区公安局。它是珠海市公安局的分局，行使由法律和珠海市公安局所赋予的各项权责，它是所辖机构和人民警察的领导指挥机关，各分局按规定下设公安派出所。目前它属于珠海市公安局的直属部门。横琴粤澳深度合作区公安局共设有五个派出所，分别是横琴派出所、万山派出所、桂山派出所、担杆派出所、东澳派出所。2021 年 12 月 24 日，横琴粤澳深度合作区公安局发布《关于设立横琴粤澳深度合作区公安局综合服务中心的公告》。广东省政府公开的横琴粤澳深度合作区公安局的权责共有 289 项，涉及 30 项行政许可、78 项公共服务、208 项行政处罚、27 项行政强制、21 项行政检查、7 项行政确认、1 项行政奖励和 13 项其他职权。

上述几个机构的设置中，当属检察院的规定尤为特殊。对比深汕特别合作区和横琴粤澳深度合作区，前者的检察院是深圳市人民检察院的派出机构，行使县一级检察院的职权；后者的检察院则由省检察院派出，由所属市的检察院作为其上一级检察院履行诉讼职责。横琴粤澳深度合作区人民检察院将对广东省人民代表大会及其常务委员会负责，由广东省人民检察院一并向广东省人民代表大会及其常务委员会报告工作。在人事任免上，横琴粤澳深度合作区人民检察院的检察长、副检察长、检察委员会委员、检察员均由广东省人民检察院检察长提请广东省人民代表大会常务委员会任免。横琴粤澳深度合作区在检察院的设置上，体现了较为突出的特点。但是就法院和公安局的设置而言，目前依旧延续着之前的规定。

从上述分析可知，省委、省政府的派出机构在横琴粤澳深度合作区没有行政管理职权。作为广东省人民检察院的派出机构，横琴粤澳深度合作区人民检察院所行使的并非行政管理职权。因此省委、省政府的派出机构目前并不是行政管理权的行使主体，但在之后如果得到授权，它们也可以在合作区内承担相应的行政管理职权。

（四）　其他机构

从广东省政府目前所公布的权责清单可知，在横琴粤澳深度合作区享有行政管理职权的除了上述机构外，还包括国家税务总局横琴粤澳深度合作区税务局、横琴烟草专卖局和广东电网有限责任公司横琴供电局。横琴供电局目前还没有明确的授权清单，但其他机构均公布了具体权责。国家税务总局横琴粤澳深度合作区税务局一共有 178 项职权，涉及 4 项行政许可、55 项公共服务、36 项行政处罚、8 项行政强制、94 项行政征收、2 项行政检查、11 项行政确认和 23 项其他职权。横琴烟草专卖局一共有 1 项职权，涉及 7 项行政许可。税务、烟草等机构由于其垂直管理的特点，相关权力未授予横琴粤澳深度合作区。这几个机构也是横琴粤澳深度合作区中行使行政管理权的主体。在其他开发区中，由海关、海事、边检、税务等单位在开发区设立工作机构（驻区机构）的情况也存在。例如，《海南自由贸易港洋浦经济开发区条例》第 7 条第 3 款对此作出了明确规定："洋浦经济开发区应当为驻区机构履行职责提供便利和协助。"

上文对横琴粤澳深度合作区行政管理体制作出了简要介绍，通过总结和梳理可知，合作区主要的行政管理机构为横琴粤澳深度合作区执行委员会及其工作机构，其他省、市政府及其职能部门的派出机构在授权范围内也可以行使部分行政管理职权，主要涉及治安、烟草、税务等，与设立合作区的主要目的和我国的垂直管理体系有着密切联系。那么，作为合作区的行政管理机构，合作区执行委员会具有怎样的法律地位？

三　合作区行政管理机构的法律性质

通过对横琴粤澳深度合作区行政管理职权行使主体进行分析可知，在合作区行使行政管理职权的机构主要为合作区执行委员会及其工作机构。在其他开发区、合作区，这一行政管理机构为管理委员会及其职能部门。正如我们所知，开发区、合作区并非行政区划，而是为了实现特定目的而成立的功能区，因此其行政管理机构也并非一级政府。对于合作区管理机构的法律地位，不同学者有不同看法。在目前出台的法律规定和政策文件中，也没有明确合作区管理机构的法律地位。开发区管理委员会的法律地位，涉及其职责权限、领导体制等一系列问题，但核心在于对开发区管理委员会的行政主体类型的定位，即开发区管理委员会在法律上应属于哪一类行政主体，应该有多大的职责权限，应当履行怎样的行政职能。[1] 在我国内地省级行政区的地方性法规中，将管理委员会定位为地方人民政府派出机关的省份共有 6 个，分别是辽宁省、湖南省、湖北省、山西省、江苏省和江西省；定位为地方人民政府派出机构的省份共有 7 个，分别是陕西省、河北省、四川省、贵州省、福建省、山东省和广西壮族自治区；其余省份对管

---

① 参见潘波《开发区管理委员会的法律地位》，《行政法学研究》2006 年第 1 期，第 38~39 页。

理委员会的行政主体类型只作了模糊性规定或完全没有规定。由此可见，即便在地方性法规层面，对管理机构法律性质的定位也存在不小分歧。对管理委员会、执行委员会法律地位的讨论，主要存在以下几种观点。

（一）管理委员会法律地位的几种观点

1. 行政机关

行政机关是指依宪法或组织法的规定而设置的行使国家行政管理职能的国家机关。[①] 从开发区的法律地位看，它并不属于我国的一级行政区划，也不享有我国宪法和组织法所赋予的权力。宪法和组织法并未提及开发区管理委员会。2021 年商务部、财政部、国土资源部、住房和城乡建设部、海关总署、国家税务总局在《关于规范和促进边境经济合作区发展的意见》中强调"边境经济合作区原则上不与所在行政区合并管理，不得取消管理委员会建制"，也印证了合作区管理委员会不是行政机关的观点。此外，合作区管理委员会、执行委员会并非由人民代表大会选举产生，也不受人民代表大会直接监督，因而并不是一级政府。虽然也有观点认为将管理委员会定位为行政机关至少在形式上是符合条件的，并援引"周喜帅与长春经济技术开发区管理委员会不履行政府信息公开法定职责纠纷"判决书中法院所提及的"高新区管理委员会作为行政机关已经履行政府信息公开义务"作为印证。但不得不指出，该观点仅代表少数人的意见，目前绝大多数观点不支持将开发区管理委员会视作行政机关。

2. 派出机关

将开发区管理委员会视为派出机关是当前的主流观点之一，在很多开

[①]　姜明安主编《行政法与行政诉讼法》（第五版），北京大学出版社，2011，第 91 页。

发区制定的条例中都将管理机构视为派出机关。2017 年国务院办公厅《关于促进开发区改革和创新发展的若干意见》指出："开发区管理机构作为所在地人民政府的派出机关。"2007 年国务院颁布的《国家级开发区管理条例》的征求意见稿中写道："管理委员会作为所在地省或市级以上人民政府的派出机关。"《广西壮族自治区开发区条例》第 20 条指出："开发区管理机构作为所在地县级以上人民政府的派出机关。"《江西省开发区条例》第 23 条指出："开发区管理机构为所在地人民政府的派出机关。"《山西省开发区条例》第 14 条指出："开发区为所在地县级以上人民政府的派出机关。"《辽宁省开发区条例》第 22 条指出："开发区管理机构为所在地市、县人民政府的派出机关。"《江苏省开发区条例》第 23 条指出："开发区管理机构是所在地县级以上人民政府的派出机关。"《广西壮族自治区开发区条例》第 20 条指出："开发区管理机构是所在地县级以上人民政府的派出机关。"2014 年《安全生产法》第 8 条第 2 款明确指出："开发区管理机构是地方人民政府的派出机关。"但值得注意的是，2021 年新修订的《安全生产法》取消了这一表述。

对于管理委员会是否可以作为派出机关，目前在学术界还有争议。从我国现有法律体系对派出机关的类型定位来判断，《地方各级人民代表大会和地方各级人民政府组织法》第 68 条明确规定派出机关的三种形式，即行政公署、区公所和街道办事处。《地方各级人民代表大会和地方各级人民政府组织法》第 68 条的规定为："省、自治区的人民政府在必要的时候，经国务院批准，可以设立若干派出机关。"但将其实际运用到合作区管理委员会中则会遇到两个问题：第一，虽然很多开发区是由国家或省批准设立的，但这并不当然意味着开发区管理机构是由中央或省所派出的。第二，在实践中有部分管理委员会是省级政府的派出机关，但也有很多管理委员会是地级市政府的派出机关，并不是组织法所规定的街道办事处，因此第二种类型在我国并没有得到组织法的确认。但这些规定也并没有完全否认开发区、合作区管理机构成为政府派出机关的可能性，例如《地方各级人民代表大会和地方各级人民政府组织法》第 68 条规定，省可以设立派出机关，这可以论证部分开发区是政府的派出机关。同时，从我国成立开发区至今，开发区的管理体制便一直存在，这也符合实际需要，因此通过调整《地方各级人民代表大会和地方各级人民政府组织法》的规定将开发区管理委员会认定为派出机关也并非不可行。

3. 派出机构

另一个主流观点是将开发区管理机构视作政府的派出机构。《国务院办公厅转发商务部等部门关于促进国家级经济技术开发区进一步提高发展水平若干意见的通知》指出："国家级经济技术开发区的管理机构一般是所在地市级以上人民政府的派出机构。"2017 年 9 月 7 日通过的《深汕特别合作区体制机制调整方案》规定深汕合作区由深圳全面主导，是深圳市委、市政府的派出机构。①《深圳经济特区前海蛇口自由贸易试验片区条例》规定："自贸片区管理委员会为市人民政府的派出机构。"《山东省青岛西海岸新区条例》第 6 条明确规定："西海岸新区管理委员会是青岛市人民政府的派出机构。"《黑龙江省哈尔滨新区条例》第 5 条明确规定："新区管理委员会是省人民政府的派出机构。"《河北雄安新区条例》第 6 条明确规定："雄安新区管理委员会是省人民政府的派出机构。"《平潭综合实验区条例》第 9 条明确规定："实验区管理委员会是省人民政府的派出机构。"《宁波杭州湾新区条例》第 4 条明确规定："宁波杭州湾开发建设管理委员会是宁波市人民政府的

---

① 在该方案出台前，深汕特别合作区党工委、管委会为省委、省政府派出机构，享有地级市一级的管理权限，委托深圳、汕尾两市管理，深圳市主导经济管理和建设，汕尾市负责征地拆迁和社会事务。

派出机构。"《中国（上海）自由贸易试验区管理办法》第 4 条指出："管理委员会为市政府的派出机构。"《中国（上海）自由贸易试验区条例》第 8 条也有类似规定。《中国（福建）自由贸易试验区条例》第 10 条规定："省人民政府在自贸试验区设立派出机构。"《中国（浙江）自由贸易试验区条例》第 7 条指出："中国（浙江）自由贸易试验区管理委员会是省人民政府的派出机构。"《山东省经济开发区条例》第 7 条指出："经济开发区管理委员会是所在地县级以上人民政府的派出机构。"横琴粤澳深度合作区成立之前的横琴新区也有类似规定。2019 年 1 月 19 日，珠海市人民政府办公室发布《珠海市横琴经济开发区管理委员会（横琴镇）职能配置内设机构和人员编制方案》，并指出："横琴经济开发区管理委员会是珠海市人民政府的派出机构。"

除了上文所列举的开发区外，还有很多开发区有类似规定，这里不再赘述。开发区管理机构作为政府的派出机构，大致存在两种情况：一种是作为省政府的派出机构，如雄安新区管理委员会、福建自贸试验区管理委员会等；另一种是市政府的派出机构，如宁波杭州湾开发建设管理委员会、深汕特别合作区管理委员会等。

中央机构编制委员会办公室曾在 2011 年对政府派出机构的定义作出相关解释，将政府派出机构定义为政府或政府职能部门在一定区域或组织内设立、授权实施某方面行政管理职能的代表机构。中央机构编制委员会办公室在这一解释中指明：政府派出机构是根据组织法以外的行政性规章或地方性法规所设立的，并不是独立的行政主体，只能在法律法规明确授权的情况下才能以自己的名义行使行政权力。从这一定义看，很多开发区的管理委员会的确符合派出机构的资格要求，但将其视作派出机构也的确存在一定问题。如果将开发区的管理委员会视作政府的派出机构，那么其应当采用首长负责制①，但是很多开发区都提倡法人结构的治理模式。如果将开发区的管理委员会视作派出机构，那么，上述法人结构的落实是值得商榷的。如果将开发区的管理委员会视作政府的派出机构，那么它并没有独立承担法律责任的能力，仅可在特定的授权范围内承担法律责任，真正的责任承担主体应当是它的派出机关。但在实践中管理委员会或执行委员会在经济发展、民生保障等方面享有较为广泛的权力。《最高人民法院关于适用〈中华人民共和国行政诉讼法〉的解释》也指出："当事人对由国务院、省级人民政府批准设立的开发区管理机构作出的行政行为不服提起诉讼的，以该开发区管理机构为被告。"由此可见，在大部分情况下，管理委员会是可以独立承担法律责任的，这在一定程度上与派出机构的性质存在冲突。

4. 法律、法规授权的组织

法律、法规授权的组织是指依具体法律、法规授权而行使特定行政职能的非国家行政机关组织。② 目前法律、法规并没有就被授权组织所应具备的条件进行明确。从规定管理委员会法律地位、职责的相关条例来看，管理委员会的确符合法律、法规授权的基本要件。但是，法律法规授权的组织和开发区管理委员会有几点不同之处。第一，被授权的组织不能通过

---

① 不同学者对首长负责制作出了不同定义。杨海坤将其总结为："所谓首长制，即行政机关的最高决策权力掌握在一人手中，一切行政措施的最后决定权赋予行政首长。同时行政首长负有整个机关的行政责任，故又称独任制。"参见杨海坤《论行政机关首长负责制》，《社会科学探索》1991年第5期。浦兴祖教授从政治学的视角将概念界定为："所谓首长负责制，是指各级政府及其部门的首长在民主讨论的基础上，对本行政组织所管辖的重要事务具有最后决策权，并对此全面负责。"参见浦兴祖主编《当代中国政治制度》，复旦大学出版社，1999。黄贤宏、吴建依认为："行政首长负责制是指国家各级行政机关首长在所属行政机关中处于核心地位，在该行政机关行使职权时享有最高的决定权并由首长向权力机关个人责任的行政领导制度。"参见黄贤宏、吴建依《论中国特色的行政首长负责制》，《法学杂志》1999年第4期。
② 姜明安主编《行政法与行政诉讼法》（第五版），北京大学出版社，2011，第114页。

所设立的内设机构来行使职权，但是开发区管理委员会中确实存在工作机构。第二，一般而言，法律、法规授权的组织都拥有某类特定的行政事务权限，例如派出所的授权依据是《中华人民共和国治安管理处罚条例》，税务所的授权依据是《中华人民共和国税收征收管理法》。而合作区管理委员会的行政管理职权范围较广，远超上述机构。但是将开发区管理委员会视作法律、法规授权的组织，也的确有一定依据。绝大部分开发区管理委员会的权力可以找到明确的法律、法规和规章依据，同时法院的一些判例也承认开发区管理委员会是法律、法规和规章所授权的组织。

5. 法定机构

有一部分开发区将其管理机构的性质界定为法定机构。《天津国家自主创新示范区条例》第7条指出："管理委员会作为天津滨海高新技术产业开发区履行相应行政管理和公共服务职责的法定机构。"《厦门经济特区两岸新兴产业和现代服务业合作示范区条例》第6条第2款指出："管理局是实行企业化管理、履行相应行政管理和公共服务职责的法定机构，负责示范区的开发建设、运营管理、招商引资、制度创新、综合协调、保障服务等工作。"《深圳经济特区前海深港现代服务业合作区条例》第7条指出："前海管理局是履行相应行政管理和公共服务职责的法定机构。"广东省人民代表大会常务委员会通过的《关于横琴粤澳深度合作区有关管理体制的决定》指出："合作区执行委员会是承担合作区经济和民生管理职能的法定机构。"因此，将管理委员会界定为法定机构的情况在开发区也已经存在。

除了上文提及的相关规定外，还有一些规定并未明确管理委员会的法律地位。例如《郑州航空港经济综合实验区条例》仅规定省人民政府设立郑州航空港经济综合实验区管理委员会。《海南自由贸易港海口江东新区条例》仅规定海口市人民政府在江东新区依法设置管理机构。由此可见，关于开发区管理委员会法律性质的界定，目前还未形成统一答案。

在横琴粤澳深度合作区中，执行委员会的性质已经获得明确定位。广东省人民代表大会常务委员会将其界定为"法定机构"。那么"法定机构"这一概念相对于其他概念而言又有怎样的特点呢？

（二）作为法定机构的执行委员会

在我国，"法定机构"这一概念借鉴了域外经验，例如美国和英国将法定机构定义为"独立管制机构"，法国将其定义为"独立行政机构"，日本将其定义为"行政法人"，新加坡则将其定义为"法定机构"。李志远认为："所谓法定机构是指由政府委托授权履行一定的行政执行性、服务性职能的准行政机构。"[①] 黎少华等认为："法定机构是指依据特定的法律、法规或规章设立，依法承担公共事务管理职能或公共服务职能，不列入行政机关序列，具有独立法人地位的公共机构。"[②] 陈水生认为："法定机构是依据立法机构专门立法设立，区别于政府决策部门，依法执行政府决策并承担公共事务管理职能或公共服务职能，但是不列入行政机关序列、相对自主、独立运作和具有独立法人地位的公共管理机构。"[③] 2011 年广东省机构编制委员会办公室印发的《关于在部分省属事业单位和广州、深圳、珠海市开展法定机构试点工作的指导意见》指出："法定机构是根据特定的法律、法规或者规章设立，依法承担公共事务管理职能或者公共服务职能，不列入行

---

① 参见李志远《高新技术产业开发区管理模式探析》，载王瑞明、房健编《迈入辉煌高新技术产业开发区发展战略研究》，河南人民出版社，1998，第 209 ~ 217 页。
② 黎少华、艾永梅：《广东法定机构试点调查》，《中国经济报告》2014 年第 3 期，第 28 ~ 32 页。
③ 陈水生：《国外法定机构管理模式比较研究》，《学术界》2014 年第 10 期，第 111 ~ 122 页。

政机构序列，具有独立法人地位的公共机构。"深圳市颁布的《关于推行法定机构试点的意见》将法定机构定义为："法定机构依特定立法设立，依照国家有关法律、法规、规章规定进行监管，具有独立法人地位。"《深圳经济特区前海深港现代服务业合作区条例》将其管理局定义为："实行企业化管理但不以营利为目的的履行相应管理和服务职责的法定机构。"法定机构一般具有依法设立、职责法定、运作独立、共同治理、公开透明等特点，在公共事务管理和公共服务领域发挥着重要作用。《关于推进法定机构试点的意见》还对法定机构进行了分类："根据法定机构业务特点的不同，可以将法定机构分为主要承担公共事务管理职能和主要承担公共服务职能两种类型。其中，主要承担公共事务管理职能的法定机构，在职责范围内依法履行行政许可、行政处罚、监督检查等执法、监管及其他职责；主要承担公共服务职能的法定机构，在政府或者政府相关部门的指导下，依法直接向社会提供公共服务，满足公益需求。因实际需要，通过地方性法规、政府规章等规范性文件，也可以将其他职责交由法定机构承担。"

在横琴粤澳深度合作区成立之前，法定机构的模式已经得到了充分落实。通过对法定机构的定义进行比较分析，虽然不同学者有着不同观点，但我们仍旧可以找到法定机构所具有的几个公认特点：第一，依据法律、法规或者规章设立；第二，承担公共管理或公共事务职能；第三，不列入行政机关序列；第四，区别于决策部门，性质上属于执行部门；第五，具有独立法人地位。这些突出了法定机构所具有的法定、独立和自主等特点。

将开发区行使行政职权的机构界定为法定机构在我国已早有实践。2011 年，作为内地首个法定机构的前海管理局正式成立，其依据是《深圳经济特区前海深港现代服务业合作区条例》。前海管理局主要承担政府行政管理、公共服务、企业开发建设等职能。《深圳经济特区前海深港现代服务业合作区条例》第7条规定："前海管理局具体负责合作区的开发建设、运营管理、招商引资、制度创新、综合协调等工作";第10条规定:"前海管理局拥有非金融类产业的审批权,享受计划单列市的管理权限。"区域内的治安管理、安全生产等专业性职能仍然由政府或相关部门来承担。2015年通过的《青岛蓝色硅谷核心区管理暂行办法》设立了青岛蓝色硅谷核心区管理局(以下简称"蓝谷管理局")。《青岛蓝色硅谷核心区管理暂行办法》指出:"蓝谷管理局是依法承担公共事务管理和公共服务职能,实行企业化管理但不以营利为目的,具有独立法人地位的法定机构,负责核心区的开发建设、运营管理、招商引资、制度创新、综合协调等工作。"《青岛蓝色硅谷核心区管理暂行办法》第9条对蓝谷管理局的职权进行了明确。《青岛蓝色硅谷核心区管理暂行办法》第14条规定:"核心区内的公安消防、环境保护、社会保障、市容和环境卫生等社会管理职能依旧是由即墨市政府以及市相关部门负责。"在蓝色硅谷核心区的管理体制中设立青岛蓝色硅谷核心区理事会。它是核心区的最高决策机构,负责研究、确定核心区的发展战略规划,并行使重大事项决策权。从职权上看,青岛蓝色硅谷核心区理事会类似于横琴粤澳深度合作区的管理委员会。

通过对"广东省人大决定"的解读,我们可以发现,在横琴粤澳深度合作区中承担行政管理和公共服务职责的执行委员会被界定为法定机构,而非派出机关或派出机构。笔者认为这与横琴粤澳深度合作区"共商共建共管共享"的体制机制密不可分。第一,法定机构强调对具体政策的执行,这恰恰符合合作区共商决策的特点。第二,共管模式下的执行委员会由粤澳双方成员共同组成,并且由澳门方委派其主要负责人。澳门和内地之间在行政管理体制方面有一定区别，法定机构"去行政化"的特点更加符合执行机构的需求。第三，在派出机构、派出机关的模式下，政府往往会为管理委员会确定编制。① 但是鉴于执行委员会组成人员的特殊性，法定机构的治理模式更加符合需求，同时也可采取法人治理的结构模式，以区别于政府的体制机制及决策的领导模式。第四，法定机构可以对外独立承担法律责任，采取法定机构模式的执行委员会在责任承担和权责划分的问题上能够有效减少争议。横琴粤澳深度合作区执行委员会及其工作机构具有以下几点特征：第一，职权来源是法律、法规或规章的授权；第二，在治理结构方面可以采用法人化治理结构；第三，在授权范围内具有较大自主权；第四，职能主要涉及公共管理、公共服务和经济建设。下文将结合这些特点对横琴粤澳深度合作区执行委员会及其工作机构的职权进行分析。

四　行政管理职权的内容

（一）行政管理职权的层级

行政管理职权的内容与行政管理职权的层级之间有一定联系。一般而言，管理权限可分为省级管理权限、计划单列市管理权限、市级管理权限和县级管理权限。不同的开发区对此作出的规定不同。《广东顺德清远（英德）经济合作区管理服务规定》第 2 条规定："顺德清远（英德）经济合作

---

① 《郑州航空港经济综合实验区条例》第 8 条明确了实验区应当在上级机构编制管理部门核定的机构总数内对工作机构进行调整。

区所行使的是市级经济管理权限。"《广西壮族自治区开发区条例》第 24 条根据开发区管理机构的不同，授予开发区设区市级的经济管理权限、自治区级的经济管理权限和县级的经济管理权限。《黑龙江省哈尔滨新区条例》第 5 条明确规定："新区履行哈尔滨市级管理职能和依法下放到新区的部分省级管理职能。"《河北雄安新区条例》第 6 条明确规定："参照设区的市人民政府的行政管理职权，行使国家和省授予的省级经济管理权限。"《海南自由贸易港洋浦经济开发区条例》第 10 条明确规定："洋浦管理委员会根据授权行使省级行政管理权。"《广州市临空经济区条例》第 6 条规定："广州空港经济区管理委员会在临空经济区行使市人民政府相应的管理权限。"《宁波杭州湾新区条例》则指出："新区管理委员会在其管理范围内行使宁波市人民政府授予的相关市级经济管理权限和相关县级社会行政管理权限。"《珠海经济特区横琴新区条例》第 17 条指出："管理委员会行使市一级的行政管理权，管理委员会的工作机构行使市一级人民政府工作部门的行政管理权限。"《厦门经济特区两岸新兴产业和现代服务业合作示范区条例》明确规定："管理委员会在投资立项审批方面行使计划单列市的管理权限。"

对于如何界定横琴粤澳深度合作区所行使权力的层级这一问题，可以从以下几个方面考虑。第一，合作区与广东省的关系。《总体方案》明确合作区"上升为广东省管理"。从权力层级来看，合作区应当介于广东省与珠海市之间，故其权力层级应为计划单列市。第二，《总体方案》提出"建立合作区收益共享机制"，明确"2024 年前投资收益全部留给合作区管理委员会支配""中央财政对合作区给予补助"，这些关于财政方面的规定更加符合计划单列市的权限。第三，计划单列市的权限更符合横琴粤澳深度合作区的发展方向。相对于地级市而言，计划单列市的自主性更大，更符合给予横琴粤澳深度合作区更大自主权的政策定位。从广东省政府所公布的权责清单中也可以看出，横琴粤澳深度合作区的职权范围远广于前海、深汕合作区此类市政府派出机构。第四，授予计划单列市管理权限早已有所实践。2010 年，国家发展和改革委员会下发批复要求"落实前海管理机构享有相当于计划单列市管理权限的政策"，由于计划单列市在管理权限上，尤其是经济管理权限上，要比地级市大很多，能够更好地给予横琴粤澳深度合作区发展自主权，更贴合深度合作区的发展方向。因此，笔者认为应当将横琴粤澳深度合作区行政管理权限的层级定位在计划单列市层面上。

（二）行政管理职权的分类

在讨论行政管理职权的具体内容时，可以先对行政管理职权进行分类。第一，从行政行为的角度看，行政行为以其针对的相对人是否特定为标准，可以分为抽象行政行为和具体行政行为。[①] 由于横琴粤澳深度合作区并不享有立法权，因此合作区执行委员会仅享有制定规范性文件的权力。在具体行政行为方面，可以参照《广东省县镇事权改革若干规定（试行）》中的界定标准，其指出"本规定所称行政管理职权，主要包括行政许可、非行政许可类行政审批、行政处罚、行政强制等职权"。从广东省政府所公布的横琴粤澳深度合作区的权责清单来看，行政管理职权被分为行政许可、行政处罚、行政强制、行政征收、行政给付、行政检查、行政确认、行政奖励、行政裁决及其他。第二，从外部和内部行政职权看，在分析行政管理职权时，往往是分析能够对行政相对人产生影响的职权。莫于川将外部行政行

---

① 姜明安主编《行政法与行政诉讼法》（第五版），北京大学出版社，2011，第153页。

为概括为 16 种，包括：制定行政规范权、行政调查权、行政检查权、行政决定权、行政许可权、行政确认权、行政奖励权、行政处罚权、行政强制权、行政委托权、行政合同权、行政经营权、行政物质帮助权、行政裁决权、行政复议权、行政申诉处理权。[①] 第三，从行政管理职权的具体内容来看，包括经济、民生、公共服务、社会管理等方面。下文将结合横琴粤澳深度合作区的发展定位，分析横琴粤澳深度合作区行政管理职权的具体内容。

（三）行政管理职权的具体内容

开发区管理机构所享有的职权的具体内容、政策同合作区的发展定位有着密不可分的关联。例如各类开发区管理委员会主要行使的是经济性职权及必要的社会管理职权，而风景名胜区管理委员会的职权则主要集中在保护、管理风景名胜区自然资源等领域。与行政机关不同的是，功能区承担包括公共管理（行政性的）、公共服务（事业性的）、开发运行（企业性的）在内的多种功能。[②] "广东省人大决定"对合作区执行委员会的职权作了如下界定："合作区执行委员会是承担合作区经济和民生管理职能的法定机构，依法履行国际推介、招商引资、产业导入、土地开发、项目建设、民生管理等相关行政管理和公共服务职能。"由此可见，在行政管理职权的授予方面，主要是授予经济和民生管理方面的行政管理职权。《总体方案》中列举了一些制度创新的重要关注点，这就意味着横琴粤澳深度合作区在

---

① 莫于川：《行政职权的行政法解析与建构》，《重庆社会科学》2004 年第 1 期。
② 赵立波：《功能区体制改革的法定机构蓝本——以青岛蓝色硅谷为例》，《山东社会科学》2020 年第 11 期。

这些方面将有极大的自主权，可以行使相关行政管理职权。第一，中医药产业方面审批流程的简化；① 第二，签证方面的特殊政策；第三，降低澳资金融机构设立银行、保险机构准入门槛；第四，支持开展跨境机动车保险、跨境商业医疗保险、信用证保险等业务；第五，企业所得税的相关优惠政策的制定和审批；第六，人才引进政策；第七，就业政策的制定；第八，民生合作政策；第九，相关税收政策的制定；第十，外债管理体制的创新；第十一，建立高度便利化的市场准入制度等。通过解读《总体方案》和"广东省人大决定"，可知合作区执行委员会的行政管理职权主要聚焦经济管理和民生管理方面，一般的社会管理职能仍存在于珠海市的相关政府部门内。如果对实现横琴粤澳深度合作区建设发展目标没有助益，那么可以这些社会管理职能不交由横琴粤澳深度合作区行使，仅赋予合作区管理委员会一些必要的社会管理职权。

一般而言，在开发区条例中都会对开发区管理委员会的职责进行阐述。《广西壮族自治区开发区条例》第 26 条将可以行使的权力分为社会管理、公共服务和市场监管三项。不同条例对于具体享有权力的分类有不同规定。《郑州航空港经济综合实验区条例》第 7 条明确规定："管理委员会享有省辖市级人民政府经济和社会管理权限以及省人民政府赋予的特殊管理权限。"《平潭综合实验区条例》第 9 条明确规定："管理委员会行使设区的市人民政府经济社会管理权限以及国务院、省人民政府赋予的特殊管理权限。"《珠海经济特区横琴新区管理委员会行使部分市一级行政管理权规定》指出："管理委员会依法对横琴新区内的经济和社会事务实行统一领导、统

---

① 《横琴粤澳深度合作区建设总体方案》："（七）……对在澳门审批和注册、在合作区生产的中医药产品、食品及保健品，允许使用'澳门监造'、'澳门监制'或'澳门设计'标志。研究简化澳门外用中成药在粤港澳大湾区内地上市审批流程，探索允许在内地已获上市许可的澳门中药在粤港澳大湾区内地生产，对澳门研制符合规定的新药实施优先审评审批。……"

一管理。"《广东深汕特别合作区管理服务规定》明确："管理委员会主要行使经济管理权限。"通过梳理有关管理委员会职责范围的描述，可以得知在实践中一般都认可将经济管理权限下放给管理委员会，但是对社会管理权限是否下放给管理委员会还存在争议。同时，在管理委员会行使公共服务职责、民生管理方面的行政管理权限等方面争议并不大。

按照《总体方案》中规定的对于横琴粤澳深度合作区的定位，笔者认为其行政管理职权主要包括经济、民生和公共服务，除必要的社会管理权限外，其他社会管理权限依旧由原行政机关享有。这与横琴粤澳深度合作区的发展定位有着密不可分的关联，因为其是功能区而非行政区，目的是推动经济发展和民生保障，因此应将授权重点放在经济、民生和公共服务等方面。前海合作区也遵循这种权力分配原则，即前海管理局这部分权限并未与传统的政府部门管理权限发生冲突，因为消防、治安、卫生等社会管理职能仍然归属于深圳市相关政府部门行使。目前横琴粤澳深度合作区设有公安局，它是珠海市公安局的派出机构。而审批护照和港澳通行证、拘留和强制执行、暂住证登记等这些专属于公安机关的权力或者与社会管理密切相关的权力依旧由原有机构执行。

在划定开发区管理委员会主要履行经济、民生和公共服务等事项的行政管理职权后，可以对职权的具体内容进行详细展开。笔者对比了一些开发区条例中关于管理委员会职责的规定，在此基础上对横琴粤澳深度合作区执行委员会职权的具体内容进行详细展开。

第一，具体执行合作区管理委员会的政策。《总体方案》指出："管理委员会下设执行委员会，管理委员会行使决策权。"那么，管理委员会具体决策的落实就应当是执行委员会职责的应有之意。

第二，为落实具体政策而制定规范性文件。从执行委员会的法律性质看，它不是一级政府，因此不享有立法权，它所出台相关规定的性质从法律位阶上看应当被界定为规范性文件。同时，对于横琴新区时期所制定的规范性文件，也由执行委员会以公告的方式予以继承，例如横琴粤澳深度合作区行政事务局的网站陆续转发了一些于横琴新区时期制定的规范性文件。①

第三，在具体领域行使行政权力。这主要强调具体行政职权的行使，如行政审批②、行政许可、行政处罚、行政强制、行政确认、行政奖励等职权。具体内容可以根据横琴粤澳深度合作区的发展定位来规定。根据《总体方案》的规定，这些职权与实现国际推介、招商引资、产业导入、土地开发、建设项目、民生管理等目标紧密相关，主要涉及经济和民生领域。

---

① 截至 2022 年 1 月，这些规范性文件包括：横琴新区管委会办公室关于印发《横琴新区促进休闲旅游业发展办法》的通知、横琴新区管委会办公室关于印发《横琴新区促进休闲旅游业发展办法》的通知、横琴新区管委会办公室关于印发《横琴新区支持人工智能产业发展暂行办法》的通知、横琴新区管委会办公室关于印发《横琴新区支持律师行业发展的暂行办法》的通知、横琴新区管委会办公室关于印发《广东自贸试验区横琴片区产业培育和扶持暂行办法》的通知、横琴新区管委会办公室关于印发《横琴新区鼓励发展试点区域饭堂暂行办法》的通知、横琴新区管委会办公室关于印发《横琴新区鼓励澳门企业在横琴跨境办公暂行办法（2020 年修订）》的通知、横琴新区管委会办公室关于印发《横琴新区促进总部经济发展办法》的通知、横琴新区管委会办公室关于印发《横琴新区博士后管理办法》的通知、横琴新区管委会办公室关于印发《横琴新区特殊人才奖励办法》的通知、横琴新区管委会办公室关于印发《横琴新区特殊人才奖励办法补充规定》的通知、横琴新区管委会办公室关于印发《横琴新区加快创新驱动企业及团队引进培育扶持办法》的通知、横琴新区管委会办公室关于印发《横琴新区引进人才租房和生活补贴暂行办法》的通知、横琴新区管委会办公室关于印发《横琴新区进一步推动高新技术企业高质量发展的扶持办法（暂行）》的通知、横琴新区管委会办公室关于印发《横琴新区关于举办创新创业大赛并给予优胜团队无偿资助的暂行办法（修订）》的通知、横琴新区管委会办公室关于印发《横琴新区创新创业大赛无偿资助专项资金管理暂行办法（修订）》的通知、横琴新区管委会办公室关于印发《横琴新区科技型企业办公场地租金补贴暂行办法（修订）》的通知、横琴新区管委会办公室关于印发《横琴新区科技型企业科技计划项目配套扶持暂行办法（修订）》的通知、横琴新区党政办公室关于印发《横琴新区及一体化区域企业研究开发费补助资金管理暂行办法（修订）》的通知。

② 横琴粤澳深度合作区执行委员会及其工作机构可以行使相应的行政审批权力。在此之前，广东省通过发布权责目录的方式，将部分行政审批权下放给了管理委员会，横琴粤澳深度合作区执行委员会目前已经实际享有部分事项的行政审批权。在其他开发区也有类似的规定，如《平潭综合实验区条例》规定，管理委员会有权"经依法授权或者委托行使省人民政府及其有关部门的行政审批权限"。

《总体方案》中提及中医药产业、保险产业、税收政策、人才引进、就业政策、民生合作等重点发展领域，这些领域的相关权力都可赋予执行委员会。上文对"在合作区行使行政管理职权的主体不止执行委员会及其工作机构"进行了深入分析，如果所涉及的职责并不由执行委员会及其工作机构享有或与民生、经济无关——如治安等方面——那么具体职权依旧由原机构——粤澳深度合作区公安局行使。判断标准概言之即为：具体行政权力是否与民生、经济相关，若相关则可由执行委员会及其工作机构行使，反之则由原机关履行。

不同开发区条例对该部分的表述不同。《广西壮族自治区开发区条例》第25条指出："制定招商引资政策，健全招商引资机制，整合招商引资资源，搭建招商引资平台"，"建立健全创新创业制度，搭建招才引智平台，加强创新资源集聚，构建创新创业服务体系。"《山东省青岛西海岸新区条例》指出："组织建设、管理西海岸新区基础设施和公共设施。"《郑州航空港经济综合实验区条例》第7条指出："负责实验区发展改革、科技、财政、人力资源和社会保障、自然资源、生态环境、商务、应急管理、市场监管、统计、规划建设、知识产权及其他社会管理、公共服务等行政管理工作。"《广州市临空经济区条例》第7条指出："负责临空经济区发展改革、科技、工业和信息化、财政、规划和自然资源、生态环境、住房城乡建设、水务、商务、统计、政务服务数据管理等行政管理工作。"《广州市南沙新区条例》第10条指出："管理南沙新区的发展改革、经贸、科技和信息化、财政、人力资源和社会保障、国土、房管、环保、建设、审计、国有资产监管、规划、统计、工商、教育、卫生、民政、知识产权、旅游、农业、林业和园林、水务等工作。"

第四，对合作区内的企业或个人提供指导、咨询和服务。作为一种行政指导，虽然不产生实际法律效力，但也属行政行为的一种。《广西壮族自治区开发区条例》规定："发布公共信息，为开发区内企业和相关机构提供指导、咨询和服务。"《厦门经济特区两岸新兴产业和现代服务业合作示范区条例》指出："为示范区的组织和个人提供高效优质服务。"

第五，接受其他分支机构、派出机构的协助配合。①《宁波杭州湾新区条例》指出："管理委员会检查、监督、协调有关部门设在新区的分支机构或者派出机构的工作，协调海关、出入境检验检疫及供水、供电、供热、供气、通信、金融等单位的工作。"《天津国家自主创新示范区条例》指出："管理委员会协调有关部门设在区域内派驻机构和分支机构的工作。"

第六，兜底性条款。"广东省人大决定"第 5 条明确规定："执行委员会及其工作机构可以接受广东省政府及其职能部门、珠海市政府及其职能部门的委托。"在其他合作区的条例中也存在类似兜底性条款，《深圳经济特区前海蛇口自由贸易试验片区条例》规定："管理委员会履行国务院、广东省人民政府、市人民政府赋予的其他职责。"《广州市南沙新区条例》规定："南沙新区管理机构根据国务院及其行政管理部门、省人民政府及其行政管理部门的决定，行使其委托、下放或者以其他方式交由南沙新区管理机构行使的行政管理权。"

需要指出的是，很多合作区管理委员会还有编制规划、制定政策等职责，《广西壮族自治区开发区条例》指出："开发区管理机构根据自治区、设区的市开发区总体发展规划和政策措施，编制、修改本开发区总体发展规划等规划。"《深圳经济特区前海蛇口自由贸易试验片区条例》指出："自贸片区管理委员会统筹推进自贸片区发展改革和制度创新工作，制定、拟

---

① 《总体方案》明确广东省和珠海市派人参加执行委员会、做好协同工作；开发投资公司配合执行委员会做好建设工作；省委、省政府派出机构主动配合合作区的开发建设。

定并组织实施自贸片区发展规划和政策措施。"但在横琴粤澳深度合作区中，由于将决策和执行机构区分开来，重大规划、重大政策、重大项目等事项的统筹决定权归属管理委员会，因此执行委员会不享有这些重大事项的决策权。

（四）　行政管理职权的获取路径

横琴粤澳深度合作区的行政管理职权一般是通过行政授权获取的。行政授权是指由单项法律、法规和规章直接决定，或通过明确的授权性规定间接决定是否将某一方面或某一项独立行政职权授予行政机关以外的组织行使并独立承担相应责任的行政职权配置方式。[①] 胡建淼教授曾提出"行政授权，既不是指法律法规对行政权力的设定，也不是行政机关对行政权力的委托，而是指行政主体在法律、法规许可的条件下，通过法定的程序和形式，将自己的行政职权的全部或部分转让给有关组织，后者据此以自己的名义行使该职权，并承受该职权行为效果的法律制度"[②]。有学者将我国行政组织法中所规定的授权制度总结为"三级授权制度"：第一级授权是通过宪法、组织法和立法法对行政组织的职权进行设定，此时的授权主体是全国人民代表大会及其常务委员会，被授权主体主要是各级人民政府以及部分行政机构（如审计部门）；第二级授权是通过法律、法规和规章对行政组织的职权进行设定，授权主体是权力机关和享有立法权的行政机关，被授权主体主要是行政机构；第三级授权是通过政府规范性文件对行政组织的职权进行设定，授权主体主要是人民政府，被授权主体主要是其所隶属

① 参见莫于川《行政职权的行政法解析与建构》，《重庆社会科学》2004 年第 1 期。
② 参见胡建淼《行政法学》，法律出版社，1998，第 242 页。

的行政机构。①

根据上述对行政授权的总结可以得知我国行政机关的职权来源主要包括两种：一种是通过法律、法规和规章将行政职权直接授予有关主体；另一种是由行政主体通过法定程序将行政职权转让给其他主体。第一种是法律、法规和规章的直接授权，第二种是行政机关依据法律、法规和规章的转让授权。前者是行政权的设定，后者是行政权的转让。对横琴粤澳深度合作区执行委员会及其工作机构的授权应当属于行政权的转让。前文在讨论工作机构是否可以作为行使行政管理职权的主体时已经对工作机构获得行政职权的问题进行了详细分析，下文将对行政职权的获取路径进行总结。

第一，横琴粤澳深度合作区条例的授权。《总体方案》指出："研究制定合作区条例，为合作区长远发展提供制度保障。"从法律层级看，未来合作区条例的法律位阶应为地方性法规，满足法律、法规授权的要求。首先对执行委员会的具体职责进行规定，其次对执行委员会工作机构的行政职权作出规定，最后对其他主体的行政管理职权进行规定。这里关于行政管理职权的规定属于概括性规定，类似于"商事服务局是行使综合行政执法权的机构"。

第二，中央授权。《总体方案》指出："支持合作区以清单式授权方式，在经济管理、营商环境、市场监管等重点领域深化改革、扩大开放。有关改革开放政策措施，涉及需要调整现行法律，由有关方面按法定程序向全国人民代表大会及其常务委员会提出相关议案，经授权或决定后实施；涉及需要调整现行行政法规的，由有关方面按法定程序提请国务院授权或决定后实施。"2020 年 10 月，中共中央、国务院对深圳进行了 40 项"一揽

---

① 参见李小萍《街道办事处实施行政处罚的司法审查：逻辑与路径》，《江西社会科学》2021 年第 12 期。

子"授权，若横琴粤澳深度合作区执行委员会及其工作机构需要行使的行政职权需要中央授权，也可以尝试由中央发布授权清单。

第三，广东省和珠海市人民代表大会及其常务委员会的授权。《总体方案》指出："用足用好珠海经济特区立法权，允许珠海立足合作区改革创新实践需要，根据授权对法律、行政法规、地方性法规作变通规定。"广东省和珠海市人民代表大会及其常务委员会可以通过清单的方式，将相关权力下放给横琴粤澳深度合作区执行委员会及其工作机构，并且这种做法也已早有实践。

第四，广东省人民政府及其有关部门、珠海市人民政府及其有关部门的授权。"广东省人大决定"第 5 条规定，政府及其有关部门既可以通过规章的形式授权，也可以通过规范性文件的形式授权。学界对能否以规范性文件的形式进行授权存在不同观点：一种观点认为行政机关可以通过规范性文件进行职权转移，但由于规范性文件的随意性较大，因此应对其进行限制；另一种观点则不认同以规范性文件的形式作出授权，认为规范性文件作出的是立法行为，且规范性文件所针对的是不特定对象，因而并不符合行政授权的性质。关于规范性文件是否可以作为授权依据的确存在一定争议，从授权合法性原则①的角度看，如果规范性文件作出的具体授权符合法律、法规和规章的规定，是对上述规定的细化而非创制，那么执行委员会及其工作机构可以通过规范性文件获得授权。

---

① 合法性原则要求各级授权主体的授权行为应当在其权限范围内作出，并且所授的职权符合法律规定。具体包括以下要求：第一，除全国人民代表大会及其常务委员会在特定情况下外，各级授权主体皆不得违反法律规定将涉及国家保留事项的职权授出；第二，下位法中的授权规范不得与上位法相抵触，亦不得与同层级的特别法相抵触，即若上位法或特别法中已固定一行政机关享有某项职权，且无任何明示或默示的授权表示，则无论该职权是否属于国家保留事项，下位法和同层级的一般法皆不得将该职权授出；……第三，上位法无规定某项职权归特定行政机关享有或不可授出时，下位法可将该职权授出，但"授权范围在法源上至少须与确定原管辖权分配秩序之法规属同一等级"。参见周远洋《行政授权事项范围的界定》，《南海法学》2020 年第 2 期。

第五，横琴粤澳深度合作区执行委员会的规范性文件。横琴粤澳深度合作区不享有立法权，其制定的文件、发布的通知从法律位阶看应属规范性文件。在执行委员会之下设有九个工作机构，若执行委员会欲将具体职权通过发布公告或制定规范性文件的形式授予相应工作机构，笔者认为至少要符合两个条件：第一，执行委员会享有此项职权；第二，从上位法或上级的有关规定中能够明确此项职权包含于该工作机构的职权范围之中。

第六，广东省政府及横琴粤澳深度合作区公布的权责清单。《关于推行地方各级工作部门权力清单制度的指导意见》中提出了全面梳理现有行政职权、大力清理调整行政职权、公布权力清单的要求。开发区管理委员会也负有公布权责清单的义务。①

目前行政法并没有对权责清单的法律地位作出具体规定，但不可否认的是，在判断相应行政管理职权的享有主体时，权责清单是一个重要的依据。有学者就权责清单在行政诉讼中所具有的作用进行整理后指出，行政权力清单在行政诉讼中最常以证据的形式来运用。② 在行政诉讼中，行政相对人或者行政机关都可以将其作为证据使用，法院在一些案件中对权力清单的合法性、真实性和关联性进行审查。如果权力清单的规定和上位法的规定不冲突，那么相应的行政主体就能够享有清单中所规定的权力。

从上文的分析可知，横琴粤澳深度合作区执行委员会及其工作机构的行政管理职权来源于授权。横琴新区管理委员会之前是珠海市政府的派出机构。在横琴粤澳深度合作区成立后继承横琴新区管理委员会权利义务的

---

① 例如，2019年3月1日起施行的《山西省开发区条例》第15条和第17条规定地方政府对开发区的授权要实行目录管理，开发区也应当制定权责清单；2019年1月1日起施行的《辽宁省开发区条例》第16条也要求公布放权目录并建立动态调整机制。
② 参见乔艺《行政权力清单在行政诉讼中的审查适用研究》，华东政法大学硕士学位论文，2020，第36页。

执行委员会及其工作机构同珠海市政府及其职能部门又存在何种关系？

五　执行委员会与珠海市的关系

在讨论合作区行政管理机构与其他主体之间的关系时，最重要的是讨论执行委员会和珠海市政府及其职能部门之间的关系。在上文我们已经讨论过，横琴粤澳深度合作区执行委员会是法定机构，与作为市政府派出机构或派出机关的管理委员会不同。因此，珠海市政府对执行委员会并没有起到像其他开发区那样的组织领导作用。① 从《总体方案》、"广东省人大决定"以及具体实践看，执行委员会及其工作机构与珠海市政府及其职能部门之间主要存在以下几种关系。

第一，执行委员会及其工作机构接受珠海市政府及其组成部门的授权和委托。2021 年 9 月 17 日《广东省第十三届人民代表大会常务委员会公告》指出："广东省人民政府及其有关部门、珠海市人民政府及其有关部门将有关省级、市级管理权限依法授权或者委托给合作区执行委员会及其工作机构行使。"在珠海市政府及其工作机构授权后，相关行政主管部门不得

---

① 　例如《深圳经济特区前海深港现代服务业合作区条例》第 7 条指出："管理局在市人民政府领导下，依照本条例履行前海合作区开发建设、运营管理、产业发展、法治建设、社会建设，促进相关行政管理和公共服务职责，可以实行企业化管理但不得以营利为目的。"《山东省青岛西海岸新区条例》第 4 条指出，山东省和青岛市人民政府应当加强对西海岸新区的领导，同时还有协调和推动的义务。《天津国家自主创新示范区条例》第 6 条第 1 款指出："市政府应当加强对示范区建设的组织领导，建立决策协调机制，统筹规划发展，决定重大改革措施，研究解决示范区建设和改革中的重大问题。"《海南自由贸易港洋浦经济开发区条例》第 7 条明确省人民政府对洋浦经济开发区的建设起到组织领导，对一些政策是给予积极支持，同时解决建设遇到的重大事项和问题。《广州市南沙新区条例》第 5 条明确了市政府应当加强对南沙新区开发建设工作的领导和统筹协调。

再行使所授权力，仍然行使的，则其作出的具体行政行为一律无效。根据委托理论，在权力委托后应当对权力的行使进行监督。

第二，珠海市应参与执行委员会及其工作机构的日常管理。《总体方案》规定由珠海市派人参加执行委员会，"目前执行委员会的成员中，合作区执行委员会副主任有珠海市政府党组成员"。

第三，协助工作。《总体方案》指出："执行委员会主要负责人由澳门特别行政区政府委派，广东省和珠海市派人参加，协助做好涉及广东省事务的协调工作。"因此，珠海市政府应当做好协调工作。

第四，负责行使合作区内的一般社会行政管理职权。笔者在上文关于合作区管理权限的论证部分中已经指出了合作区主要涉及经济、民生等方面的行政管理职权。合作区执行委员会并非一级政府，因此只享有为实现合作区目标而应享有的特殊社会管理职权，一般性的社会管理职权则仍由珠海市政府及其职能部门行使。

第五，提请或自行决定在横琴粤澳深度合作区暂时调整或暂时适用相关规定。在其他合作区条例中也有类似规定，如《深圳经济特区前海深港现代服务业合作区条例》第 56 条第 1 款指出："深圳市人民代表大会及其常务委员会制定的法规和有关规定不适应前海合作区发展需要的，市人民政府可以提请市人民代表大会常务委员会决定在前海合作区暂时调整或者暂时停止适用相关规定。深圳市人民政府规章有关规定不适应前海合作区发展需要的，管理局可以提请市人民政府决定在前海合作区暂时调整或者暂时停止适用相关规定。"同时珠海市享有特区立法权，市政府若需要使用特区立法权进行立法，此时也可提请市人民代表大会常务委员会进行立法。

上文对横琴粤澳深度合作区执行委员会及其工作机构的性质、职权作出了详细论述，在执行委员会及其工作机构行使行政职权的过程中，行政相对人所关心的重点问题是：若行政行为对其产生不利影响，应当依照何种途径来开展救济？这就涉及争议解决的问题。

六 合作区行政争议解决路径

通过对合作区行政管理机构及其工作机构的法律性质、职权进行分析可知，横琴粤澳深度合作区执行委员会及其工作机构在治理合作区的过程中实际履行了行政管理职权。职权履行后就会涉及争议解决的问题。若行政相对人认为执行委员会及其工作机构在行使行政管理职权的过程中侵犯了自身的合法权益，是否可以通过复议和诉讼的途径开展救济？应该以哪个机构为被申请人？向哪个机构提出复议和诉讼？这些都是合作区执行委员会及其工作机构在今后实际运行过程中会面临的问题。

（一）行政复议

横琴粤澳深度合作区的行政复议问题涉及三个层面的分析。第一个层面，合作区执委会及其工作机构是否可以作为行政复议的被申请人，尤其是工作机构在符合什么条件的情况下可以作为被申请人。第二个层面，横琴粤澳深度合作区执委会是否具有行政复议职责。第三个层面，如何处理省委、省政府派出机构的行政复议问题。[1]

---

[1] 张治宇：《简政放权进程中行政职权再配置合法性研究》，《社会科学家》2021 年第 10 期，第 121 页。

1. 执行委员会及其工作机构的被申请人资格

被申请人的资格可以结合权责清单及今后授权的具体规定来判断。横琴粤澳深度合作区执行委员会属于"法定机构"。无论是从法定机构产生的原理出发，还是从执行委员会及其工作机构目前所享有的职权来看，相应的工作机构只要在授权范围内开展行政管理活动，都可成为被申请人。之所以强调"在授权范围内"开展行政管理活动，是因为若工作机构未获得执行委员会授权或根本无法找到权力依据，那么此时被申请人应当是执行委员会，工作机构行使这项权力应当被视作委托；若执行委员会未获得授权或根本无法找到权力依据，那么行政复议的被申请人就应当是该权力的享有者，有可能是省政府及其职能部门或市政府及其职能部门，执行委员会的行为应当被视作委托。

目前已有的规定也可对上述观点进行印证。1991 年制定的《广州市行政复议管辖实施办法》第 8 条规定："对本级人民政府设立的开发区管理委员会作出的具体行政行为不服申请的复议，由本级人民政府管辖。对开发区管理委员会下属的行政机构作出的具体行政行为不服申请的复议，由开发区管理委员会管辖。"① 通过这个表述，我们也可以反推出，开发区管理机构及其下属的行政机构在符合条件时，都可以作为行政复议的被申请人。在 2018 年《最高人民法院关于适用〈中华人民共和国行政诉讼法〉的解释》（以下简称《行诉解释》）施行之后，参照该解释第 21 条来处理开发区管理机构及其所属职能部门的行政复议被申请人资格问题逐渐成为行政复议实务的通行做法。《行诉解释》赋予国务院、省级人民政府批准设立的开发区管理机构及其所属职能部门行政诉讼被告资格。从批准设立横琴新区、横琴粤澳深度合作区的主体来看，可以将其界定为国务院批准设立的合作区，因此其行政管理机构

---

① 郑磊：《论我国开发区行政复议体制的抉择》，《河南财经政法大学学报》2020 年第 6 期。

及工作机构可以参照《行诉解释》的规定作为行政复议的被申请人。

2. 执行委员会的行政复议资格

讨论横琴粤澳深度合作区执行委员会的行政复议资格就不得不涉及中央出台的《行政复议体制改革方案》。该改革方案出台前，在开发区、合作区成立复议机构的情况并不少见。例如《关于成立南宁经济技术开发区行政复议办公室的通知》明确指出："南宁经济技术开发区行政复议办公室是受理辖区公民、法人或者其他组织对南宁经济技术开发区管委会代管吴圩镇人民政府作出的具体行政行为不服而提出行政复议申请的，并对该具体行政行为进行审查，依法拟定行政复议决定的行政复议机构。"《广州市行政复议管辖实施办法》第8条规定："对本级人民政府设立的开发区管理委员会作出的具体行政行为不服申请的复议，由本级人民政府管辖。对开发区管理委员会下属的行政机构作出的具体行政行为不服申请的复议，由开发区管理委员会管辖。"[1]

2020年，中央全面依法治国委员会印发《行政复议体制改革方案》，作出"县级以上一级地方人民政府只保留一个行政复议机关，由本级人民政府统一行使行政复议职责"[2] 的顶层设计。在中央出台《行政复议体制改革方案》后，各省根据该方案对本省内行政复议的相关事项作出安排。2021年广东省司法厅召开办公会议，审议通过《关于落实行政复议体制改革提高办案质效的指导意见》、《关于在行政复议审理中运用调解和解方式推动行政争议实质性化解的指导意见》和《行政复议案件繁简分流办理操作规程（试行）》三项行政复议体制改革配套工作机制。[3] 2021年5月21日发布

---

[1]　郑磊：《论我国开发区行政复议体制的抉择》，《河南财经政法大学学报》2020年第6期。

[2]　郑磊：《论我国开发区行政复议体制的抉择》，《河南财经政法大学学报》2020年第6期。

[3]　《广东省司法厅出台行政复议体制改革配套机制》，潇湘晨报，2021年6月1日，https://baiji-hao.baidu.com/s? id=1701383400262736328&wfr=spider&for=pc。

的《广东省人民政府关于县级以上人民政府统一行使行政复议职责有关事项的通告》① 明确了"县级以上一级人民政府只保留一个行政复议机关,由本级人民政府统一行使行政复议职责",同时明确"县级以上人民政府司法行政部门作为本级人民政府的行政复议机构"。该通告也公布了广东省人民政府行政复议机构及各地级以上市人民政府行政复议机构地址和咨询电话,在广东省层面是广东省人民政府行政复议办公室(广东省司法厅),在珠海市层面是珠海市人民政府行政复议办公室(珠海市司法局),而县级行政复议机关则还未公布。

根据《深圳市行政复议体制改革实施方案》的规定,前海、深汕和大鹏等深圳市政府派出机构不是一级政府,因而不再承担行政复议职能。深汕特别合作区作为深圳市的派出机构,其复议机构是派出政府,即深圳市政府。前海合作区也对行政复议作出规定,并且其规定和深汕合作区的规定具有一致性。例如《深圳经济特区前海深港现代服务业合作区条例》第8条规定:"自然人、法人和其他组织与管理局之间发生行政争议,可以依法向市人民政府申请复议或向人民法院提起行政诉讼。"但依旧存在管理委员会作为复议机关的情况。如《河北雄安新区条例》第10条指出:"对雄安新区内县级人民政府、雄安新区管理委员会所属机构作出的行政行为不服的,可以向雄安新区管理委员会申请行政复议;对雄安新区管理委员会作

---

① 《广东省人民政府关于县级以上人民政府统一行使行政复议职责有关事项的通告》:"一、自2021年6月1日起,除实行垂直领导的行政机关、税务和国家安全机关外,我省县级以上一级人民政府只保留一个行政复议机关,由本级人民政府统一行使行政复议职责。县级以上人民政府统一管辖以本级人民政府派出机关、本级人民政府部门及其派出机构、下一级人民政府以及有关法律、法规授权的组织为被申请人的行政复议案件,并以本级人民政府名义作出行政复议决定。县级以上人民政府部门原则上不再受理新的行政复议案件,此前该部门已经受理的行政复议案件,以及申请人已经向该部门提出的行政复议申请,由该部门继续办理。二、县级以上人民政府司法行政部门作为本级人民政府的行政复议机构,以本级人民政府行政复议办公室的名义依法办理本级人民政府行政复议事项。"

出的行政行为不服的，可以向省人民政府申请行政复议。"

关于横琴粤澳深度合作区行政复议制度的设计，可以参考广东省内其他合作区进行，但是也要考虑到横琴粤澳深度合作区的实际情况。在横琴粤澳深度合作区执行委员会公布的法律事务局的职能中，法律事务局负责行政复议、行政诉讼、民事诉讼、国家赔偿等工作。合作区执行委员会希望作为复议机构来负责有关法律事务局的复议案件。考虑到横琴粤澳深度合作区所具有的特殊性，在其中设置复议机构需有一定依据：第一，对比横琴粤澳深度合作区、深汕特别合作区和前海蛇口自由贸易试验区的职权，可以发现横琴粤澳深度合作区的职权远多于深汕特别合作区、前海蛇口自由贸易试验区。例如在广东省政府所公布的权责清单中，深汕特别合作区有 67 项，前海蛇口自由贸易试验区有 114 项，而横琴粤澳深度合作区有 2729 项。对比其他合作区，横琴粤澳深度合作区所享有的职权和横琴新区数量相近，远高于其他合作区。基于横琴粤澳深度合作区庞大的职权数量，将复议机构定位为珠海市或广东省层级都不切实际。因此，在横琴粤澳深度合作区执行委员会内设置专门的复议机构是较为科学的解决思路。第二，在复议制度改革方案提出后，管理委员会作为行政复议机构的情况也始终存在。陕西省人民政府在《关于县级以上人民政府统一行使行政复议职责有关事项的通告》中指出："杨凌示范区管理委员会参照设区市级人民政府行使行政复议职责"，同时也公布了杨凌示范区司法局的地址及联系方式。那么在横琴粤澳深度合作区内，由管理委员会行使行政复议职责是可行的，在职责划分上将行政复议职责赋予法律事务局也恰当。

因此，针对横琴粤澳深度合作区执行委员会的工作机构所作出的具体行政行为提起行政复议的，其复议机构应当为横琴粤澳深度合作区执行委员会的司法部门。另一个问题是若对执行委员会作出的具体行政行为不服，其复议机构应为何？有两个可以考虑的机构：一个是珠海市司法局，另一个则是广东省司法厅。横琴粤澳深度合作区由广东省管辖，合作区行使众多省级管理职权，因而由广东省司法厅作为执行委员会的复议机构则更为合理。

3. 横琴办的行政复议问题

根据《总体方案》和《广东省人民代表大会常务委员会关于横琴粤澳深度合作区有关管理体制的决定》，横琴办为省委、省政府派出机构。一般而言，行政机关的派出机构不对外承担法律责任，其法律责任由组建该机构的行政机关承担，《行诉解释》第 20 条第 1 款和第 3 款对此作出了规定。若派出机关获得法律、法规或规章的授权，其法律责任由派出机构承担，《行诉解释》第 20 条第 2 款对此作出了规定，《行政复议法》第 15 条也明确了法律、法规授权的派出机构可作为复议的被申请人，复议的申请机关为设立该派出机构的部门或该部门的本级地方人民政府。目前，未找到可授权横琴办及其工作机构行政主体资格的法律、法规或规章。因此，横琴办及其工作机构的法律责任应当由设立它们的主体，即广东省政府承担，被复议主体为广东省政府。此外，从横琴办的具体职责看，其涉及的行政管理职权极少，主要包括国家安全和社会治安这两方面。故不建议横琴办作为复议机关。

如果日后通过相关决定或立法赋予横琴办行政复议职权，笔者也并不建议将横琴办和执委会这两个复议机关合并，理由如下。第一，两者的法律性质不同。执委会为法定机构，一般可独立承担法律责任，其行政复议被申请人资格和复议机关的确立与派出其的行政机关有密切的联系。第二，两者职权范围截然不同。横琴办仅涉及党的建设、国家安全、刑事司法和社会治安等方面的工作，而这些职权是执委会不能享有的。第三，我国法律并未禁止在同一区域内成立两个复议机关。因此，不建议将执委会和横琴办的复议机关合并。

（二）行政诉讼

在讨论合作区执行委员会及其工作机构的行政诉讼问题时，可以将其分为两个层次：第一，执行委员会及其工作机构可否作为行政诉讼的被告？第二，若发生行政诉讼，应向哪一法院提起诉讼？

第一，在判定被告资格方面，有两种判断思路。其一，根据《行诉解释》第20条第3款的规定，当行政授权行为有法律、法规或规章依据时，应将其认定为行政授权行为，发生纠纷时应当以内设机构、派出机构或者其他组织为被告；否则应将其认定为行政委托行为，内设机构、派出机构或者其他组织的行为后果应由行政机关承担，此时行政机关才是适格被告。根据上文对合作区执行委员会及其工作机构的性质及权力来源的分析，在有授权依据的情况下，执行委员会及其工作机构可以作为行政诉讼被告；在无授权情况下，则视作委托，此时行政诉讼的被告是委托机构。例如，若合作区执行委员会所行使的职权未获授权，那么应视作由相关行政机关委托其行使职权，此时的诉讼被告应为委托的行政机关；若合作区执行委员会工作机构所行使的职权未获授权，那么应视作由相关主体委托其行使职权。如果执委会享有相应职权，那么就以执行委员会为被告；如果执行委员会没有相应职权，而政府行政机关享有相应职权，那么就以相关政府行政机关为被告。其二，《行诉解释》第21条规定："当事人对由国务院、省级人民政府批准设立的开发区管理机构作出的行政行为不服提起诉讼的，以该开发区管理机构为被告；对由国务院、省级人民政府批准设立的开发区管理机构所属职能部门作出的行政行为不服提起诉讼的，以其职能部门为被告。"因此，执行委员会及其工作机构可以作为被告。

第二，在法院的确定方面。根据横琴粤澳深度合作区人民法院案件管辖的规定，发生在横琴粤澳深度合作区的行政诉讼案件一审由横琴粤澳深度合作区法院管辖。发生在横琴粤澳深度合作区的以合作区执行委员会及其工作机构为被告的案件应由横琴粤澳深度合作区人民法院管辖。

本章执笔人：冯韩美皓

第八章 粤港澳大湾区公共服务法律联合机制的创新

2019 年 2 月公布的《粤港澳大湾区发展规划纲要》（以下简称《规划纲要》）指出，"加强粤港澳司法交流与协作，推动建立共商、共建、共享的多元化纠纷解决机制"和"完善国际商事纠纷解决机制，建设国际仲裁中心，支持粤港澳仲裁及调解机构交流合作，为粤港澳经济贸易提供仲裁及调解服务"。2021 年 9 月 5 日，中共中央、国务院印发的《横琴粤澳深度合作区建设总体方案》（以下简称《总体方案》）指出，"加强粤澳司法交流协作，建立完善国际商事审判、仲裁、调解等多元化商事纠纷解决机制"。在大湾区内建设公共服务法律联合机制，成为实现《规划纲要》和《总体方案》的重要途径。具体而言，公共法律服务机制创新可以分为仲裁、商事调解和联营律师事务所的建设三个方面。

一 粤港澳大湾区联合商事仲裁机制

仲裁是我国法律规定的纠纷解决机制，也是国际通行的纠纷解决方式。作为公共法律服务的内容，仲裁机制的完善和创新，对构建良好营商环境、推动大湾区发展起到了重要作用。

（一）　仲裁机制概述

仲裁属于替代性纠纷解决机制的一种，相对于程序化、高成本、高对抗性的诉讼程序，商事主体更倾向于选择便捷灵活、低对抗性的仲裁、调解等方式处理商事纠纷。在大湾区的发展建设中，如何最大限度地发挥三地在仲裁制度方面的优势，成了一个重要的问题。我国对内地和港澳之间仲裁区域协作已经作出了一些规定。1999 年《最高人民法院关于内地与香港特别行政区相互执行仲裁裁决的安排》、2007 年《最高人民法院关于内地与澳门特别行政区相互执行仲裁裁决的安排》，对三地仲裁裁决的执行问题作了规定，我国也是《纽约公约》的成员国之一。同时，中央发布的一系列文件也明确指出鼓励仲裁作为商事纠纷的解决途径。2016 年 12 月 30 日，最高人民法院发布的《关于为自由贸易试验区建设提供司法保障的意见》指出，"鼓励运用仲裁、调解等多元化机制解决自贸试验区民商事纠纷"，"支持仲裁机构、人民调解委员会、商事和行业调解组织的创新发展"。2019 年 4 月 16 日，中共中央办公厅、国务院办公厅印发的《关于完善仲裁制度提高仲裁公信力的若干意见》指出要"建立区域性仲裁工作平台，共享资源，推动仲裁区域化发展""深化与港澳台仲裁机构合作"，为内地与港澳地区经济贸易发展提供服务保障。

香港的仲裁实践开启较早，1963 年制定了《仲裁条例》（第 341 章），并且不断对条例进行修订和完善，采纳了国际先进的规则。澳门仲裁制度发展相对于香港而言起步较晚，第一部系统的《核准仲裁制度》（第 29/96/M 号法令）制定于 1996 年，2020 年 5 月 4 日制定了《仲裁法》（第 19/2019 号法令）。鉴于大湾区"一国两制三法域"的特殊性，通过将大湾区内多元仲裁机制的融合与连通能够提高仲裁裁决的公信力，在有效解决区域法制冲突难题的同时提升公共服务保障能力。[①] 实现这种融合的有效途径之一就是粤港澳仲裁合作。狭义上的仲裁合作仅指不同的仲裁机构为实现特定目标而协同进行的活动，包括常见的共享仲裁设施和资源，共同进行仲裁员培训，共同进行仲裁推广，协助实施部分程序行为，仲裁规则和其他制度借鉴等。[②] 广义上的仲裁合作还包括仲裁的承认与执行。在大湾区进行仲裁合作具有必要性。其一，仲裁是处理大湾区商事纠纷的重要解决途径，相对于诉讼而言更适合解决商事争议，三地对仲裁也有相应的制度保障。其二，仲裁合作能够提高大湾区公共服务保障能力，为创造国际化营商环境提供机制保障。其三，大湾区内的区域仲裁合作早有实践，且有一定的现实迫切性。在大湾区内，仲裁合作机制的创新主要包括区域仲裁平台的建立、推动规则衔接、扩大仲裁员队伍等。

（二）区域仲裁平台的建立

在大湾区这一特殊的区域内，建立商事仲裁平台，是推动仲裁制度合作、仲裁区域化发展的重要途径之一。区域商事仲裁平台是指在一个行政区划或政策区域内多个依法成立的、各自独立的仲裁机构，以共同的发展目标为内核、以合作框架协议为表现形式形成的联合协作平台。[③] 根据治理结构的不同，区域商事仲裁平台主要有两种类型：其一，基于合作框架协

---

① 参见谭国戩、刘琦、陈晓冰《粤港澳大湾区多元仲裁机制的融合与联通——以中国南沙国际仲裁中心为例》，《法治论坛》2021 年第 1 期。
② 参见江保国《现实、愿景与问题：粤港澳大湾区建设中的仲裁合作》，《理论月刊》2021 年第 5 期。
③ 参见姚震乾、吴昊《论区域商事仲裁平台协同机制——以粤港澳大湾区仲裁联盟为研究对象》，《探求》2021 年第 1 期。

议的联合表现为松散式平台，成员之间没有约束力，依靠自发和自愿开展合作；其二，其表现较为紧密，此类平台定期举办工作会议，并大抵在成员单位之上、平台框架之下，有共同推举的议事机构及协调机构，如理事会、秘书处。① 在大湾区内，建设合作仲裁平台既有政策支持，又有具体实践。下文将以粤港澳大湾区仲裁联盟和横琴珠澳跨境仲裁合作平台为例，对大湾区区域仲裁平台的建设情况进行介绍。

1. 粤港澳大湾区仲裁联盟

2018 年 9 月 3 日，由广州仲裁委员会等广东省 9 家仲裁机构与香港、澳门特别行政区 2 家仲裁机构共同倡议的粤港澳大湾区仲裁联盟正式设立，其秘书处设在了中国南沙国际仲裁中心。粤港澳大湾区仲裁联盟以国际商事仲裁平台的方式运作，三大庭审模式同步运行，当事人可以选择内地、香港、澳门地区，或世界任何仲裁机构的仲裁规则。凡是在仲裁地拥有仲裁员资质的人员经认可均可被选择为仲裁员，双方当事人根据其熟知的法律环境可选择内地或香港、澳门地区的庭审模式，具备了解决多元法律背景下纠纷的优势。② 2019 年 2 月 23 日，"粤港澳大湾区仲裁联盟第一次工作会议"在广州召开。珠海仲裁委员会主任王瑞森与联盟成员单位共同签署了粤港澳大湾区仲裁联盟合作备忘录。2021 年 11 月 23 日，"粤港澳大湾区仲裁联盟 2021 年度工作会议"暨"横琴粤澳深度合作区商事仲裁制度衔接及仲裁国际化发展论坛"在横琴成功举办。

2. 横琴珠澳跨境仲裁合作平台

《规划纲要》提出"完善国际商事纠纷解决机制，建设国际仲裁中心，

---

① 参见姚震乾、吴昊《论区域商事仲裁平台协同机制——以粤港澳大湾区仲裁联盟为研究对象》，《探求》2021 年第 1 期。

② 《粤港澳大湾区仲裁联盟成立》，中国（广东）自由贸易试验区网站，2019 年 2 月 18 日，http://ftz. gd. gov. cn/rdgz215/content/post_2208314. html#zhuyao。

支持粤港澳仲裁及调解机构交流合作，为粤港澳经济贸易提供仲裁及调解服务"。2020 年 3 月，珠海市委、市政府印发的《2020 年横琴新区推动粤港澳大湾区建设暨自贸试验区改革创新发展工作方案》（珠委办字〔2020〕12 号）提出"推进横琴珠澳两地仲裁合作平台建设"，构建国际化、法治化、市场化便利营商环境。为落实市委、市政府指示精神，珠海仲裁委员会起草《"横琴珠澳跨境仲裁合作平台"建设方案》（以下简称《建设方案》），推动横琴珠澳跨境仲裁合作平台框架建设工作。根据该方案规划，珠海仲裁委与平台合作方反复磋商并基本达成共识。

（1）合作平台的建设有现实迫切性

横琴珠澳跨境仲裁合作平台是内地与澳门在仲裁方面合作的重要举措，将该平台的建设地选择为横琴，是因为其具有显著的区位优势。在区域法治协同发展理念引领下，珠海和澳门仲裁机构的交流合作日趋成熟，从以推荐仲裁员、举办互访交流培训等为主要合作形式向机构间合作办理案件等深层次、实质性合作转化。为进一步整合珠澳两地仲裁资源、发挥仲裁服务大湾区建设的重要作用，珠海仲裁委提出在横琴建设横琴珠澳跨境仲裁合作平台的方案。随着横琴粤澳深度合作区建设的推进，在横琴投资、置业的澳门企业、居民日益增多，横琴正在成为澳门经济多元化发展的重要区域。同时，越来越多的澳门企业、居民希望选择运用澳门的商业模式、商业惯例甚至民商事法律来处理日常事务和合同交易。但是由于两地法律制度的差异，发生争议后以内地司法途径解决涉澳民事纠纷困难重重。澳门大多数律师精通中葡双语，既通晓澳门本地法律，又熟悉中国内地和葡语系国家地区的法律制度、政治环境和市场情况。澳门现有的法律体系与葡语系国家的法律体系，在基本构成和内容方面均较接近。澳门新修订的《仲裁法》充分参考国际通行规则，是澳门打造中葡经贸争议仲裁中心的有利因素。珠海仲裁发展迅速，涉外仲裁业务稳步开展，涉澳案件数量逐年上升，积累了成熟的涉澳案件的办理经验，在国内形成办理涉澳案件的独特优势。在横琴粤澳深度合作区建设背景下，珠海仲裁机构致力于在横琴打造国际化的仲裁知名品牌。在横琴开展珠澳仲裁深度合作，可以实现优势互补，共同提升珠澳国际化仲裁水平，增强跨境争议解决能力，服务大湾区经贸往来。同时，考虑到澳门的法律服务业规模不大、仲裁从业人员数量不多、仲裁案件数量较少、涉案标的额不高等情况，横琴珠澳跨境仲裁合作平台的前期搭建主要依靠珠海的投入和支持，平台设想的优势无法在短期内发挥等可能存在的问题仍值得引起注意。

（2）合作平台建设政策依据充分

该合作平台的建立具有充足的政策依据。大湾区建设是习近平总书记亲自谋划、亲自部署、亲自推动的国家重大战略，创新合作是大湾区建设的关键内容。在"庆祝澳门回归祖国 20 周年大会"暨"澳门特别行政区第五届政府就职典礼"上，习近平总书记指出，"当前，特别要做好珠澳合作开发横琴这篇文章，为澳门长远发展开辟广阔空间、注入新动力"。习近平总书记在"深圳经济特区建立 40 周年庆祝大会"上的讲话中强调要"加快横琴粤澳深度合作区建设"。全面推进横琴粤澳深度合作区建设，深化珠澳各领域的制度合作创新，是落实习近平总书记重要指示的自觉行动，具有重要的政治意义和使命意义。

（3）合作平台的建设法律依据充分

该合作平台的建设法律依据充分。2019 年 5 月，珠海仲裁委提出"横琴珠澳跨境仲裁合作平台"建设的基本思路，以珠海国际仲裁院为平台，通过整合珠海仲裁委员会、澳门世界贸易中心仲裁中心、澳门律师公会仲裁中心和澳门仲裁协会四家机构仲裁资源，发挥两地区位优势，建设由珠澳两地仲裁机构共商共建共享的跨境仲裁深度合作新模式。澳门的仲裁机构可以在横琴办理仲裁案件，完成从立案到结案的全流程，真正意义上实现澳门企业在横琴可以由澳门的仲裁机构、运用澳门的民商法律、由澳门的仲裁员来裁判案件。合作平台作为国际仲裁和跨境争议解决的法律服务平台，旨在提供涵盖争议解决、宣传推广、法律政策研究、法律查询等大湾区公共法律服务，助力法律风险的防范和法律纠纷的解决。

第一，合作平台建设符合"一国两制"的宪制要求。仲裁业务事关司法权限的宪制问题，《中华人民共和国宪法》第 31 条规定："在特别行政区内实行的制度按照具体情况由全国人民代表大会以法律规定"；《中华人民共和国澳门特别行政区基本法》第 19 条规定："澳门特别行政区享有独立的司法权和终审权。"这些规定是思考平台建设方案的宪制基础。合作平台由珠海仲裁委发起成立，为内地、澳门仲裁机构以及仲裁当事人提供办案秘书服务、财务辅助管理、会议和开庭的场地管理、送达及文件转交、差旅安排、记录与翻译、文件保管、后期和技术支持等服务内容。平台各机构各自负责处理所属机构案件的相关事宜。平台各方在平台办理的案件，使用自己的名义并遵循各自的程序规则，按照各自的仲裁收费标准收取费用。主体属性方面，合作平台属于非营利契约型合作体，不作为实体注册；平台运行方面，各机构在平台上以自己的名义办理案件。因此，合作平台建立未创设新仲裁机构，未涉及司法管辖权，珠海仲裁委和澳门相关仲裁机构有签订实现建设方案意图协议的权利，通过该协议建立的合作平台符合"一国两制"的宪制要求。

第二，合作平台符合内地相关仲裁法律的规定。《中华人民共和国立法法》第 8 条规定"诉讼和仲裁制度"只能制定法律，第 9 条授予国务院对仲裁制度制定行政法规的权力。《中华人民共和国仲裁法》未明确规定境外仲裁机构能否在中国内地从事仲裁工作。目前，境外仲裁机构在中国内地仲裁主要有两种形式：一是境外仲裁机构在中国内地设立分支机构，以商业存在的形式提供仲裁服务；二是境外仲裁机构直接将仲裁地设定为中国内地。

针对第一种情况，目前仅有北京和上海通过授权获得此项权力。以上海为例，国务院出台《中国（上海）自由贸易试验区临港新片区总体方案》，允许境外知名仲裁机构遵循一定程序在新片区内设立业务机构。《境外仲裁机构在中国（上海）自由贸易试验区临港新片区设立业务机构管理办法》对上述规定进行了细化。除京沪特定区域外，通过设立分支机构的方式在国内进行仲裁活动缺少法律依据。

《建设方案》所设计的合作平台发起人为珠海仲裁委，澳门相关仲裁机构作为被邀请方参与合作，不涉及澳门仲裁机构在珠海设立分支机构，亦不属于境外非政府组织在境内活动的情形，故不属于第一种情况。合作平台为澳门仲裁机构在珠海进行仲裁活动提供办案场地和后勤服务，为澳门仲裁机构将中国内地（横琴）选择为开庭地提供便利，不当然地涉及仲裁地的改变，应属于第二种情况，故合作平台的建立与我国现行相关仲裁法律并无冲突。

第三，澳门仲裁机构的仲裁裁决可以得到内地法院的承认与执行。根据《建设方案》，参与合作平台的澳珠仲裁机构以各自名义在平台办理案件。在双方当事人无明确约定的情况下，澳门仲裁机构在平台（横琴）办理案件的仲裁地应视为澳门，可以有效满足澳门《仲裁法》（第 19/2019 号法律）第 3 条规定的条件和情形。同时，依据最高人民法院《关于内地与澳门特别行政区相互认可和执行仲裁裁决的安排》，澳门仲裁机构在平台内作出的仲裁裁决可得到内地人民法院的承认与执行。

2021 年 4 月 28 日，珠海国际仲裁院分别与澳门律师公会仲裁中心、澳门世界贸易中心仲裁中心、澳门仲裁协会签订合作协议，共建横琴珠海跨境仲裁合作平台，探索"一国两制"下解决民商事争议的新路径。横琴珠澳跨境仲裁合作平台具有三方面的功能：一是争议解决，通过平台为境内外商事主体提供商事仲裁、调解服务，满足商事主体对纠纷解决的多样性需求；二是粤港澳法制宣传推广，通过平台开展粤港澳法律政策制度宣传推广，增强商事主体法律风险防范意识；三是纠纷解决法律服务研究，通过平台开展跨境仲裁、调解等多元化纠纷解决法律服务研究，提升平台解决纠纷的能力。① 横琴珠澳跨境仲裁合作平台建设力争体现以下特色：一是独立，各机构以自身名义受理案件，收取仲裁费，按照各自的规则出具裁决书；二是智能，身份验证、立案受理、开庭审理、宣传推广、咨询服务均可通过互联网系统得以实现；三是便利，合作区的商事主体在横琴即可选择珠澳两地的仲裁机构解决争议；四是协作，合作各方共管平台，共享办案秘书、场地设施、取证送达、证据核对、财务管理等服务。②

合作平台建设有利于打造珠海仲裁服务新高地，为境内外，特别是粤澳市场主体提供仲裁、调解等多元化纠纷解决服务，推动珠海积极适应与国际经贸往来接轨的仲裁规则。合作平台的建设也有利于通过创新珠澳两地仲裁合作机制，探索共建共治共享的新机制，推动珠澳两地法治营商环境创新，服务横琴粤澳深度合作区、粤港澳大湾区、中国与葡语系国家经贸合作、中拉经贸合作和"一带一路"建设大局。

---

① 《横琴珠澳跨境仲裁合作平台建立 探索"一国两制"下解决民商事争议的新路径》，横琴粤澳深度合作区网，2021 年 4 月 29 日，http://www.hengqin.gov.cn/zhshqxqzfmhwz/news/ywdt/hqbb/content/post_2853980.html。
② 《横琴珠澳跨境仲裁合作平台建立 探索"一国两制"下解决民商事争议的新路径》，横琴粤澳深度合作区网，2021 年 4 月 29 日，http://www.hengqin.gov.cn/zhshqxqzfmhwz/news/ywdt/hqbb/content/post_2853980.html。

除上述两个仲裁合作平台之外，大湾区内还成立了其他的仲裁平台。例如：2012 年，广州仲裁委员会与广州南沙开发区管委会联合香港仲裁司学会、澳门世界贸易中心仲裁中心，共同组建了南沙国际仲裁中心这一非营利性商事仲裁平台；2013 年，深圳国际仲裁院联合粤港澳地区 15 家商事仲裁调解机构成立了粤港澳仲裁调解联盟，以推动成员机构在仲裁和调解领域的合作。①

（三）仲裁机制的创新

推动联合仲裁平台的建立和发展是仲裁合作的重要内容之一。除此之外，大湾区经过实践，也创新发展了仲裁机制，下文将结合大湾区具体实践进行论述。

第一，大湾区仲裁机构的改革。2021 年 3 月 31 日，珠海市第九届人民代表大会常务委员会第三十八次会议通过了《珠海国际仲裁院条例》，指出"仲裁院应当借鉴国际商事仲裁机构先进的管理体制和管理模式，探索国际化仲裁机制，搭建珠澳仲裁合作平台，建设粤港澳大湾区国际仲裁中心"。同时，该条例对国际化仲裁机制作出了规定，"借鉴国际仲裁先进制度，制定仲裁规则、调解规则及其他形式的争议解决规则，积极探索国际投资争端仲裁解决机制"。该条例第 32 条也承认临时仲裁的效力。2021 年 8 月 16 日，珠海国际仲裁院揭牌，第一届理事会、监审会成立，成为全国第一家实行决策、执行和监督机构相互制衡又有效衔接的常设仲裁机构，推动珠海国际仲裁实践在国际化、专业化、市场化方向迈出关键

---

① 参见江保国《现实、愿景与问题：粤港澳大湾区建设中的仲裁合作》，《理论月刊》2021 年第 5 期。

性步伐。

第二，不断丰富仲裁方式。深圳国际仲裁院采用"深港联动，异地同步"方式，有效提升境外当事人到庭率，保证仲裁程序高效和安全，推动"一国两制三法域"背景下大湾区法治建设的"制度衔接和规则对接"。2021年1月12日，广州仲裁委员会推出的全球首个APEC成员中小微企业商事争议在线解决平台（APEC ODR）正式上线，平台实现谈判、调解和仲裁程序的有机衔接，并运用互联网技术进行线上全流程跟踪记录。大湾区内越来越多的仲裁机构开始探索远程仲裁的方式。

第三，港澳仲裁机构的引入。仲裁机构的引入可以分为系统引入和非系统引入。系统引入是指港澳仲裁机构在大湾区内设立分支机构，非系统引入是指通过直接提供仲裁之外的方式引入港澳仲裁资源。前者由于和内地法律规定有一定的冲突，目前还未能得到实现；后者则是目前港澳仲裁机构引入内地的重要途径，具体表现形式包括聘请港澳地区的仲裁员、仲裁界人士的培养交流、鼓励当事人选择港澳仲裁机构、鼓励当事人选择港澳为仲裁地等。例如，2014年通过的《广州市南沙新区条例》第37条指出，"南沙新区内涉港澳、国外合同的当事人可以依法选择内地、港澳或者国外的仲裁机构对案件进行仲裁"。2016年12月1日施行的《深圳国际仲裁院关于适用〈联合国国际贸易法委员会仲裁规则〉的程序指引》指出，"当事人对仲裁地有约定的，从其约定。当事人没有约定的，仲裁地为香港，除非仲裁庭另有决定"，直接将香港作为默认仲裁地。

（四）　仲裁合作机制建设的建议

目前，大湾区仲裁合作已经有一定的发展。在优化营商环境、推动公共法律服务的发展背景之下，对于仲裁合作机制方面，有如下建议：

1. 完善仲裁平台建设

针对大湾区仲裁平台建设现状，在已有的仲裁平台发展以及之后可能会成立的仲裁平台方面，有以下几点建议。第一，在合作平台的管理模式方面，可以考虑采取理事会管理模式，在有效整合区域仲裁优势资源、推动跨境纠纷解决机制等方面实现共建功能，构建粤港澳仲裁在制度融合上的基础。在获得国务院授权的前提下，可以借鉴上海和北京的实践，在大湾区内设立港澳仲裁机构的分支机构，形成契约型、松散型的平台合作模式。第二，随着平台运营的推进，可以考虑进一步深化合作平台的共建功能，丰富多元化的合作形式，如依法互聘仲裁员、建立"双涉"（同时涉粤涉澳或者涉粤涉港）案件共同研讨机制等，并进一步深化平台理事会的组织功能和治理机制，以期推动准法人型合作平台模式发展。第三，在积累经验的基础上，可探索进一步完善合作平台的共治功能，最终实现平台的实体化、法人化。其基本要义是在三地仲裁机构共商共建的基础上，根据大湾区建设的原则和精神，探索建立法人型的仲裁院。例如，在横琴粤澳深度合作区率先建立珠澳仲裁机构全面融合的法人型珠澳仲裁院，其模式可以参照深圳国际仲裁院。在该深度合作机制建设和形成过程中，相关合法性问题可通过争取有关部门授权或者行使特区立法变通权的方式予以解决。例如在合作区，可借鉴横琴联营律师事务所的相关实践，争取国务院对澳门开放仲裁服务及其机构的市场准入，更新《内地与澳门关于建立更紧密经贸关系的安排》服务贸易协议中的相关承诺，实现澳珠两地组建合伙型联营仲裁机构，以联营仲裁机构的名义对外提供仲裁服务。

2. 推动仲裁资源的共享

仲裁资源是指与开展仲裁活动有关的各类物质要素的总和，包括仲裁员、仲裁管理人才、仲裁规则、仲裁硬件设施等。① 在仲裁员资质要求上，三地差异较大：内地《仲裁法》对仲裁员有特定职业及资历要求，而香港和澳门特别行政区对仲裁员没有特定职业及资历要求，例如澳门特别行政区《仲裁法》规定任何具有完全行为能力者均可担任仲裁员。在仲裁资格方面，可以考虑通过人民代表大会及其常务委员会授权的途径，调整对内地仲裁员的资格规定。在仲裁培训方面，可以在大湾区成立仲裁培训学院，与港澳知名仲裁机构交流学习，聘请专家定期培训，加强三地交流，提升大湾区内仲裁员的水平。在仲裁规则方面，各仲裁机构可以借鉴国际知名仲裁机构的相关规则，制定和完善仲裁规则。

3. 临时仲裁问题

临时仲裁是指双方协议约定发生纠纷后由双方认可的特定人选组成临时仲裁庭进行仲裁，仲裁结束后仲裁庭即告解散。② 相对于机构仲裁，临时仲裁具有高效率、低成本等优点，内地近年开始在自贸区内有限度地进行试点，香港、澳门法律一直允许临时仲裁。我国《仲裁法》未对临时仲裁进行承认，但在横琴粤澳深度合作区，临时仲裁制度作为制度创新存在于事件之中。尽管有学者认为最高人民法院出台的《关于为自由贸易试验区建设提供司法保障的意见》确立了自贸区内的临时仲裁制度，但将该意见作为确立临时仲裁合法性的依据存在不足。第一，最高人民法院的通知超越了我国《仲裁法》的规定，在最高人民法院没有获得全国人民代表大会及其常务委员会授权的情况下，此项规定无法作为确立临时仲裁合法性的依据。第二，根据《立法法》第8条的规定，诉讼和仲裁制度只能制定法律，最高

---

① 参见江保国《现实、愿景与问题：粤港澳大湾区建设中的仲裁合作》，《理论月刊》2021年第5期。

② 参见蔡志阳、陈辉庭、黎曦《融合发展：粤港澳大湾区仲裁制度的差异弥合——以临时仲裁制度落地珠三角九市为切入点》，《中共福建省委党校（福建行政学院）学报》2021年第3期。

人民法院的通知显然不是法律的形式。因此，大湾区若希望能够推广临时仲裁，则需要在获得授权的情况下，对《仲裁法》的有关规定加以变通。

4. 进一步推动仲裁服务市场的开放互通

内地与港澳所签订的《关于建立更紧密经贸关系的安排》（以下简称"CEPA"）系列协议虽然涉及法律服务市场开放，但对法律服务采取了狭义的理解，将其等同于律师为当事人提供的各类法律服务，因此仲裁服务市场的开放互通问题没有涵盖在 CEPA 框架之内。[①] 若希望系统性地引入港澳仲裁机构，使其能够在内地设立分支机构，需要对 CEPA 的内容及相关规定作进一步明确。

二　粤港澳大湾区联合商事调解机制

商事调解是国际普遍使用的商事纠纷解决手段之一，它与商事审判、商事仲裁相辅相成，在商事纠纷解决领域各自发挥着不可或缺的作用。与其他解决纠纷的方式相比，商事调解具有节约成本、高效便捷、尊重当事人意愿以及重视保密等特点，有助于商事纠纷的快速解决，形成良好的营商环境。在推动粤港澳大湾区的建设过程中，为了实现纠纷的顺利化解，促进合作的深度展开，在粤港澳三地开展商事调解机制合作具有重大意义。

（一）　商事调解机制

根据国务院 2019 年颁布的《优化营商环境条例》，调解是重要的公共

---

① 参见江保国《现实、愿景与问题：粤港澳大湾区建设中的仲裁合作》，《理论月刊》2021 年第 5 期。

法律服务资源，完备的调解制度是营商环境得到优化的重要组成部分。2019年中共中央办公厅、国务院办公厅颁发的《关于加快推进公共法律服务体系建设的意见》指出"完善商事调解制度"，推动"建立国际商事调解组织"。2019年7月，广东省委、省政府印发《关于贯彻落实〈粤港澳大湾区发展规划纲要〉的实施意见》，第49条规定"建设集国际商事调解、域外法律查明于一体的国际商事调解中心"。2020年8月6日，珠海市出台的《珠海市人民代表大会常务委员会关于促进市人民政府建设粤港澳大湾区优质公共法律服务体系的决定》指出调解是公共法律服务体系建设的重要内容，"以横琴新区为试点，积极培育跨三地商事调解组织，搭建商事调解平台；探索建立我市与港澳调解组织互相聘任调解员、调解专家库成员机制"。2020年9月23日，广州市第十五届人民代表大会第四十一次会议通过的《广州市人民代表大会常务委员会关于加强法律服务工作促进粤港澳大湾区建设的决定》指出，"在法律服务领域进一步加强与国际及港澳规则的衔接，共同构建调解、仲裁、诉讼有机衔接的多元化纠纷解决机制，打造粤港澳大湾区商事纠纷解决中心"。由此可见，调解制度的建设对发展法律公共服务有重要的意义。在商事调解方面，我国目前还没有出台专门的立法，相关的规定散见于《民事诉讼法》《人民调解法》《仲裁法》等法律和各地纠纷多元化解的法律规范中。

（二） 联合商事调解实践

《规划纲要》提出，"完善国际商事纠纷解决机制，建设国际仲裁中心，支持粤港澳仲裁及调解机构交流合作，为粤港澳经济贸易提供仲裁及调解服务"。在大湾区内，联合商事调解已有所实践。

第一，商事调解规则的出台。2020 年 1 月 1 日，广东省高级人民法院和省司法厅联合公布了《广东自贸区跨境商事纠纷调解规则》，为推动多元化解涉及粤港澳三地跨境商事纠纷提供了规范遵循。

第二，调解组织、联盟及平台的成立。2013 年 12 月 7 日，粤港澳商事调解联盟成立。其是华南国际经济贸易仲裁委员会调解中心联合粤港澳地区主要的商事调解机构在深圳前海共同创立的商事调解合作平台，旨在整合粤港澳地区的商事调解资源，加强商事调解服务机构之间的业务交流和合作，共同提升粤港澳地区商事调解服务水平和在亚太地区的整体地位，为当事人提供专业、高效、和谐的调解服务。① 调解联盟秘书处设在深圳前海，由华南国际经济贸易仲裁委员会调解中心负责调解联盟秘书处的日常工作。② 调解联盟主席分别由港粤澳三个地区的代表性人士轮流担任。③ 联盟制定并通过了《粤港澳商事调解联盟章程》。2015 年 4 月，珠港澳商事争议联合调解中心在珠海成立。该调解中心由珠海仲裁委员会、香港仲裁学会、博信法律专业调解中心（香港）、香港联合调解专线办事处、世界贸易中心仲裁中心（澳门）等多方共同发起设立，其主要功能是协调成员各方，整合法律服务资源，针对自贸区商事主体对纠纷解决的不同需求，为当事人提供跨法域调解、咨询、推介等法律专业服务。④ 自 2017 年起，广东省多地与"一带一路"国际商事调解中心合作，成立调解室，为涉外以及涉

① 《粤港澳商事调解联盟简介》，粤港澳仲裁调解联盟网站，2022 年 3 月 3 日，https://www.ghmma.com/intro/1.html。
② 《粤港澳商事调解联盟简介》，粤港澳仲裁调解联盟网站，2022 年 3 月 3 日，https://www.ghmma.com/intro/1.html。
③ 《粤港澳商事调解联盟简介》，粤港澳仲裁调解联盟网站，2022 年 3 月 3 日，https://www.ghmma.com/intro/1.html。
④ 参见《浅议粤港澳大湾区的法律服务行业现状和发展——以深圳前海为主要视角》，知乎网，2020 年 11 月 15 日，https://zhuanlan.zhihu.com/p/295611502。

港澳的商事纠纷提供调解服务。① 另外，前海法院与香港和解中心、粤港澳商事调解联盟、深圳国际仲裁院等 47 家域外仲裁、调解机构建立合作关系，成立前海"一带一路"国际商事诉调对接中心，打造多元化国际商事纠纷解决平台。② 2018 年 3 月，第一家专业的商事调解机构——横琴新区国仲民商事调解中心，在珠海横琴成立，由珠海国际仲裁院、横琴新区金融行业协会、横琴新区消费者协会共同发起成立。③

截至 2020 年底，广东省成立粤港澳大湾区调解联盟合作平台 1 个，建成深圳市前海国际商事调解中心、广东自贸区南沙片区贸促商事调解中心、横琴新区国仲民商事调解中心、港珠澳商事争议联合调解中心等 13 家商事调解组织。④

（三） 商事调解建设的建议

在大湾区，粤港澳三地商事调解合作实践已经取得了一定成绩，但还有进一步提升空间，具体建议如下：

1. 先行制定商事调解条例

先行制定商事调解条例与国家推进商事调解的整体规划以及我国签署的国际公约所承担的义务相契合。2019 年 7 月，中共中央办公厅、国务院办公厅印发的《关于加快推进公共法律服务体系建设的意见》，提出要"推动构建大调解工作格局"和"完善商事调解制度"；同年 8 月，我国签署了《联合国关于调解所产生的国际和解协议公约》。该公约的签署为我国制定商事调解规

---

① 参见袁沙《完善粤港澳大湾区商事调解制度的建议》，《经济师》2021 年第 8 期。
② 参见袁沙《完善粤港澳大湾区商事调解制度的建议》，《经济师》2021 年第 8 期。
③ 参见《浅议粤港澳大湾区的法律服务行业现状和发展——以深圳前海为主要视角》，知乎网，2020 年 11 月 15 日，https://zhuanlan.zhihu.com/p/295611502。
④ 参见《广东积极构建粤港澳大湾区调解工作机制》，光明网，2021 年 1 月 11 日，https://www.sohu.com/a/443856932_162758。

则提供了借鉴的依据。起草调解条例具有如下意义：第一，贯彻落实党中央确立的大湾区发展战略；第二，优化营商环境，推动粤港澳经济深度融合；第三，夯实大湾区公共法律服务体系建设。制定调解条例可以包含如下内容：明确条例的组织法、行为法和监管法属性；建立新型商事调解组织，确立商事调解组织和联合商事调解组织制度；确立调解员准入、管理、保护、身份限制和法律责任承担制度；确立商事调解程序规则；确认调解协议的合同效力，并通过优化衔接制度推动调解协议执行；确立调解参与主体的法律责任。

2. 健全相互认可和执行商事调解协议制度

在我国内地与港澳之间签订的区际司法协助的文件中，调解机构出具的调解协议不在相互认可和执行的法律文书之列。[①] 根据《关于内地与香港特别行政区法院相互认可和执行当事人协议管辖的民商事案件判决的安排》《关于内地与香港特别行政区法院相互认可和执行民商事案件判决的安排》《关于内地与澳门特别行政区相互认可和执行民商事判决的安排》的规定，目前内地调解机构主持所形成的调解协议，在港澳得到认可和申请执行的规定没有法律依据。为了保障商事调解协议的顺利执行，建议在大湾区内尽快建立三地调解协议的互认制度。

3. 完善商事调解工作机制

在大湾区内，没有建立对调解员资质的标准化规范和统一认证。因此可考虑规范大湾区商事调解员资质、准入标准和商事调解规则程序，将具有法学、经济学、国际贸易等相关专业背景的人员吸纳到调解员队伍和调解专家库中，为大湾区商事调解提供专业咨询和服务。[②] 例如在大湾区内可

---

① 参见袁沙《完善粤港澳大湾区商事调解制度的建议》，《经济师》2021 年第 8 期。
② 参见刘静雷《加强粤港澳大湾区调解平台建设 营造法治化营商环境》，《人民调解》2019 年第 11 期。

以通过考核的方式，对调解员的资格进行认证。

除上述建议外，还可以考虑鼓励跨境调解机构的成立、加强粤港澳三地调解的交流合作、在大湾区内建立调解培训机制、制定大湾区调解指引、完善调仲对接制度、完善有关保密信息的规定等途径，完善大湾区的联合商事调解制度。

三　粤港澳大湾区联营律师事务所机制

法律服务业的发展是构建协作配套的大湾区现代服务业体系的重要一环。由此，《规划纲要》提出要发挥港澳在法律服务及争议解决等方面的国际化专业服务优势，积极鼓励推动建立共商共建共享的多元化纠纷解决机制，鼓励粤港澳共建专业服务机构，建立粤港澳合伙联营律师事务所试点。

本节以大湾区联营律师事务所机制为研究对象，运用实践调研与理论分析相结合的方法，在梳理大湾区既有的律师事务所合作的制度性规范的基础上，厘清大湾区联营律师事务所合作机制的困境与障碍，并提出可行性建议。

（一）　粤港澳大湾区联营律师事务所发展优势

改革开放的不断深化加速了我国法律服务业的蓬勃发展。广东省凭借其毗邻港澳的地缘优势和先行先试的优惠政策，成为内地与香港、澳门合作最为频繁的省份。粤港澳三地频繁的经贸往来为律师事务所合作提供了经济驱动力。从 1983 年深圳成立全国第一家办理涉外法律业务的专业律师机构，到 2006 年广州成立全国首个香港内地联营律师事务所，再到 2016 年珠海成立全国首家内地与港澳合伙联营律师事务所，广东省一直是我国法律服务业和大湾区法律服务合作的前沿重镇。根据广东省律师协会统计，广东省律师执业机构近 4500 家，执业律师数量达 6 万人，均居全国首位。[①] 广东省有涉外律师事务所 48 家、涉外律师人才 551 名，在境外设立分支机构 20 家。[②] 从 2014 年开始，广东率先在全国开展内地和港澳律师事务所合伙联营试点工作。截至目前，广东已批准合伙联营律师事务所 15 家，108 名港澳律师被派驻到合伙联营所，204 名港澳居民经被批准成为内地执业律师。[③] 广东省已经建立了粤港澳三地律师服务专业领域名录、涉外律师人才库、涉外律师事务所库和港澳律师人才库。

2018 年，广东省律师协会、香港律师会、澳门律师公会以及珠三角九市律师协会召开"首次粤港澳大湾区律师协会联席会议"，建立粤港澳大湾区律师协会联席会议制度，并通过《粤港澳大湾区律师协会宣言》。粤港澳大湾区仲裁联盟、粤港澳大湾区调解联盟等平台的成功建立，不仅推动了大湾区仲裁、调解、律师服务等法律服务业的全方位合作，也有利于加强大湾区法律人才交流，吸引港澳居民到广东执业。

香港和澳门的法律服务业各具优势。香港属于普通法法系，与国际商事规则高度接轨，在国际商业贸易等领域具有丰富的经验。香港的法律服务业发展历史悠久，对外开放程度高，吸引了大批优秀的具有国际竞争力的法律服务机构和法律专业人士，积累了大量高水平的法律服务机构的管

---

① 《高扬法治风帆践行执业为民 广东打造过硬律师队伍助力经济社会高质量发展》，法治网，2021 年 12 月 8 日，http://epaper. legaldaily. com. cn/fzrb/content/20211208/Articel12002GN. htm。

② 参见广东一带一路法律服务网，https://gdbr. org. cn/。

③ 章宁旦：《推动粤港澳法律服务规则"软联通"广东运用法治手段助力大湾区高质量发展》，法治网，2022 年 5 月 9 日，http://epaper. legaldaily. com. cn/fzrb/content/20220509/Articel01002GN. htm。

理经验和专业理念，这也对提升大湾区法律服务涉外形象和技术大有裨益。加上"两文三语"的语言环境，香港法律服务业成为内地企业开拓国际市场（"走出去"）和外资进入内地市场（"引进来"）的重要纽带。澳门由于历史原因，与有 2.6 亿人口的葡语系国家、欧盟、拉丁语系国家等联系紧密，已经与 100 多个国家或地区建立经贸合作关系，成为发挥澳门商贸服务功能的优势。国家"十二五"规划纲要提出，支持澳门建设一个中心（世界旅游休闲中心）和一个平台（中国与葡语系国家商贸合作服务平台）；"十三五"规划纲要继续支持澳门建设一个中心、一个平台。《规划纲要》再次确认澳门的发展定位为"建设世界旅游休闲中心、中国与葡语系国家商贸合作服务平台"。虽然澳门法律服务业规模不大、从业人员不多，但澳门大多数律师精通中葡双语，熟悉中国和葡语系国家、地区的法律制度、行政体系和市场情况。澳门通过参与大湾区建设，充分发挥中国和葡语国家联系紧密的优势，为中国与葡语国家经贸合作提供更高水平、更为全面的服务。因此，澳门法律服务业是中国与葡语系国家法律服务合作的重要桥梁，还可以联手广东和香港法律服务业"拼船出海"，共同探索"一带一路"国家的法律服务市场。

（二）　粤港澳大湾区联营律师事务所制度支持

《规划纲要》明确强调加快法律服务业发展，落实内地与香港、澳门关于建立更紧密经贸关系的安排和对港澳服务业的开放措施，研究进一步取消或放宽对港澳投资者的资质要求、持股比例、行业准入等限制，鼓励粤港澳共建专业服务机构，建立粤港澳合伙联营律师事务所试点，这些要求将对大湾区联营律师事务所发展发挥重要的指引作用。一是有利于三地律师事务所及其服务获得进一步政策支持；二是有利于三地律师事务所的辐射市场进一步扩展，大湾区建设将为三地法律服务协同发展和扩展三地法律服务市场辐射范围提供有力支撑；三是有利于三地法律服务行业交流的进一步加深。大湾区建设过程也是三地加深共识与合作、推动法治发展和交流的过程。

自 2003 年开始，商务部代表中央政府与香港、澳门分别签署了 CEPA，以开放服务贸易为重点，先于世界贸易组织的承诺，优先对香港和澳门开放法律服务业的内地市场准入，为港澳服务业融入内地提供政策支持。CE-PA 对港澳开放法律服务业的措施主要涉及三种类型。一是对港澳律师事务所进入内地市场逐步放宽限制，提供更多便利。2019 年 CEPA 补充协议允许在大湾区范围内的内地与港澳联营律师事务所以内所名义聘请港澳律师和内地律师，该项举措在派驻的方式上，增加用联营律师事务所名义聘用的方式，完善了以往联营律师事务所只能以三方派驻律师的方式。此举扩大了联营律师事务所用人自主性和三地律师在联营律师事务所内工作的灵活性。二是增加港澳律师与内地合作的新机制。在 CEPA 框架下，"符合资格的港澳法律执业者通过特定考试取得大湾区珠三角九市执业资质，从事一定范围的内地法律事务"，增加联营律师事务所受理、承办行政诉讼等积极措施，拓展港澳律师在内地的执业范围，以进一步加强粤港澳律师业的合作。三是允许取得法律执业资格的港澳居民在内地申请律师执业，并逐步扩大在内地的执业范围。CEPA 已承诺具有港澳居民身份律师在内地法院代理的涉港澳民事案件的范围，从婚姻家庭、继承纠纷，扩大至涉港澳合同纠纷、知识产权纠纷，以及与公司、证券、保险、票据等有关的民事诉讼。

为落实《规划纲要》部署和 CEPA 的承诺，广东省司法厅分别于 2019

年实施《关于香港特别行政区和澳门特别行政区律师事务所与内地律师事务所在广东省实行合伙联营试行办法（2019年修订)》(以下简称《联营律师事务所试行办法》)和2021年印发实施的《关于香港法律执业者和澳门执业律师在粤港澳大湾区内地九市执业管理试行办法》（以下简称《港澳律师执业管理试行办法》)。《联营律师事务所试行办法》在已有基础上，再次扩大了联营律师事务所及港澳律师的业务范围、降低了合伙联营律师事务所内地方的门槛，取消了合伙联营律师事务所港澳方出资最低比例30%的限制。同时明确了有关内地与香港合伙联营律师事务所的开放措施，特别是将港澳联营律师事务所的受案范围扩展至行政诉讼法律事务，进一步提升了联营律师事务所及其律师的发展空间。《港澳律师执业管理试行办法》根据国务院授权，明确规定在大湾区内地九市取得执业资质的香港法律执业者和澳门执业律师可以在大湾区内地九市内，开展适用内地法律的部分民商事法律事务（含诉讼业务和非诉讼业务)，这是内地对港澳法律服务开放和发挥港澳律师专业优势的重大举措。

（三）　粤港澳大湾区联营律师事务所的发展障碍

笔者通过实地调研、座谈等方式，总结了目前广东与港澳联营律师事务所及其律师，特别是港澳律师在执业过程中遇到的问题。目前，大湾区联营律师事务所的发展障碍主要体现在以下三个方面：

一是联营律师事务所业务范围受到限制。虽然广东省司法厅出台的《联营律师事务所试行办法》已经进一步放宽了对联营律师事务所及其执业律师的限制，但仍然无法有效满足联营律师事务所的业务需求。《联营律师事务所试行办法》第26条第1款规定了联营律师事务所可以以内地一方律师事务所名义聘用内地律师，同时在第20条禁止联营律师事务所受理、承办刑事诉讼业务。换言之，在联营律师事务所执业的内地律师也受到无法开展刑事业务的限制，打击了内地律师的执业积极性。这一规定可能间接导致部分内地律师为了开拓案源，违反《律师法》规定在两家律师事务所执业。同时，港澳律师的执业范围也存在一定限制。根据《港澳律师执业管理试行办法》第21条，大湾区律师可以在大湾区内地九市内，办理适用内地法律的部分民商事诉讼案件和部分民商事非诉讼法律事务。另外，在实践中联营律师事务所因其涉港澳的身份，存在有别于内地律师事务所而无法参与政府、国有企业等机构的法律服务竞标的限制。这一类执业范围限制也存在于港澳律师不能开展委托公证业务的领域，极大压缩了港澳律师在大湾区的发展空间。

二是联营律师事务所面临税负高于港澳水平和资金进出受限的困境。《联营律师事务所试行办法》第37条规定，联营律师事务所设立地的地市司法局和律师协会应当对联营律师事务所提供内地政策、法律咨询和联营所需要的各方面服务，协调当地政府相关主管部门，为参与联营的各方律师事务所及其派驻律师在税收等方面提供政策优惠和便利。但由于大湾区涉及跨境、跨关税区的情况，粤港澳三地存在差异较大的所得税规定且内地税收高于港澳，内地客户不能直接向香港或澳门律师支付费用，港澳客户也不能直接向内地律师支付费用。加之我国外汇管制的有关规定，同一联营律师事务所内部的资金从港澳流动到内地或者内地流入港澳，面临当地税务机关汇出和汇入的双重征税以及外汇结算等问题，还需要具体配套政策予以解决。实践中联营律师事务所通常以内地方与港澳方费用互相减免或抵扣的方式，缓解此类资金流动障碍。以上限制降低了联营律师事务所开展跨境业务积极性，阻碍了联营律师事务所融合发展。

三是联营律师事务所律师职业责任保险不足。《联营律师事务所试行办法》非常重视律师职业责任保险对于应对联营律师事务所风险的重要性，在第 27 条明确规定："联营律师事务所应当建立律师职业责任保险制度。根据联营各方约定，可以联营律师事务所名义统一购买职业责任保险；以本所律师名义购买职业责任保险的，其所在的香港、澳门律师事务所在香港、澳门购买的职业责任保险承保的范围须涵盖其律师在内地的执业活动。具体投保的额度，由联营各方协商确定。"目前，广东省律师协会联合平安财产保险股份有限公司广东分公司，从 2013 年开始推行律师职业责任保险统一投保制度。在这一制度下，广东省律师协会以投保人名义，集中为广东省律师协会会员律师事务所及其执业律师统一投保，每次事故赔偿限额为 1000 万元，保单累计赔偿限额为 10 亿元，用以赔偿会员律师因过失行为造成委托人及其利害关系人的经济损失。但是投保对象仅限在广东省律师协会注册的律师，在联营律师事务所执业的港澳律师由于未注册而无法被纳入广东省律师协会的统一保险范围。同时，由于港澳律师不具备群体数量优势以及港澳地区的职业责任保险惯例与内地有差异，无法与保险公司达成一致，导致出现保额较低或被拒绝受保等情况。以上限制使得港澳律师在大湾区执业顾虑重重。

（四）完善粤港澳大湾区联营律师事务所机制建议

针对联营律师事务所实践中遇到的障碍，广东省应从执业范围、职业责任保险、资金进出等多方面着手，进一步考虑完善大湾区联营律师事务所机制。

第一，分阶段缩小对联营律师事务所及其律师执业范围的限制，发挥联营律师事务所提供跨法域服务的优势。相较内地律师事务所或者外资律师事务所，联营律师事务所通过派驻粤港澳三地的律师和联营律师事务所内部的互补性合作，提供高效便捷的法律服务，能够提供真正意义上一站式、多元化、跨法域的法律服务。从联营律师事务所的港澳律师来看，随着粤港澳交往进一步密切，港澳律师能在日益增多的涉港澳案件中，发挥精通和熟悉港澳法律以及有关域外法律的特长，辅助法庭进行相关法律的查明。例如，2020 年 9 月，《深圳经济特区前海蛇口自由贸易试验片区条例》赋予了香港执业律师参与前海法院开庭出庭的权利；2021 年 9 月，中共中央、国务院发布《全面深化前海深港现代服务业合作区改革开放方案》，明确提出支持香港法律专家在前海法院出庭提供法律查明协助。这些成功的试点工作为探索发挥港澳律师在大湾区的优势奠定了实践基础。从联营律师事务所的内地律师来看，不应限制其业务范围。内地律师依法获得内地律师执业资格，与其他内地律师事务所的律师并无资质区别，应进一步保障其同等的执业范围和参与法律服务招投标的同等资格，鼓励政府和国有企业将联营律师事务所纳入法律服务机构名单。

第二，进一步加大对法律服务业跨境资金流动和税收的支持力度。早期资金管制政策对我国经济发展和金融市场稳定作出了重要贡献，有效抵御了全球化金融危机的负面影响。随着我国投资贸易开放程度越来越高，以及大湾区建设的推进，资金管制政策产生了日益明显的负面效果。在实践中，联营律师事务所相互抵扣费用的做法，既没有体现我国法律服务业开放的有效性，不利于国家对跨境资金流动的宏观调控，也提高了联营律师事务所的运作成本，降低了经济效率。联营律师事务所的跨境资金流动障碍也是大湾区建设进程中实现资金等生产要素便捷有序流动必然面临的问题。如何有效规范和保障联营律师事务所内各个合作方的主体权益，是激励联营律师事务所拓展业务和有效合作的重要配套措施。从广东省来看，可以尝试率先出台有关涉及港澳联营律师事务所中跨境资金的优惠措施，促进大湾区法律服务业的健康有序发展。一方面，依托中国人民银行等四部委发布的《关于金融支持粤港澳大湾区建设的意见》、广东省地方金融监管局等共同印发的《关于贯彻落实金融支持粤港澳大湾区建设意见的实施方案》和粤港澳大湾区跨境人民币结算便利化试点政策等措施，将大湾区联营律师事务所纳入政策适用名单，协助其办理跨境人民币资本金境内使用业务，在办理人民币服务贸易跨境结算以及跨境人民币资本金在境内的使用等方面提供优先的便利化服务。以人民币结算不仅能在跨境资金流动中提高交易便利化程度，简化交易流程，还有利于提高对律师服务业的资金监管标准化程度。这一措施也有利于推广人民币结算在大湾区服务贸易中的应用。另一方面，争取中央有关部门的政策支持，与香港、澳门特别行政区政府协商，研究将法律服务机构及法律专业人士纳入《内地和香港特别行政区关于对所得避免双重征税和防止偷漏税的安排》及《内地和澳门特别行政区关于对所得避免双重征税和防止偷漏税的安排》的可行性，解决联营律师事务所在内地和港澳同时征税的制度障碍。同时，考虑在粤港澳法律需求旺盛的前海、横琴开展批准联营律师事务所核定征税的试点工作，对包括粤港澳三地联营方的法律服务业实施税收优惠政策。

　　第三，协调多部门联合妥善安排联营律师事务所及其港澳律师职业责任保险。广东省司法厅及广东省律师协会提出了多项措施支持有关联营律师事务所及其港澳律师职业责任保险。从实地调研的情况来看，由于涉及省市两级律师协会、保险监管部门和保险公司等多个政府、社会和市场主体，仅依靠司法行政机构难以具体落实。推动职业责任保险的建议有二：一是争取司法部、中国保险行业协会、中国银行保险监督管理委员会等部门的支持，统一规划联营律师事务所职业责任保险安排，对每次事故赔偿限额、保单年累计赔偿限额、险种范围、保险费等保险内容进行合理统筹，平衡联营律师事务所和保险公司各方需求，保障联营律师事务所的健康发展；二是在联营律师事务所较为集中的前海和横琴等地开展港澳律师加入广东省律师协会的试点工作。例如，广东省律师协会可以下设港澳律师分会，按照统一向保险公司投保模式，为注册联营律师事务所及注册港澳律师集中投保。同时，也可根据港澳律师的业务实际，调整保险金额、险种类别和保险范围，为联营律师事务所保驾护航，避免"保险真空"。

为有效落实《规划纲要》中"深化粤港澳合伙联营律师事务所试点"的要求，从国家到广东省均应积极出台多项机制措施，保障广东省与港澳联营律师事务所有序发展，以发挥联营律师事务所在大湾区建设中解决纠纷、防范矛盾、预防风险等多重功能。在实践中，大湾区联营律师事务所仍在执业范围、跨境资金流动、职业责任保险等方面面临影响内地和港澳律师在大湾区执业积极性的制度性障碍。由此，本文建议从发挥联营律师事务所中港澳律师涉外业务特长、保障内地律师平等执业范围、在联营律师事务所跨境资金流动中推广人民币结算功能、研究法律服务业纳入内地与港澳避免双重征税安排范围、开展对港澳律师进行集中职业责任保险投保试点等方面着手，大力保障和支持大湾区联营律师事务所机制可持续发展。

本章执笔人：冯韩美皓　王裔莹

第九章　横琴粤澳深度合作区趋同互联网新监管模式的探索

一　问题的提出

2019 年 4 月，中共中央、国务院发布了《国务院关于横琴国际休闲旅游岛建设方案的批复》，原则上同意了《横琴国际休闲旅游岛建设方案》（下文简称《建设方案》）。《建设方案》提出"提供快速、高效的无线网络服务，探索与澳门无线网络服务实现对接。推进横琴与港澳在旅游交通、信息和服务网络等方面互联互通，构建高效、互惠的区域旅游合作体，形成网络互联、信息互通、客源互送的区域性旅游合作机制"[①]。《建设方案》还提出"以粤澳合作中医药科技产业园、横琴澳门青年创业谷、粤澳合作产业园等为载体，开展互联网开放试点，打造与澳门互联互通的趋同互联网环境，建设粤澳信息港"[②]。从以上内容可知，在横琴粤澳深度合作区（以下简称"合作区"）打造与澳门互联互通的趋同互联网环境，便于在合作区生活居住、创新创业的居民、港澳人员和国际人才等享受便捷的国际互联网服务。此外，在合作区内建设互联网专用通道、粤澳跨境数据中心

[①]　参见《横琴国际休闲旅游岛建设方案》。

[②]　参见《横琴国际休闲旅游岛建设方案》。

等，有利于打造互联网经济开放先导区。

虽然在合作区打造与澳门互联互通的趋同互联网环境有诸多益处，但仍存在一个重大问题有待深入探究，即合作区与澳门的互联网安全现状与互联网硬件条件是否适应或满足两地互联互通的趋同互联网环境的条件？本章从内地、澳门互联网法治现状与监管现实两个维度展开分析，意在归纳"打造与澳门互联互通的趋同互联网环境"建设方案的影响因素，即影响合作区打造与澳门互联互通的趋同互联网环境因素是什么、现状如何、存在哪些问题、澳门网络法治的发展趋势，以及两地趋同网络的空间方向与法治路径选择。

二 合作区与澳门互联网的技术环境概览

（一）合作区互联网环境

2021 年 9 月 5 日，中共中央、国务院印发《横琴粤澳深度合作区建设总体方案》，支持横琴合作区发展。合作区经过十余年的开发建设，常住人口稳步增长，但在互联网的发展状况统计方面尚未单独普查编制，合作区的互联网环境分析大多是外部大环境分析。

1. 互联网使用情况

《中华人民共和国国民经济和社会发展第十四个五年规划和 2035 年远景目标纲要》提出要深入实施制造强国战略、推进网络强国建设。当前，计算机信息科学技术蓬勃发展，互联网不仅成为时代发展变革的关键要素，也在逐步改变着现代人类的生活方式与经济发展模式。以数字化转型驱动生产方式、生活方式和治理方式变革，正在成为引领中国未来经济发展的重要方向。2021 年上半年，数字产业化不断深入发展，推动数字技术与传

统实体经济深度融合；数据保护、平台经济反垄断等领域立法与监管不断
完善，助力数字化治理成为国家治理体系的重要组成部分。社会各个领域
都在积极进行数字化转型，信息产业技术等多个领域均取得了积极进展。

（1）互联网接入设备

《第48次中国互联网络发展状况统计报告》显示，截至2021年6月，
我国网民规模达10.11亿，较2020年12月增长2175万，互联网普及率达
71.6%，较2020年12月提升1.2个百分点。我国手机网民规模达10.07
亿，网民使用手机上网的比例为99.6%。网民对于互联网使用形态的需求
方面，台式电脑、笔记本电脑、平板电脑上网的比例分别为34.6%、
30.8%和24.9%,[1] 其设备使用的情况如图9－1所示。

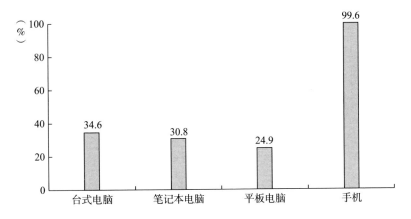

图9－1　我国互联网接入设备使用情况

数据来源：《第48次中国互联网络发展状况统计报告》，中国互联网络信息中心，
2021年8月27日。

由图9－1可知，手机是中国内地网民连接网络的最主要终端设备，其
次是台式电脑，二者在占有率方面相差超60个百分点。在互联网的连接方
式上，网民的无线网络使用率多年来持续增长。与此同时，光纤宽带的使

---

[1] 参见《第48次中国互联网络发展状况统计报告》，中国互联网络信息中心，2021年8月27日。

用率也保持稳定增长态势。国内三家基础电信企业的固定互联网宽带接入用户总数达 5.1 亿户，较 2020 年 12 月净增 2606 万户。其中，100Mbps及以上接入速率的固定互联网宽带接入用户达 4.66 亿户，占总用户数的91.4%，较 2020 年 12 月提高 1.6 个百分点；1000Mbps 及以上接入速率的固定互联网宽带接入用户达 1423 万户，较 2020 年 12 月增加 122.3%，占 2021 年固定互联网宽带新接入用户的30.1%。如图 9－2 所示，互联网的使用已成为我国内地网民生活中稳定且不可或缺的一部分。

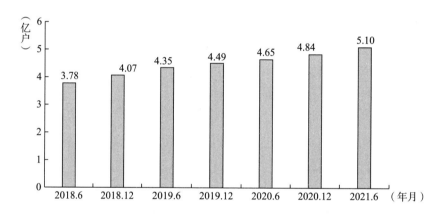

图 9－2　我国固定互联网宽带接入用户数

数据来源：作者根据工业和信息化部公布的相关数据整理。

（2）互联网使用偏好

如图 9－3 所示，截至 2021 年 6 月，我国即时通信用户规模达 9.83 亿，占网民整体的 97.3%；网络支付用户规模达 8.72 亿，占网民整体的86.3%；网络购物用户规模达 8.12 亿，占网民整体的 80.3%；网络新闻用户规模达 7.60 亿，占网民整体的75.2%；网上外卖用户规模达 4.96 亿，占网民整体的46.4%。[①] 如图 9－4 所示，截至 2021 年 6 月，我国网民的人均

---

① 参见《第 48 次中国互联网络发展状况统计报告》，中国互联网络信息中心，2021 年 8 月 27 日。

每周上网时长①为 26.9 小时，较 2020 年 12 月提升 0.7 小时。②

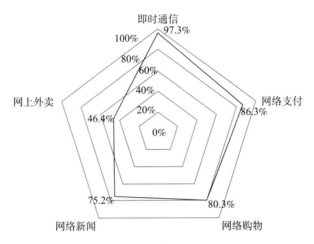

图 9 - 3　我国网民互联网使用偏好

　　数据来源：《第 48 次中国互联网络发展状况统计报告》，中国互联网络信息中心，2021 年 8 月 27 日。

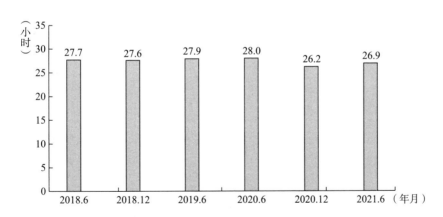

图 9 - 4　我国网民人均每周上网时长

　　数据来源：《第 48 次中国互联网络发展状况统计报告》，中国互联网络信息中心，2021 年 8 月 27 日。

---

① 人均每周上网时长指过去半年内，网民平均每天上网的小时数乘以七。

② 参见《第 48 次中国互联网络发展状况统计报告》，中国互联网络信息中心，2021 年 8 月 27 日。

（3）非网民规模

《第 48 次中国互联网络发展状况统计报告》显示，我国非网民规模为 4.02 亿，其中城镇地区非网民占比 49.1%，农村地区非网民占比 50.9%。[①]非网民群体城乡差异逐渐消除。在关注网民规模增长的同时，仍须对非网民群体予以重视。使用技能缺乏、文化程度限制和设备不足是非网民群体不上网的主要原因。

图 9 - 5 的数据显示，因不懂电脑、网络而不上网的非网民群体占比 54.5%；因不懂拼音等文化程度限制而不上网的网民占比 20.0%；因年龄太大或太小而不上网的非网民群体占比 13.9%；因没有电脑等上网设备而不上网的非网民群体占比 14.0%；因为不感兴趣、没时间上网等原因不上网的非网民群体占比均低于 10%。

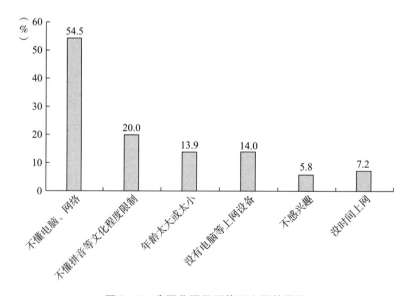

图 9 - 5 我国非网民群体不上网的原因

数据来源：《第 47 次中国互联网络发展状况统计报告》，中国互联网络信息中心，2021 年 2 月 3 日。

---

① 参见《第 48 次中国互联网络发展状况统计报告》，中国互联网络信息中心，2021 年 8 月 27 日。

（4）互联网安全状况

《第48次中国互联网络发展状况统计报告》显示，截至2021年6月，我国内地网民遭遇各类网络安全问题的比例为38.6%。其余61.4%的网民表示过去半年在上网过程中未遭遇网络安全问题。该数据与2020年12月的数据基本保持一致。如图9-6所示，遭遇个人信息泄露的网民比例最高，为22.8%；遭遇网络诈骗的网民比例为17.2%；遭遇设备中病毒的网民比例为9.4%；遭遇账号或密码被盗的网民比例为8.6%。[①]

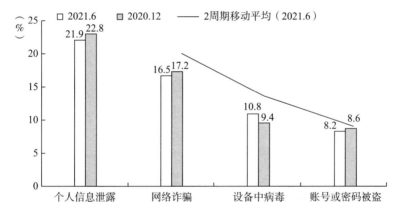

图9-6　我国网民遭遇的各类网络安全问题

数据来源：《第48次中国互联网络发展状况统计报告》，中国互联网络信息中心，2021年8月27日。

通过对遭遇网络诈骗网民的进一步调查，网民遭遇各类网络诈骗的比例均有所下降。其中，虚拟中奖信息诈骗仍是网民最常遭遇的网络诈骗类型，占比40.8%，较2020年12月下降7.1个百分点；遭遇网络购物诈骗的比例为31.7%，较2020年12月下降1.2个百分点；遭遇网络兼职诈骗的比例为28.2%，较2020年12月下降5.1个百分点；遭遇冒充好友诈骗的比例

---

① 参见《第48次中国互联网络发展状况统计报告》，中国互联网络信息中心，2021年8月27日；《2021年电信网络诈骗治理研究报告》，腾讯网，2022年2月18日，https://new.qq.com/omn/20220218/20220218A0C2OV00.html。

为 27.8%，较 2020 年 12 月下降 3.5 个百分点；遭遇钓鱼网站诈骗的比例为 21.8%，较 2020 年 12 月下降 2.9 个百分点。[①]

综上所述，我国内地互联网用户对于互联网安全状况和个人隐私安全问题的关注度正随着中国网络信息技术的飞速发展与广泛应用而逐渐加强。虽然我国内地网民对于个人信息泄露的主动防御意识较低，但对于政府背书的电子政务网站或官方开发的应用软件使用频率较高，信任程度也相对较高。有鉴于此，内地与澳门加强互联网环境法律建设，依法保护公民个人信息安全，均为在当今网络信息技术高速发展背景下亟须解决的重要问题。

（二）澳门互联网环境

1. 澳门居民互联网使用情况

（1）互联网接入设备

《2019 年度澳门居民互联网使用趋势报告》显示，2019 年澳门居民互联网使用普及率已处于亚洲前列[②]并高于全球平均水平。[③] 根据澳门互联网研究会 2019 年的研究报告，澳门居民对于互联网使用类型的需求、设备拥有和使用的情况如图 9 - 7 所示。

由图 9 - 7 可知，手机是澳门居民连接网络的最主要终端设备，其次是桌上电脑设备，二者在用户喜好程度与占有率方面相差近 30 个百分点。在

---

① 参见《2021 年电信网络诈骗治理研究报告》，腾讯网，2022 年 2 月 18 日，https://new.qq.com/omn/20220218/20220218A0C2OV00.html。

② 根据《2019 年度澳门居民互联网使用趋势报告》，一直居于亚洲领先位置的日本互联网使用普及率为 94%、韩国为 92%。

③ 此处全球互联网使用普及率平均水平为 55%，参见澳门互联网研究会《2019 年度澳门居民互联网使用趋势报告》，第 16 页。

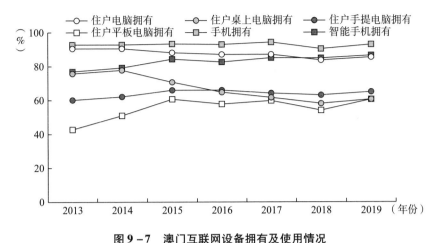

图 9 - 7　澳门互联网设备拥有及使用情况
数据来源：澳门互联网研究会，《2019 年度澳门居民互联网使用趋势报告》。

互联网使用场所的选择上，92% 的澳门居民更热衷于居家上网。在互联网的连接方式上，虽然居民的无线网络使用率从 2008 年的 29% 上升至 2019 年的74%，但光纤宽带的使用率仍保持在 80% 左右。[①] 由此可见，互联网的使用已成为澳门居民生活中稳定且不可或缺的一部分。

（2）互联网使用偏好

澳门居民的互联网使用多集中于休闲娱乐、与人沟通、获取资讯、新闻浏览、社交网站与网上购物六个方面。如图 9 - 8 所示，澳门居民在网络使用的偏好上更倾向于娱乐与新闻资讯的获取。与香港居民不同，澳门居民在沟通软件的选择偏好上，更趋近于内地用户，微信以 83% 的使用率远高于 Facebook、Instagram 等外国应用软件。与内地不同，澳门居民的线上购物功能使用率极低。具体表现在两个方面。

一是新闻与资讯的接收方面。高达 84% 的澳门居民喜欢在网上浏览新闻和获取资讯。以受教育程度为参照依据，用户受教育程度越高，浏览率

①　参见澳门互联网研究会《2019 年度澳门居民互联网使用趋势报告》。

越高。值得注意的是，与澳门居民极高的网络新闻、资讯获取率相比，其网络信息转载率却不及前者的一半，仅为41%。①

二是网络购物方面。网络支付在澳门的使用率较低。大多数居民表示不使用网络支付的主要原因是"担心信息安全"和"隐私泄露"问题。与网络购物、网络支付的低使用率相比，澳门居民对于电子化政务软件使用率相对较高。由此可见，同样需要以注册登录并提供详细个人信息为前提，拥有政府背书的应用软件明显更容易获得澳门居民的信任。

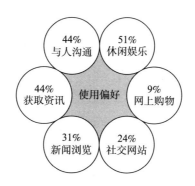

图9-8　澳门居民互联网使用偏好

数据来源：澳门互联网研究会，《2019年度澳门居民互联网使用趋势报告》。

（3）个人隐私安全关注度

《2019年度澳门居民互联网使用趋势报告》显示，澳门居民对于澳门网络隐私安全现状的评价正处于逐年上升期，46%的居民认为澳门网络隐私安全状况良好，较上一年提升了7个百分点。② 此外，该报告显示，受教育程度高的网民，对于个人隐私的关注度更高。

如图9-9所示，澳门居民对于个人隐私安全的主动防护意识较高，36%的用户会有选择地连接公共Wi-Fi，如需提交个人信息，选择放弃的可

① 参见澳门互联网研究会《2019年度澳门居民互联网使用趋势报告》。

② 参见澳门互联网研究会《2019年度澳门居民互联网使用趋势报告》。

能性较大；30%的用户会主动放弃通过连接公共 Wi-Fi 获取上网服务；46%
的用户会由于网站安装的 Cookie 插件有可能记录用户数据而直接选择放弃
浏览；43%的用户会主动阅读 APP 下载时的个人隐私声明内容；因需要输
入个人信息资料而选择放弃使用 APP 的用户比例高达 77%；不愿意用个人
信息资料换取网上服务的用户比例高达 84%。

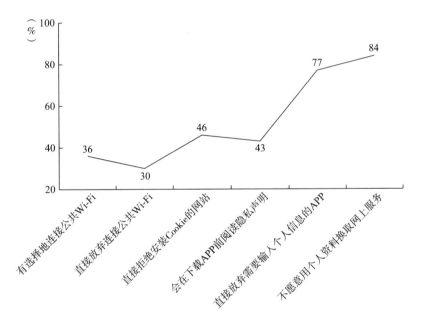

图 9 – 9　澳门居民对个人隐私安全的主动防护意识

数据来源：澳门互联网研究会，《2019 年度澳门居民互联网使用趋势报告》。

综上，澳门互联网用户对于个人隐私安全问题十分关注，并拥有较
强的主动防护意识。其最为担心两个问题：一是通过互联网下载应用软
件时个人设备存储信息被盗取；二是在互联网使用中被第三方获取个人
信息资料。但经由澳门特别行政区政府背书的电子政务网站或应用软件
均在澳门居民互联网使用偏好中占有较高比重，受信度也相对较高。有
鉴于此，不论内地还是澳门加强互联网法律环境建设，依法保障公民个

人信息安全，均为在当今网络信息技术高速发展的社会现状下亟须解决的重要问题。

三 合作区与澳门互联网的监管体系及比较

（一） 合作区互联网监管情况

无论是政策法律的制定，还是制度的实施与完善，合作区对互联网的监管都依据国家的相关规定执行。因此，合作区对互联网的监管规定也与国家对互联网的监管规定大致相同。

1. 合作区互联网监管历史沿革

合作区互联网监管的宏观框架与创新方式均由我国内地的互联网监管实践体系演化而来。而我国内地互联网监管的实践探索以传统邮政、电信、广播、电视事业时代社会管理的实践为基础，不断发展，正处于向运用法治思维和法治方式治网、办网、用网、护网的网络治理法治化阶段转型之中。① 简言之，以 1994 年正式进入网络社会为标志，我国内地互联网监管大致可以划分为起步、发展和转型三个阶段。

第一个阶段是起步阶段。为顺应"以经济建设为中心"的政策，国家对邮政、电信、广播、电视等行业实行"分业管理，条块结合"的管理体制和运行模式，颁布了《邮政法》等法律法规。随着"国家计算机与网络设施工程（NCFC）"的推动，我国内地正式步入网络社会。同时，网络社

---

① 参见徐汉明、张新平《网络社会治理的法治模式》，《中国社会科学》2018 年第 2 期。

会治理问题凸显。针对起步阶段网络犯罪活动猖獗、计算机病毒频发、盗版软件、隐私侵权等问题，国家先后颁布了 15 部法律法规[①]对其进行规制，丰富了合作区对网络违法行为进行归责的依据。

第二个阶段是发展阶段。2000 年后，蓬勃发展的网络信息技术不仅为经济社会发展提供了充足动力，同时也滋生了网络社会的安全风险问题。针对网络著作权保护、安全保护技术、网络金融安全保障、个人信息安全保护、网络安全应急等突出问题，我国颁布了《中国互联网络域名管理办法》《互联网安全保护技术措施规定》等相关规范性文件。[②]在预防和惩治网络犯罪方面，《刑法修正案（七）》明确规定了非法获取计算机信息系统数据、非法控制计算机信息系统，提供侵入、非法控制计算机信息系统程序、工具等犯罪行为的刑事责任，为预防和惩治网络犯罪提供了刑事法律保障。[③] 在网络信息保护方面，《关于加强网络信息保护的决定》明确保护个人电子信箱、网络身份管理规范、网络服务提供者义务、主管部门监管手

[①]　该阶段先后颁布了 15 部法律法规：《计算机信息系统安全保护条例》（1994）、《计算机信息网络国际联网管理暂行规定》（1996）、《计算机信息系统保密管理暂行规定》（1998）、《全国人民代表大会常务委员会关于维护互联网安全的决定》（2000）、《计算机病毒防治管理办法》（2000）、《中华人民共和国电信条例》（2000）、《互联网电子公告服务管理规定》（2000）、《互联网信息服务管理办法》（2000 年制定，2011 年修订）、《互联网药品信息服务管理暂行规定》（2001）、《互联网上网服务营业场所管理办法》（2001）、《互联网医疗卫生信息服务管理办法》（2001）、《网上银行业务管理暂行办法》（2001）、《计算机软件保护条例》（2001 年公布，2013 年修订）、《互联网出版管理暂行规定》（2002）、《互联网文化管理暂行规定》（2003）。

[②]　该阶段陆续出台了 17 种规范性文件：《中国互联网络域名管理办法》（2004）、《互联网药品信息服务管理办法》（2004）、《电子银行业务管理办法》（2005）、《电子认证服务管理办法》（2005）、《非经营性互联网信息服务备案管理办法》（2005）、《互联网著作权行政保护办法》（2005）、《关于网络游戏发展和管理的若干意见》（2005）、《信息网络传播权保护条例》（2006）、《互联网电子邮件服务管理办法》（2006）、《中国互联网信息中心域名争议解决办法》（2006）、《互联网安全保护技术措施规定》（2006）、《关于进一步加强网吧及网络游戏管理工作的通知》（2007）、《互联网视听节目服务管理规定》（2007）、《电子出版物管理规定》（2007）、《电子认证服务管理办法》（2009）、《网络运行和信息安全保密管理办法》（2010）、《通信网络安全防护管理办法》（2010）。

[③]　参见徐汉明、张新平《网络社会治理的法治模式》，《中国社会科学》2018 年第 2 期。

段等，为加强个人电子信息保护、维护网络信息安全提供了法律依据。①

第三个阶段是转型阶段。党的十八届三中全会提出"坚持积极利用、科学发展、依法管理、确保安全的方针，加大依法管理网络力度，加快完善互联网管理领导体制，确保国家网络和信息安全"的设计理念，标志着我国网络社会治理法治建设开始向保障运用法治思维和法治方式"治网、办网、用网、护网"阶段跨越转型。② 为此，国家先后颁布了《网络交易管理办法》《互联网用户账号名称管理规定》《中华人民共和国网络安全法》（以下简称《网络安全法》）等法律法规。③ 针对新形式网络犯罪的预防与惩治，《中华人民共和国刑法修正案（九）》通过界定侵犯公民个人信息、网络服务提供者不履行安全管理义务、扰乱无线电秩序、传播虚假信息、破坏计算机信息系统等犯罪行为的刑事责任，为预防和惩治网络犯罪提供了刑事法律保障。

2. 合作区互联网监管的现有法律规范体系

合作区现行的趋同互联网的法治规定以国家现行政策、法律法规等为主，故而下文主要对其现状进行分析。

一是关于规定数据范围的法律法规方面。自 1994 年 4 月 20 日我国正式接入国际互联网以来，为平衡互联网信息服务产业发展需求与网络安全需求间的张力，我国政府出台了一系列法律法规对互联网信息服务领域出现的各种问题进行治理，关于互联网信息服务的各项法律法规已形成一套复合的政策体系。基于此，笔者以 1994～2021 年政府层面发布的法律法规

---

① 参见徐汉明《我国网络法治的经验与启示》，《中国法学》2018 年第 3 期。
② 参见徐汉明、张新平《网络社会治理的法治模式》，《中国社会科学》2018 年第 2 期。
③ 该阶段颁布的法律法规有：《网络交易管理办法》（2014）、《国家安全法》（2015）、《互联网用户账号名称管理规定》（2015）、《互联网保险业务监管暂行办法》（2015）、《网络出版服务管理规定》（2016）、《网络安全法》（2016）等。

（含中央网信办相关征求意见稿）为研究材料，以"网络安全""网络信息""个人信息""基础设施""跨境数据""数据出境"等作为关键词，对国家法律法规数据库进行模糊检索，经筛选得到相关文本 37 条，如图 9 - 10 所示。

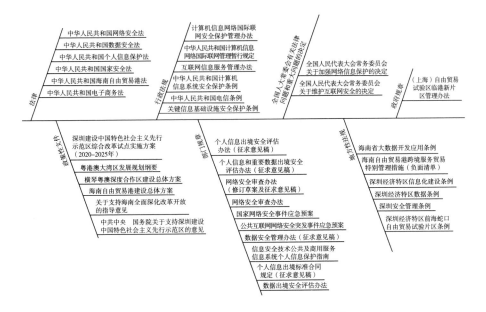

图 9 - 10　互联网法律法规政策文本分类

数据来源：作者根据相关资料整理绘制。

说明：文献资料收集的截止时间为 2022 年 7 月 7 日。

二是关于法律法规的高频亮点方面。通过设置 5 组关键词对 37 份法律法规、政策文件数据进行匹配，筛选后获得匹配结果 1512 个。如图 9 - 11 所示，出现次数位列前十的词语分别为"数据、国际、安全、跨境、流动、数据安全、网络安全、信息安全、个人信息、互联网"，且多与近年来学者、立法者关注的焦点重合。

第一，法律文件。在 37 份法律法规政策文件中，《中华人民共和国网络安全法》（以下简称《网络安全法》）《中华人民共和国数据安全法》（以下简称《数据安全法》）《中华人民共和国个人信息保护法》（以下简称

图 9-11　高频关键词云图
数据来源：作者根据相关资料整理绘制。

《个人信息保护法》）是由全国人大常委会颁布施行的。其作为高级别的纲领性文件，统领着互联网发展的基本方向。

以《网络安全法》为核心，对网络安全进行了规定，即国家建设网络与信息安全保障体系，提升网络与信息安全保护能力，加强网络和信息技术的创新研究和开发应用，实现网络和信息核心技术、关键基础设施和重要领域信息系统及数据的安全可控；加强网络管理，防范、制止和依法惩治网络攻击、网络入侵、网络窃密、散布违法有害信息等网络违法犯罪行为，维护国家网络空间主权、安全和发展利益。同时，《网络安全法》还明确规定：国家采取措施，监测、防御、处置来源于境内外的网络安全风险和威胁，保护关键信息基础设施免受攻击、侵入、干扰和破坏，依法惩治网络违法犯罪活动，维护网络空间安全和秩序；① 积极开展网络空间治理、网络技术研发和标准制定、打击网络违法犯罪等方面的国际交流与合作，

---

① 参见刘克希《当代中国的立法发展》，法律出版社，2017，第 97～103 页。

推动构建和平、安全、开放、合作的网络空间，建立多边、民主、透明的网络治理体系;[①] 开展数据安全治理、数据开发利用等领域的国际交流与合作，参与数据安全相关国际规则和标准的制定，促进数据跨境安全、自由流动。此外，《网络安全法》还特别强调未经国家主管机关批准，境内的组织、个人不得向外国司法或者执法机构提供存储于中华人民共和国境内的数据，关键信息基础设施的运营者在中华人民共和国境内运营中收集和产生的个人信息和重要数据应当在境内存储。

《数据安全法》则厘定了数据、重要数据、关键基础设施等重要概念，明确国家应积极开展数据安全治理、数据开发利用等领域的国际交流与合作，参与数据安全相关国际规则和标准的制定，促进数据跨境安全、自由流动。同时，《数据安全法》也规定了未经中华人民共和国主管机关批准，境内的组织、个人不得向外国司法或者执法机构提供存储于中华人民共和国境内的数据。

《个人信息保护法》以全章节的篇幅突出个人信息出境的重要性，对跨境提供个人信息的规则予以明确。同时，《个人信息保护法》还详细规定个人信息出境的规则办法和评估要求、针对个人信息的保护标准、境外接收方等相关个人信息出境条件。

第二，政策性文件。其主要涉及跨境网络、跨境数据流动、扩大数据领域开放、国际互联网数据交互等网络互联互通问题的政策性文件，时间范围集中在 2019~2021 年。

2019 年《中共中央 国务院关于支持深圳建设中国特色社会主义先行示范区的意见》指出，"支持深圳建设粤港澳大湾区大数据中心，探索完善数据产权和隐私保护机制，强化网络信息安全保障"。同年，《粤港澳大湾

---

① 参见于文龙《习近平全球治理体系变革思想研究》，湖南师范大学博士学位论文，2018。

区发展规划纲要》对跨境网络建设问题有明确指示，推进粤港澳互联网宽带扩容，实现城市固定互联网宽带全部光纤接入。探索建立统一标准，开放数据端口，加强通信网络、重要信息系统和数据资源保护，建立健全网络与安全信息通报预警机制，加强实时监测、应急处置工作，构建网络安全综合防御体系。此外，在《国务院关于横琴国际休闲旅游岛建设方案的批复》中也有明确的规定，"以粤澳合作中医药科技产业园、横琴澳门青年创业谷、粤澳合作产业园等为载体，开展互联网开放试点，打造与港澳互联互通的趋同互联网环境，建设粤澳信息港"。

2021年国务院发布《横琴粤澳深度合作区建设总体方案》，其中第19条进一步就"促进国际互联网数据跨境安全有序流动"作出明确指示，"在国家数据跨境传输安全管理制度框架下，开展数据跨境传输安全管理试点，研究建设固网接入国际互联网的绿色通道，探索形成既能便利数据流动又能保障安全的机制。支持珠海、澳门相关高校、科研机构在确保个人信息和重要数据安全前提下，实现科学研究数据跨境互联互通"。

第三，部门规章。关于部门规章，主要从以下内容进行分析。

2012年工业和信息化部发布了《信息安全技术公共及商用服务信息系统个人信息保护指南》。该指南是我国首个关于个人信息保护的国家标准，明确规定了"未经个人信息主体的明示同意，或法律法规明确规定，或未经主管部门同意，个人信息管理者不得将个人信息转移给境外个人信息获得者，包括位于境外的个人或境外注册的组织和机构"。

2017年，国家互联网信息办公室就《个人信息和重要数据出境安全评估办法（征求意见稿）》公开征求意见。在征求意见稿中，关于数据出境安全评估办法的目的、范畴、数量、类型、主客体条件、数据出境前后管理办法、重要数据情况、安全评估组织等情况均有详细规定，并明确了不得出境的数据内容。虽然该征求意见稿最终未采纳，但参考意义重大。[①]

2019 年国家互联网信息办公室再次发布《个人信息出境安全评估办法（征求意见稿）》，对个人信息出境前后、境外接收者评估、建档记录、保存时限、网络运营者申报信息出境的具体办法、暂停或终止向境外提供个人信息的处理办法、境外机构通过互联网收集境内用户信息的处理办法等方面均作了详细规定。同年，《数据安全管理办法（征求意见稿）》由国家互联网信息办公室公开征求意见。其中第 28～29 条就向境外提供数据和境内流量问题有详细叙述，即"网络运营者发布、共享、交易或向境外提供重要数据前，应当评估可能带来的安全风险，并报经行业主管监管部门同意；行业主管监管部门不明确的，应经省级网信部门批准。向境外提供个人信息按有关规定执行。境内用户访问境内互联网的，其流量不得被路由到境外"。该文件虽未正式发布，但也有丰富的可借鉴意义。对比国家互联网信息办公室 2020 年与 2021 年先后发布的《网络安全审查办法》，可以发现后者着重增加了关于核心数据、重要数据以及大量个人信息被窃取、泄露、毁损以及非法利用或出境的管理办法。同时还增加了针对掌握超过 100 万个人信息的运营者赴国外上市的网络安全审查规定等有关数据出境的审查管理规定。

第四，行政法规。关于国际出入口信道的管理，《计算机信息网络国际联网安全保护管理办法》规定，"国际出入口信道提供单位、互联单位的主管部门或者主管单位，应当依照法律和国家有关规定负责国际出入口信道、所属互联网络的安全保护管理工作"；涉及国家事务、经济建设、国防建设、尖端科学技术等重要领域的单位需办理备案手续；同时，该办法在附则中明确与香港特别行政区、澳门特别行政区、台湾地区联网的计算机信

---

① 参见陈咏梅、张姣：《跨境数据流动国际规制新发展：困境与前路》，载《上海对外经贸大学学报》2017 年第 1 期。

息网络安全管理参照本办法执行。[①]《中华人民共和国电信条例》规定，境内从事国际通信业务，必须通过国务院信息产业主管部门批准设立的国际通信出入口局进行；我国内地与香港特别行政区、澳门特别行政区和台湾地区之间的通信，亦参照规定办理。[②] 对于外国的组织或者个人在中华人民共和国境内投资与经营电信业务和香港特别行政区、澳门特别行政区与台湾地区的组织或者个人在内地投资与经营电信业务的具体办法，由国务院另行制定。[③] 此外，国务院 2021 年发布的《关键信息基础设施安全保护条例》强调对于关键信息基础设施的保护措施，防御、处置来源于境内外的网络安全风险和威胁，保护关键信息基础设施免受攻击、侵入、干扰和破坏，依法惩治危害关键信息基础设施安全的违法犯罪活动。

（二）澳门互联网的监管现状

对澳门特别行政区政府互联网监管现状的分析可从两方面展开：第一，对澳门法务局的公开垂直领域数据库（澳门法律网）的文献数据统计结果进行聚类分析；第二，结合澳门网络法律规制现状展开讨论。

1. 基于澳门法务局公开文献数据的聚类分析

澳门法律网是由澳门法务局享有最终版权，集法律法规查询、法律资讯推荐、法院裁判及法律问答、法律培训、多语言法律词典及相关资讯查询等功能的澳门地方性法律法规数据库，提供 1855 年 3 月 8 日至今的实时动态数据。笔者通过关键词设置，检索"网络"得到自 1991 年 12 月 2 日至

---

① 参见王鹏《云计算环境下数据保护法律问题研究》，华中科技大学硕士学位论文，2019。
② 参见刘彩、胡可明《中华人民共和国电信条例释义》，中国法制出版社，2001。
③ 参见孙琬钟等《中华人民共和国国务院令（1949.10~2001.4）》，吉林人民出版社，2001。

今①的 338 条与网络相关的法律法规及具有法律性质的公文公告。如图 9 -
12 所示，按照涉及内容，笔者将文件大致分为三类：网络安全与数据管理；
电信网络基础建设的牌照、合同、服务申请的授予；相关网络协会章程的
公示。其中，与网络安全直接相关的文件共 6 份。同时，根据统计的数据，
笔者发现澳门法律网自 2015 年起出现关于"网络安全"相关的法律文件，
但只是初始的单纯硬件设备授权。

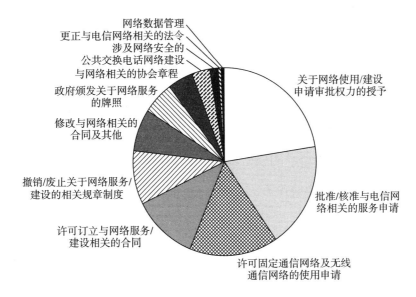

图 9 - 12　澳门法律网涉及"网络"关键词的法律文件汇总（1991. 12 ~ 2020. 10）
数据来源：作者根据相关资料绘制。

由图 9 - 12 可知，该数据库公布法律法规文件的时间脉络体现了澳门的
经济发展、社会需求，也体现了澳门特别行政区政府和居民需要更全面的
网络法律保障。如图 9 - 13 所示，该图以折线的形式表现了澳门近年来与网
络安全相关的法律文件颁布的数量趋势。其中，2016 年、2019 年分别出现

---

① 首次资料收集截止日期为 2020 年 10 月 15 日，资料更新日期为 2021 年 1 月 5 日。后因澳门法务
　局的澳门法律网暂停访问而未更新。2022 年 4 月 21 日，该网站与澳门法例咨询系统整合成为新
　的搜索平台，原数据库数据已重新过滤更新。

峰值。究其根源，澳门特别行政区政府于 2016 年授权澳门环境保护局与内地签署了网络数据管理协议，专注于粤港澳区域的空气环境数据的管理及使用，这是澳门法律网有记载可查询的第一次粤港澳三地互联互通的实时网络数据管理使用范例。同年，澳门特别行政区政府许可提供"网络安全设备——防火墙（NGFW）"的服务协议。2019 年 6 月 24 日，澳门特别行政区政府正式颁布《网络安全法》，旨在设立澳门网络安全体系并规范其运作，通过强化关键基础设施运营者的网络安全，维护社会福祉、公共安全及秩序等重大公共利益。澳门《网络安全法》的颁布，为已有的澳门针对电脑犯罪行为的刑事法律——《打击电脑犯罪法》这一事后刑事侦查措施弥补了事前预防的空白，完善了澳门关于网络完全的事前预防与事后处置措施。同年，澳门网络安全委员会成立，并及时对网络安全事故预警及应急中心及网络安全监管等问题拟定规章制度。《网络安全——管理基本规范》《网络安全——事故预警、应对及通报规范》于 2020 年 5 月正式公布。

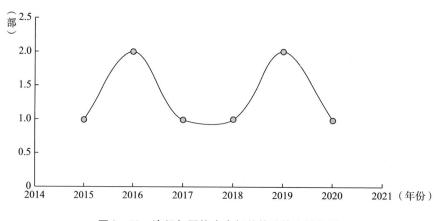

图 9 – 13　澳门与网络安全相关的法律文件数量

2. 澳门互联网法律规范体系

澳门特别行政区关于网络安全及数据信息管理的法律规范构成是一个相对比较完整的体系，包括事前预防、事中监测预警与事后的处理措施。

如图 9 – 14 所示，笔者以时间轴对应法律文件并进行对象分析。

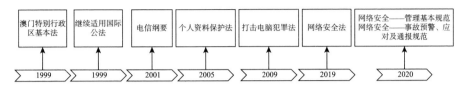

图 9 – 14　澳门网络安全及数据信息管理的法律规范发布时序
数据来源：作者根据相关资料绘制。

《网络安全法》。澳门特别行政区第 13/2019 号法律《网络安全法》颁布于 2019 年，旨在建立澳门特别行政区的网络安全体系，以保护关键基础设施运营者的资讯网络、电脑系统及电脑数据资料。该法律在澳门向现代化信息社会转变的过程中，极大增强了法律保障力度，并及时适应了澳门现代信息社会的科技发展需求。

《打击电脑犯罪法》。澳门特别行政区第 11/2019 号法律《打击电脑犯罪法》针对"不当获取、使用或提供电脑数据资料""不当截取电脑数据资料""损害电脑数据资料""干扰电脑系统"[1]"用作实施犯罪的电脑装置或电脑数据资料""电脑伪造""电脑诈骗"等涉及电脑中个人资料的犯罪行为及相应刑罚作出规定。[2]

网络安全预警与应急机制。澳门特别行政区第 13/2019 号法律《网络安全法》第 2 章规定，澳门特别行政区设置网络安全委员会、网络安全事故预警及应急中心、网络安全监管实体三级网络安全体系。网络安全委员会由行政长官领导，监督网络安全体系内其他实体在《网络安全法》范围内所开展的活动，并及时建议政府与澳门特别行政区或外地的公共或私人实

---

① 刘海鸥：《澳门法律史纲要：澳门法的过去、现在和未来》，吉林大学出版社，2009，第 221 ~ 227 页。
② 参见许晓明《论"伪基站"犯罪的刑法规制》，海南大学硕士学位论文，2017。

体订立或修订有助于提高澳门网络安全标准的协议、议定书或合同。网络安全事故预警及应急中心是网络安全事故预警及应急方面的专门技术性机构，由司法警察局统筹。网络安全监管实体是公共行政部门或机构，主要负责监察关键基础设施运营者有关其网络安全的计划及行动。2019 年，网络安全事故预警及应急中心根据第 13/2019 号法律《网络安全法》第 3 条规定发布《网络安全——管理基本规范》及《网络安全——事故预警、应对及通报规范》。前者对网络安全管理、操作程序、安全措施等作出详细规定，并量化规范了风险评价指标体系与各级网络安全保护等级的安全措施要求；后者旨在制定网络安全事故预警的发布机制、关键基础设施运营者应对网络安全事故的一般指引，以及网络安全事故通报程序与要求，其对网络安全预警、安全指数、事故评级、应急流程、通报流程等作了详细规定。

《个人资料保护法》。网络安全，一方面聚焦国家信息安全，另一方面聚焦个人信息安全。个人信息在澳门特别行政区被称为个人资料，该领域的保护性法律规定呈现构成多元化的特征，不仅有《个人资料保护法》，还有涉及宪法性法律、民法和刑法等多部门法以及多个国际条约的条款。这主要表现为：第一，从宪法性法律来看，《中华人民共和国澳门特别行政区基本法》（以下简称《澳门基本法》）第 30 条①确认了公民人格尊严和隐私权，并在第 32 条②明确保护公民通讯自由和通讯秘密。由此可见，澳门以"隐私权说"为理论基础，隐私权作为《澳门基本法》规定的基本权利获得宪法性法律的保护。第二，从个人资料保护角度来看，《个人资料保护法》（第 8/2005

---

① 参见《澳门基本法》第 30 条规定："澳门居民的人格尊严不受侵犯。禁止用任何方法对居民进行侮辱、诽谤和诬告陷害。澳门居民享有个人的名誉权、私人生活和家庭生活的隐私权。"

② 参见《澳门基本法》第 32 条规定："澳门居民的通讯自由和通讯秘密受法律保护。除因公共安全和追查刑事犯罪的需要，由有关机关依照法律规定对通讯进行检查外，任何部门或个人不得以任何理由侵犯居民的通讯自由和通讯秘密。"

号法律）是澳门个人资料保护的专门法，也是本章研究澳门个人资料保护法律制度的主要对象。同时，澳门还出台了配套的《公共地方录像监视法律制度》（第 2/2012 号法律），作为特别法保护在公共场所视频监控设备中的个人资料。第三，从民事法律规范来看，澳门特别行政区《民法典》（以下简称"澳门《民法典》"）涉及个人资料和隐私保护的主要规定有：第 74 条①涉及"保留私人生活隐私权"、第 76 条②涉及"亲属记事及其他秘密文书"，以及第 78 条"个人经历保密权"、第 79 条"个人资料之保护"和第 81 条"个人资料真实权"进一步解释了个人资料的含义及保护范围。第四，从刑事法律来看，澳门《刑法典》设置专章"侵犯受保护之私人生活罪"，从"侵入限制公众进入之地方""侵入私人生活""以资讯方法做侵入""侵犯函件或电讯""违反保密""不法之录制品及照片"等多种个人资料的应用场景，规定罪行构成及其刑罚。③ 第五，从适用于澳门的国际条约来看，《公民权利和政治权利国际公约》第 17 条④明确规定了"禁止侵犯隐私原则"，设定了澳门特别行政区政府保护个人资料的国际公法义务。第六，从组织机构安排来看，个人资料保护办公室根据澳门《民法典》第 79 条第 3 款及《个人资料保护法》设立，直属澳门特区行政长官，独立运作以确保个人资料保障机制有效实施。自 2008 年以来，个人资料保护办公室作为

① 参见澳门《民法典》第 74 条规定："一、任何人均不应透露属他人私人生活隐私范围之事宜。二、隐私之保留范围按有关事件之性质及各人之条件而界定，且尤其以本人所作之行为而显示出其欲保留之范围予以界定；对于公众人物，则尤其以有关之事实与具知名度之原因两者间所存有之关系予以界定。"
② 参见澳门《民法典》第 76 条规定："上条第三款及第四款之规定，经作出必要配合后，适用于亲属及个人记事，以及其他具秘密性质之文书或涉及私人生活隐私之文书。"
③ 参见澳门《刑法典》第 184～193 条。
④ 参见《公民权利和政治权利国际公约》第 17 条的规定："一、任何人的私生活、家庭、住宅或通信不得加以任意或非法干涉，他人的荣誉和名誉不得加以非法攻击。二、人人有权享受法律保护，以免受这种干涉或攻击。"

"亚太区私隐机构组织论坛"和"私隐及资料保护机构国际大会"观察员、
"全球私隐执法网络"及"亚太区私隐机构组织"正式成员，① 积极参加相
关国际组织交流合作，完善澳门个人资料保护机制。② 该机构通过发布指
引、意见书和处理具体个案等方式执行有关个人资料保护的各项规定，切
实保障《澳门基本法》中人格尊严、私人和家庭生活隐私权等基本权利。③
针对劳动雇佣场景中员工电子邮件、电话等个人资料被监察等情况，个人
资料保护办公室专门发布《关于工作场所个人资料保护原则——雇主对雇
员活动监察的指引》来规范雇主的行为。例如，根据该指引，公共服务部
门积极履行相关要求，完成通知工作，及时公布"收集个人资料的声明"，
取得较好效果。同时，为提高执行效率和节省行政资源，个人资料保护办
公室也根据指引的执行情况，颁布和更新了几十份指引，其中包括 2011 年
颁布的《在互联网上发布个人资料的注意事项》。

澳门《网络安全法》颁布后，澳门特别行政区成立了网络安全委员会，
由行政长官贺一诚任委员会主席。委员会的决策监督能力和统筹协调水平，
既决定了网络安全事故预警及应急中心、网络安全监管实体和关键基础设
施营运者所开展的相关管理工作是否到位、是否有效，也决定了澳门网络
安全治理以及维护国家网络安全工作的整体成效。

（三）合作区与澳门互联网监管法制的比较分析

1. 顶层政策

合作区顶层政策的规定主要表现为：一方面，《横琴粤澳深度合作区建

---

① 参见高长永《两岸四地个人信息跨境流动安全保护合作机制研究》，《犯罪研究》2017 年第 12 期。
② 参见姬朝远《澳门个人资料权基本权利属性探讨》，《港澳研究》2018 年第 1 期。
③ 参见杜冰花《澳门个人资料保护法制研究》，西南政法大学硕士学位论文，2017。

设总体方案》提出要做好合作区属地管理工作，指出合作区上升为广东省管理，并由广东省的派出机构抓好国家安全、社会治安等工作；另一方面，《中华人民共和国国民经济和社会发展第十四个五年规划和 2035 年远景目标纲要》提及"网络安全"14 次，涉及国家安全、能源安全等领域。内地关于网络安全的法律文件——《国家安全法》《网络安全法》《中国人民共和国电子商务法》《数据安全法》《个人信息保护法》分别于 2015 年、2016年、2019 年、2021 年、2021 年实施。

澳门顶层政策的规定表现为如下两个方面。一方面，澳门特区行政长官贺一诚在特区立法会作 2021 年财政年度施政报告时提出，"十四五"是澳门融入国家发展大局、谋划实现新一轮发展的重要时期。澳门将把握机遇，主动对接国家"十四五"规划，不断完善维护国家安全的法律制度和执行机制；另一方面，澳门特区政府网络安全委员会第一次全体会议审议了特区政府首份网络安全年度报告《2020 年度网络安全总体报告》，澳门特区行政长官贺一诚在会议上提出要主动对接国家数字化转型规划，切合澳门整体发展方向和实际需求，坚持"安全与发展并重"的原则，制定网络安全顶层政策，推动及支援网络安全体系各参与方积极投入，以加快提升澳门的网络安全建设水平。此外，澳门关于网络安全的法律文件——澳门《网络安全法》于 2019 年生效，而且根据澳门《网络安全法》第 3 条制定了《网络安全——管理基准规范》及《网络安全——事故预警、应对及通报规范》，分别适用于各领域行业营运者的通用性网络安全技术规范。为与澳门《网络安全法》相配合，修订完善的《打击计算机犯罪法》于 2020 年生效。

2. 部门设置

就部门设置而言，内地关于网络安全的组织部门有中共中央网络安全和信息化委员会，其办事机构是中央网络安全和信息化委员会办公室；工业和信息化部属于国务院部委，下设的信息通信管理局为电信管理机构，负责具体监管电信和互联网市场的用户个人信息保护；公安部下设公安机关网络安全保卫部门，承担维护国家政治稳定、个人信息保护等任务；国家市场监督管理局下设直属单位中国网络安全审查技术与认证中心，负责实施网络安全相关审查和认证工作。

澳门则根据《网络安全法》有关规定设立了澳门网络安全管理体系，由委员会、预警及应急中心和监管实体构成了三层组织格局。

在合作区的部门设置上，2021 年 9 月 5 日合作区成立后，在中央网络安全和信息化委员会的领导下，"琴澳通"互联网数据跨境传输试点工作由原横琴新区管委会"琴澳通"领导小组管理，转换为由中共广东省委横琴粤澳深度合作区工作委员会、广东省人民政府横琴粤澳深度合作区办公室直接负责。

3. 内容设置

就内容设置而言，内地关于网络安全的内容具体且明确，《网络信息内容生态治理规定》从网络信息内容生产者、网络信息内容服务平台、网络信息内容服务使用者等方面进行了详细阐述，并以清单的形式明确了可为和不可为的内容。澳门关于网络安全的内容则并未具体明确，更多的是对网络危害行为较重的内容进行预防和规定。而合作区在网络安全的执行方面未正式出台相关管理办法，暂以内部文件形式组织开展相关工作。

（四）合作区与澳门互联网监管模式的经验总结

1. 以内地为代表的互联网监管常态化

（1）监督管理机构

我国网信部门负责统筹协调网络安全工作和相关监督管理工作，国务院电信主管部门、公安部门和其他有关机关在各自职责范围内负责网络安全保护和监督管理工作。① 在实务中，用户个人信息保护已然牵涉国家互联网信息办公室、工业和信息化部信息通信管理局、公安机关和国家市场监督管理局，同时根据具体行业领域的不同，还会涉及中国人民银行、中国银行业监督管理委员会、中国证券监督管理委员会、中国保险监督管理委员会、邮政管理机构、征信监督管理机构等其他部门。

　　国家互联网信息办公室属于中央直属机构，与中央网络安全和信息化委员会办公室属于"一个机构两块牌子"，后者更加关注经济、政治、文化、社会及军事等各领域的网络安全和信息化重大问题。同时，各行政区域分设有地方互联网信息办公室。工业和信息化部下设信息通信管理局，负责具体监管电信和互联网市场的用户个人信息保护，且各行政区域分设地方信管局。网络用户个人信息安全属于公安机关网络安全保卫部门的监管范围。在公安机关侦办的数据黑产、流通非法数据等案件中，最易受到法律制裁的罪名便是侵犯公民个人信息罪。此外，在市场监管内容方面，市场监督管理局着重审查与消费者知情权、自主选择权、公平交易权相关的内容。市场监督管理局的监管措施主要包括约谈、责令限期改正、行政罚款，以及组织与其他部门联合执法。

　　（2）政策法规

　　我国内地对互联网治理的常态化模式仍在探索阶段，尤其是在数据流动监管方面仍在不断研究深化。仅有部分试点城市出台了数据条例，具体如何实现、如何与个人信息保护进行平衡仍需继续探索，主要表现为互联网行业的监管或将围绕个人信息保护、数据流动监管、竞争秩序维护、资

---

① 参见缐杰、吴峤滨《〈关于办理非法利用信息网络、帮助信息网络犯罪活动等刑事案件适用法律若干问题的解释〉重点难点问题解读》，《检察日报》2019 年 10 月 27 日，第 3 版。

金监管和税务等方面，并加强证明引导和建立负面清单。

为确保关键信息基础设施供应链安全，维护国家安全，国家互联网信息办公室等 12 个部门联合制定和发布《网络安全审查办法》。为切实保护数据安全，为用户个人信息安全提供强有力的法治保障，全国人民代表大会常务委员会通过《数据安全法》《个人信息保护法》，内接本土实务经验，外引域外立法智慧，统合私主体和公权力机关的义务与责任，兼顾个人信息保护与数据安全，奠定了我国网络社会和数字经济的法律之基。而且《中华人民共和国密码法》正式施行后，使用密码进行数据加密、身份认证以及开展商用密码应用安全性评估成为系统运营单位的法定义务。

为了更好地保障国民经济发展，国家正式发布了《中共中央关于制定国民经济和社会发展第十四个五年规划和 2035 年远景目标的建议》，保障了国家数据安全，加强了个人信息保护，加强了网络安全保障体系和能力建设，维护了水利、电力、供水、油气、交通、通信、网络、金融等重要基础设施安全。同时，中共中央印发《法治社会建设实施纲要（2020 - 2025 年）》要求依法治理网络空间，推动社会治理从现实社会向网络空间覆盖，建立健全网络综合治理体系，加强依法管网、依法办网、依法上网，全面推进网络空间法治化，营造清朗的网络空间。此外，国家发展和改革委员会、工业和信息化部、公安部、交通运输部、国家市场监督管理总局等多个部门，陆续出台相关配套文件，不断推进我国各领域网络安全工作，使得我国在互联网监管方面的法律法规趋于完善。

（3）安全管理

安全管理可以从以下三方面阐述。

一是事件发现常态化。依托网络安全监测平台开展对基础信息网络、金融证券等重要信息系统、移动互联网服务提供商、增值电信企业等的自主监测，通过与国内外合作伙伴进行数据和信息共享，以及通过网站、电子邮箱、热线电话、传真等接收国内外用户的网络安全事件报告等多种渠道发现网络攻击威胁和网络安全事件。

二是预警通报常态化。依托对丰富数据资源的综合分析和多渠道的信息获取实现对网络安全威胁的分析预警、网络安全事件的情况通报、宏观网络安全状况的态势分析等，为用户单位提供互联网网络安全态势信息通报、网络安全技术和资源信息共享等服务。①

三是测试评估与应急处置常态化。按照"支撑监管，服务社会"的原则，以科学的方法、规范的程序、公正的态度、独立的判断，按照相关标准为政府部门、企事业单位提供安全评测服务；② 主要对自主发现和接收到的危害较大的事件报告及时响应并积极协调处置。

2. 以澳门为代表的互联网监管常态化

（1）监督管理机构

澳门特别行政区行政长官根据《澳门特别行政区基本法》第50条及第13/2019号法律澳门《网络安全法》第27条的规定，制定了第35/2019号行政法规《网络安全委员会、网络安全事故预警及应急中心及网络安全监管实体》。该行政法规明确规定，由行政长官担任网络安全委员会主席、保安司司长担任副主席，成员还包括政府其他司长、行政长官办公室主任、个人资料保护办公室主任、网络安全事故预警及应急中心各组成实体的最高负责人。网络安全事故预警及应急中心由司法警察局协调，并包括行政公职局及邮电局，其权限包括每年向网络安全委员会报送网络安全总体报告，向委员会提供所需其他支援，以及在监管实体的配合下，

---

① 参见谢永江《网络安全法学》，北京邮电大学出版社，2017，第172～177页。
② 参见谢永江《网络安全法学》，北京邮电大学出版社，2017，第172～177页。

向公众发布网络安全事故的调查结果等。网络安全监管实体按照委员会的指引，为受其监督的运营者制定网络安全管理制度，尤其是涉及网络袭击和入侵的日常防护机制及工具；网络安全监管实体与应急中心合作制定预警及应急程序；被指定的监管实体包括市政署、经济局、博彩监察协调局、澳门金融管理局、卫生局、海事及水务局、邮电局、环境保护局、民航局、交通事务局、能源业发展办公室。目前，网络安全委员会、网络安全事故预警及应急中心、网络安全监管实体构成了澳门特别行政区的网络安全体系。

（2）政策法规

澳门对网络安全治理的常态化模式仍在学习、借鉴与探索之中。澳门《网络安全法》已于2019年12月22日正式生效，为构建澳门网络安全防范性管理体系奠定了法律基础。澳门网络安全体系正在有序构建之中，各参与方积极累积经验、完善相关工作制度。目前，澳门网络安全治理以"谁运营、谁负责"为原则，在网络安全委员会的领导下，预警及应急中心持续与监管实体、社会各界紧密配合；参照澳门《资讯网络和电脑系统的保密性和完整性（CI类）及服务可用性（A类）遭受网络安全事故影响的严重程度等级》《业务特征固有风险等级》《各网络安全保护等级的安全措施要求》等专业技术标准；遵照澳门网络安全管理基本要求、管理制度要求、操作程序要求、网络安全事故预警及通报要求等做好事前预防、事中应对以及事后应对的相关工作。2021年12月30日，澳门特别行政区立法会通过《通讯截取及保障法律制度》，改变了澳门沿用24年的电话监听制度。随着网络安全形势日趋复杂、科学技术的发展、犯罪形式日益科技化与隐蔽化，特区政府期望通过《通讯截取及保障法律制度》完善与网络安全相关的法治机制。

（3）安全管理

澳门网络安全管理工作主要由预警及应急中心负责，包括网络安全事件的发现、预警通报、测试评估与应急处置。预警及应急中心由司法警察局统筹，负责集中收集与网络安全事故相关的资讯。澳门《网络安全法》要求网络安全事故预警及应急中心须在监管实体履行职责时及时给予技术支持。对于网络安全保护等级属于"中级""高级"的网络电脑，系统应在指定时间内完成风险评估并就网络安全事故发出预警。澳门关于程序性、预防性、应变性的网络安全管理制度，目前多处于内部操作阶段，包括与网络安全保护、检视、预警及应对有关的网络安全事故内部措施。在发生严重的网络安全事故时，预警及应急中心与相关监管实体立即展开行动。

四　合作区互联网监管面临的问题与挑战

（一）内地互联网监管模式存在的问题

1. 政治安全

关于政治安全，可以从两个方面展开阐述，分别是信息内容、数据流动。

第一，信息内容方面，应当就国内外两方面展开。首先，国际方面，信任是合作区乃至中国互联网与国际互联网协同发展进程中的关键问题。虽然合作区近年来不断加强同世界各地区的合作，但依旧难改部分国家、地区对合作区的固有印象。同时，由于西方媒体的宣传，一些西方国家的民众也对横琴合作区给予了非常多的关注。他们认为中国的改革对于葡语国家民众而言，将会产生巨大的影响。虽然这些国家和地区对合作区的观感正在变好，更加认同与中国的合作，但要将合作区日益提高的经济影响力转化为信任是一个较为漫长的过程。其次，国内方面，国家意识形态保护是合作区乃至中国互联网与国际互联网协同发展需要重视的问题。互联网舆论工作是党的一项重要工作，是治国理政、定国安邦的大事，关系到党的意识形态工作，因此媒体安全对于保障合作区内的政治安全具有重大作用。同时，合作区青少年作为未来开发建设合作区的主力，其身心健康应当得到全面呵护。因此，不管是互联网媒体平台，还是自媒体，都需要肩负起保护青少年的责任，过滤虚假信息、不良信息。此外，二者还需正确引导合作区公众对热点事件的情绪，保障合作区的社会秩序。由此可见，合作区内国家意识形态保护与媒体安全关系到社会稳定。换言之，面对复杂的舆论，对合作区内的舆论进行引导是合作区互联网与国际互联网协同发展的重要职责，对国家意识形态的保护有重要意义。

互联网跨境互联互通导致境内外新老媒体互动加强，合作区内网络舆论"倒灌"趋势潜在风险显性化，因此舆情问题是合作区互联网跨境互联互通后亟须正视的问题。具体言之，随着网络言论载体和网民数量的增多，引用或转载报纸、电视等传统媒体的报道已不再是媒体运行的主要模式，网络成为媒体言论的主要载体。尤其在互联网跨境互联互通后，境外舆论"倒灌"合作区网络或传统媒体的现象极有可能发生。在互联网跨境互联互通的新形势下，对新舆情的产生规律及应对提出了新的治理要求。面对舆论由"封闭环境"变为"开放环境"以及境外舆论"倒灌"的风险，舆情治理必须要有新思维。只有对舆情问题的恰当处置，及时回应群众的关切，才能更好地引导群众增强信心、坚定信心。

第二，数据流动方面。数据不局限于合作区内的个人数据，还包括与国际贸易有关的数据，以及政府数据等，这方面最大的障碍是数据本地化。数据本地化是一国要求产生于该国的数据存储于境内，并限制或禁止数据跨境流动。数据本地化与数字工业政策或经济保护主义有关，但也通常蕴含公共政策目标，主要分为国家安全保障、维护公共道德或公共秩序、个人隐私保护、国内执法需要四个方面。综上，数据本地化要求有其合理性，但也由此成为数据跨境流动国际规制的现实障碍。此外，数据分类方面也需要重视。虽然数据类型可基于持有主体的不同而划分，但无论以何种方式对数据进行分类，均无法回避一个问题，即数据的交叉性。例如地图数据，可能由合作区内的国家测绘部门持有，也可能由地图服务运营商持有；又如个人收入信息，可能产生于金融服务提供商，也可能产生于电商平台。加之一般情况下，各国是否对数据流动进行限制，不取决于其持有主体或产生、收集数据的行业，而是基于数据的内容。因此，对于跨境数据在实践中遇到的障碍，分类流动也是需要考虑的一大问题。

2. 经济安全

关于经济安全，可以从两方面进行分析，分别是信息内容、数据流动。

第一，信息内容方面。就合作区而言，过分严厉地规制跨境数据的流动几乎是不可能的。首先，数据本地化存储背景下，数据存储高度集中，很容易遭受网络攻击，对合作区的信息安全造成严重的打击；其次，过于严苛的跨境数据流动规制会产生市场隔离效应，合作区将难以参与到经济交流中，既不利于企业走出去，也不利于合作区内居民享受经济信息全球化带来的便利；最后，如果在合作区实施极为严苛的数据流动限制措施，其他国家、地区会以对等原则为依据对合作区采取相应限制措施，这对于全球经济体的发展而言是极其消极的。[1]

---

① 参见王翊君《跨境数据流动的法律规制研究》，华东政法大学硕士学位论文，2018。

第二，数据流动方面。在跨境商品和服务贸易时，数据会在境内外机构之间进行传输。以跨境电商为例，消费者购物会涉及选择物流、收货地址、检索记录、支付偏好、税务信息等大量数据，这些数据会留存在境外，其中包含个人敏感数据。使用境外的社交软件同样会在境外服务器中留存个人信息。在发生跨境服务贸易时，跨境服务提供方式分为跨境交付、境外消费、商业存在、自然人流动四种。以金融服务为例，跨境服务的监管相对严格，支付、储蓄、借贷、保险、证券等服务的提供商需要通过商业存在的方式提供服务，在境内设立的实体或分支机构需要向母公司或母国监管机构传输金融信息，此类传输涉及敏感信息。在跨境贸易或境外消费中，资金跨境转移需要付款行和收款行之间进行信息传输，还可能需要通过第三国代理行中转，付款方和收款方的金融机构一般通过签订协议对数据保密进行约定。在境外开立银行账户、购买证券或保险等，会涉及将个人信息留存在境外。为保护该方面的跨境数据，合作区要求实施"数据本地化"。但这存在两方面弊端。一是"数据本地化"政策不符合现行的主流贸易规则，数字经济外循环不能完全打通。合作区基于数据属地原则和数据主权的考虑，根据国家关于"数据本地化"相关政策法规，不仅难以支持WTO声明中"谋求禁止数据本地化"的主张，也导致合作区难以参与发达国家、地区主导的双边或多边合作框架，如欧盟主导的GDPR、APEC主导的CBPR，以及强调跨境数据自由流动的新一轮贸易协定。二是"数据本地化"政策会使合作区在数字经济外循环中处于价值链中低端，数字服务能力减弱，扩大外循环受制于人。从全球产业链看，合作区尚处于全球产业链、供应链的中低端位置，一些关键核心技术产品仍高度依赖进口，数字经济外循环存在"卡脖子"问题。此外，境外针对合作区乃至中国在外循环经济中的数字服务（如Wechat、TikTok等），提出"清洁网络（Clean Network）计划"和"5G 清洁路径（5G Clean Path）计划"，构成境外强力经济实体维护和巩固其数字霸权的关键措施，阻碍合作区数字服务的外循环扩张。

综上所述，合作区正面临着经济发展与转型的严峻挑战。在此过程中，合作区把互联网视作谋求竞争新优势的战略方向。在互联网场景中，合作区意在进行博弈式国际融合，而博弈式的国际融合将是一项极其复杂的工程。其中，博弈式国际融合既包含维护网络空间主权、网络自主发展，又兼有主动融入国际网络空间现有格局、规则、秩序中的取径。因此，对跨境数据流动、信息内容跨境传播的监管，极大影响了数字经济、维护国家安全等方面。

（二）澳门互联网监管模式面临的挑战

1. 监管内容复杂多样

澳门的互联网使用率从接入至今呈持续上升趋势，用户数量逐年攀升。其中，用户对于网络购物的喜好程度较低，对资讯获取与即时沟通的喜好程度较高。就关键信息的甄别而言，预防高收益理财产品行业非法集资、传销、网络赌博、组织卖淫、诈骗等网络犯罪，预防境外网络黑客攻击澳门各大门户网站，非法攫取本地信息等，成为澳门网络空间治理的主要内容。同时，澳门居民对于网络使用偏好的差异与管理者的治理缺陷正是对现有网络空间治理体系、方式完善与提升的现实推动力。

2. 立法规范供给不足

澳门网络空间治理立法相对丰富，如图 9 – 15 所示，既拥有澳门本土法律法规，又有适用欧盟互联网治理的相关法律。从全面治理的视角审视澳门网络空间治理，不难发现其仍存在立法规范、供给不足等问题。澳门的网络空间治理拥有较强的个人信息资料保护体系，但在其他垂直领域的治理表现上明显滞后。从立法位阶看，澳门网络空间治理的法律法规为问题导向下的网络空间治理顶层设计，与基础性法律规范制定相交，具有多应急式立法、重现象治理、轻规划设计的特点，例如《打击电脑犯罪法》、澳门《网络安全法》等，重点关注网络建设和安全，对如何处理网络中各类复杂交错的关系，相关规定可操作性不强。面对日益复杂的新形势、新特点、新问题，当前的立法规范无法应对网络空间治理的日常需要。

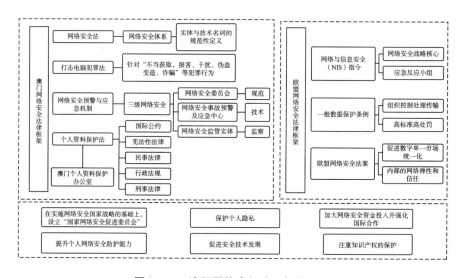

图 9 – 15　澳门网络空间治理相关立法
数据来源：作者根据相关资料绘制。

3. 风险识别机制短缺

澳门将积极主动对接国家"十四五"发展规划，深度参与大湾区建设，利用好合作区建设的良好契机。同时，城市社会的转型与发展将使澳门面临新的机遇与挑战。澳门社会日益多元化的发展需求，各方利益相互制衡，造成网络空间的司法服务与应急管理低效高成本的局面。网络空间治理路径的本质是通过数据分析，利用计算机手段，从社会运行态势中及时发现风险，控制社会隐患，以高效低成本方式提高社会治理水平。^① 传统线下风险治理之所以可控，主因在于"双限"，即核心信息内容有限，传播范围有限。如今海量数据使信息碎片化和网络空间的信息的不对称程度加剧，成为网络空间治理最大的障碍。通畅信息渠道是高效化解信息不对称导致的风险隐患的最佳方案之一，但由于网络社会的虚拟化和零边界、人员庞杂、活动复杂，仅依靠个人力量已难以准确高效地解决问题，亟须依托大数据支持建立精准高效的网络空间风险识别机制。

4. 治理环境复杂多元

网络空间利益纵横，治理难度不言而喻。澳门作为世界互联网使用者，面对来自多个领域的潜在风险。其传播速度快、涉及范围广、隐蔽性强，由此而引发的新情况、新问题，是网络空间安全面临的巨大挑战。如何推进网络空间治理法治化进程，是一场关乎网络空间治理与经营领域中违规逐利者的斗争，^②也是当前网络空间治理亟待解决的重大问题。

五　合作区与澳门趋同互联网监管新模式的构建

（一）新模式目标是打造与澳门互联互通的趋同互联网环境

澳门特别行政区《2020 年财政年度施政报告》明确提及"横琴是澳门参与粤港澳大湾区建设、融入国家发展的第一站，是澳门经济多元发展最便利、

---

① 参见广州互联网法院课题组、张春和、林北征《推进网络空间治理法治化的互联网司法进路——以广州互联网法院为实证样本》，《法治论坛》2019 年第 1 期。

② 参见广州互联网法院课题组、张春和、林北征《推进网络空间治理法治化的互联网司法进路——以广州互联网法院为实证样本》，《法治论坛》2019 年第 1 期。

最适宜的新空间"①。这表明横琴是澳门未来发展的新出路、新机遇和新希望。澳门特别行政区政府在争取实现与横琴基础设施互联互通的同时，也逐步推动两地跨境公共服务和社会保障衔接，为澳门居民拓展优质生活空间。之后，在《2021 年财政年度施政报告》中再次提及澳门特区政府将与广东省及珠海市共同加快推进合作区建设，做好合作开发横琴新篇章，并将主动对接国家"十四五"规划，按照中央的部署，扎实做好合作区方案落实。其实，国务院早在 2009 年 6 月通过了《横琴总体发展规划》，明确充分发挥好毗邻澳门的区位优势，积极把握《珠江三角洲地区改革发展规划纲要》赋予珠三角"科学发展、先行先试"的重大机遇，优化提升信息基础设施建设，构建新一代信息基础设施，促进信息网络互联互通，提升网络安全保障水平。② 此外，中共中央、国务院在《国务院关于横琴国际休闲旅游岛建设方案的批复》中也明确指出国务院原则上同意支持在合作区开展互联网开放试点，打造与澳门互联互通的趋同互联网环境，建设粤澳信息港。由此可见，在风险可控的原则下，在合作区内实施互联网开放试点，打造与澳门互联互通的趋同互联网环境，对在合作区生活居住、创新创业的居民、港澳人员和国际人才等是非常有利的，除了让他们享受便捷的国际互联网服务之外，在合作区内通过建设互联网专用通道、粤澳跨境数据中心等，更有利于打造互联网经济开放先导区。

（二） 趋同互联网环境监管路径的探索

1. 趋同互联网环境的释义

"趋"文言同"促"，有"催促、急速"之意。现代汉语中存有三义：基

---

① 《做好珠澳合作开发横琴这篇文章——澳门粤港澳大湾区建设》，人民网，2020 年 6 月 20 日，https://baijiahao.baidu.com/s? id =1670548274603397040&wfr = spider&for = pc。
② 中共中央 国务院印发《粤港澳大湾区发展规划纲要》，人民网，2019 年 2 月，http://www.gov.cn/zhengce/2019 -02/18/content_5366593.htm#2。

本义为"快走"，引申义为"归向，情势向着某方面发展"或表"追求、追逐"之意。"同"基本义为"一样，没有差异"，引申义表示"共，在一起"，也表示"和，跟"。《现代汉语词典》中"趋同"的基本解释为"趋于一致"。柯林斯用Convergence来表示"趋同"，源自进化论；同时Convergence在数学领域义为"收敛、聚合、会聚"。可见，中外权威辞典对于"趋同"的释义确有相似的隐含之意。那么，在实际应用研究中何为"趋同"？"趋同"源于自然科学术语，指两种或两种以上亲缘关系甚远的生物，由于栖居于同一类型的环境之中，从而演化成具有相似形态特征或构造的现象。相似的生存条件和共同的选择将导致不同生物相似的进化，生物间的趋同现象有助于人们理解许多社会现象。"趋同"后被引入社会科学领域，以社会趋同进化论与公司治理模式的趋同化为典型代表。根据上述定义推演，趋同互联网环境是指两个或两个以上不同的互联网环境，面临新的发展与变革时，为迎接、解决新形势、新问题而逐渐主动获得相似特征的过程。回到文题中，内地互联网环境与澳门特区的互联网环境都将在适应新的发展与变化中产生变形，二者具有相同的发展趋势，即"优势融合，协同发展"。

合作区与澳门互联互通的趋同互联网环境的打造，最重要的问题是趋同网络路径的选择。笔者认为在网络的使用上，内地网络空间的使用环境现状逐渐调整为趋同于澳门特区；在网络空间的监管上，目前完全适用澳门特区的监管政策并不适宜。对于合作区内的互联网网络监管政策应适当降低事前监管门槛，对于事中、事后的管理政策进行微调以逐渐趋同于内地。前文已进行了大量法律政策文件的介绍，因此这里主要从上述文件中进行路径的探索。

2. 合作区互联网安全监管机制建构

（1）理顺监督管理机构

在中央网络安全和信息化委员会的领导下，由广东省网信办、珠海市网信办深度配合，横琴新区的互联网跨境数据传输试点工作稳步有序推进。合作区成立之前，"琴澳通"互联网数据跨境传输试点工作由原横琴新区管理委员会负责管理，成立传输试点工作领导小组，由原区办副主任担任组长，原区办、原区澳门事务局、原横琴公安分局等作为成员单位展开相关工作。

2021年9月5日，横琴粤澳深度合作区成立，撤销原横琴新区管委会，"琴澳通"互联网数据跨境传输试点工作由中共广东省委横琴粤澳深度合作区工作委员会、广东省人民政府横琴粤澳深度合作区办公室直接负责。如图9–16所示，中央网络安全和信息化委员会办公室统筹协调广东省网络安全和信息化委员会办公室、珠海市网络安全和信息化委员会办公室等相关部门，跨省市联动，各部门按照职责分工负责相关跨境网络传输应对工作；由国家互联网应急中心统筹国家互联网应急中心广东分中心做好相关应急管理工作；由中共广东省委横琴粤澳深度合作区工作委员会、广东省人民政府横琴粤澳深度合作区办公室直接负责执行并选派相关负责同志作为联络员，联络监督管理与应急等相关工作。

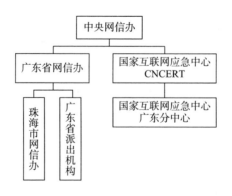

图9–16　监督管理架构

（2）完善政策法规

为加快推进合作区建设，在保障国家互联网环境可管可控的前提下，逐步打造趋同港澳的国际互联网环境，根据《中华人民共和国网络安全法》《计算机信息网络国际联网安全保护管理办法》，原横琴新区管委会办公室起草了《横琴新区"琴澳通"互联网数据跨境传输试点工作暂行规则（征求意见稿)》(以下简称"征求意见稿")。征求意见稿明确试点对象为"在横琴新区办公的澳门或澳门合作的高等院校、科研机构及社会组织；在横琴新区登记注册并实际办公的澳资企业；跨境办公的澳门企业"。征求意见稿规定原横琴新区的相关管理机构包括原区管委会分管区办公室的副主任担任组长，成员由区办公室、区澳门事务局、横琴公安分局、大横琴科技发展有限公司等单位组成互联网数据跨境传输试点工作领导小组。其职责主要包括受理"琴澳通"数据跨境传输试点用户的业务申请及资格审核；受理用户上网序列号的登记发放、信息变更、挂失、注销申请；对违规用户的处理；制定并组织实施用户管理的有关制度和技术规范及其他管理事务。

2021 年 9 月 5 日，横琴粤澳深度合作区成立后，暂无相关规定出台，但随着相关工作的不断推进与国内互联网网络法治的完善，合作区内的相关法律政策也正在积极研究制定之中。

（3）强化安全管理

在安全管理方面，合作区遵循《横琴粤澳深度合作区建设总体方案》第 22 条，由广东省委和省政府派出机构集中精力抓好党的建设、国家安全、刑事司法、社会治安等工作，履行好属地管理职能。未来合作区的趋同互联网环境实行全面共享，但在治理层面遵循属地管理原则。目前合作区内暂行原横琴新区"琴澳通"互联网数据跨境传输试点的相关规定，对"琴澳通"互联网数据跨境传输试点的管理主要集中在事前管理阶段。对符合条件的试点对象，可向"琴澳通"管理部门提出申请，经审查符合条件的，予以发放上网序列号。"琴澳通"作为仅对单位、团体、组织开放的标签式网络使用模式，对使用单位有较强的安全管理要求，用户应自愿接受相关部门的监督、当注册信息发生变更时应及时主动向"琴澳通"领导小组备案；用户单位法人作为上网序列号的第一责任人，承担本单位安全上网的管理工作，对因管理不当造成的一切后果负法律责任。舆情应急突发事件方面，"琴澳通"领导小组对舆情工作加强日常管理，当发现相关舆情应急突发事件时，应做到立即响应，并及时上报上级相关部门，联系责任单位及责任人，根据突发事件的影响程度对责任单位进行警告或取消使用资格。

3. 对趋同互联网环境监管路径的阐释

澳门网络空间的优势在于直接连接世界互联网，对于新信息的接收与处理是及时的、全面的。澳门在打造趋同互联网环境上拥有得天独厚的条件：一是澳门作为世界休闲旅游城市对互联网依赖度较高，其繁荣稳定发展离不开互联网的辅助；二是自澳门接入互联网以来，互联网早已逐步融入澳门民众的生活，互联网用户比例居亚洲前五，且澳门一直积极投身世界互联网的发展与变革之中；三是根据多年度互联网调查报告综合数据分析结果，澳门居民的网络使用偏好更接近内地居民，有利于实现琴澳两地网络互联互通，环境适度趋同。同时，澳门互联网也具有一定优势：一是网络内容丰富，即澳门网络起步早，各种资源聚集于网络，内容极其丰富；二是无须备案，即无需备案的网络使用制度，直接省去了提交和审核等诸多环节；三是网络速度快，即澳门服务器在内地访问的速度快；四是安全性与可靠性，即澳门网络平台内置了 ARP 攻击防护功能和 DDoS 攻击防护功能，实现了硬件上的故障和危害的隔离。

而内地网络空间的优势在于网络安全机制相对完善，尤其是在对潜在危险的高效监测与突发事件应急管理方面经验丰富，例如对内地突发公共卫生事件的应急管理、计算机网络安全犯罪管控、危害国家安全犯罪的惩处等。① 由此可见，网络技术的发展应用已成为推动社会转型的重要动力，而网络空间治理的法治化与技术的发展应用存在明显鸿沟与相对滞后。内地网络技术经过多年的发展以及社会转型中针对网络法治的不断改善，网络空间的管控水平有了非常明显的提升。加之内地网络使用主体较为丰富且使用情况复杂，可以为预防网络违法犯罪行为提供更加充分的数据支撑，更有利于结合技术维护国家安全。

在趋同网络路径的选择上，笔者不作任何单向趋同的判断。这样考虑的原因是琴澳网络趋同不仅要从整体价值的角度出发，也需要考虑部分的价值综合起来会大于整体价值的情况。趋同方向一定要从两地的经济发展、科学研究、网络安全等多角度出发。假如将以上因素作为因变量，随着自变量的调整，将会带来两地网络趋同的不同效果。如何让结果的价值最大化？笔者认为在合作区的试验范围内实施"双向趋同"模式，更符合中央批复函的指导精神，也符合打造与澳门互联互通的趋同互联网环境的现状。至于何为"双向趋同"？可以将"双向趋同"理解为具有二维特征的趋同：第一，与世界互联网接通的维度，内地趋同于澳门，即逐步缩小内地互联网的使用安全限制，最终实现双方的无限趋同；第二，舆情监测与应急管理维度，澳门趋同于内地，即在澳门网络安全管理的问题上适度加强网络安全技术的应用，尤其在应急事件管理及舆情监测管理上可参考内地模式。

综上所述，在合作区打造趋同互联网环境方面，从使用角度出发，采用与澳门互联互通的趋同互联网环境，方便在合作区生活居住、创新创业的居民、港澳人员和国际人才享受便捷的国际互联网服务；在国家数据跨

① 参见王勇《中国特色社会主义社会管理研究》，天津师范大学博士学位论文，2010。

境传输安全管理制度框架下，合作区内可以自由开展数据跨境传输业务。合作区内的互联网环境在使用上趋向澳门，可适度降低事前监管的门槛。从网络安全的角度出发，遵照《总体方案》第22条做好合作区属地管理的要求，"合作区上升为广东省管理。成立广东省委和省政府派出机构，集中精力抓好党的建设、国家安全、刑事司法、社会治安等工作，履行好属地管理职能，积极主动配合合作区管理和执行机构推进合作区开发建设"。内地和澳门网络安全的法律都在逐步完善，尤其在上位法的基础上衍生出多个相关法律规定。对于合作区的互联网网络监管而言，网络安全问题系重要的国家安全问题之一，尤其是信息内容安全与数据安全问题，既是社会治理问题又是国家安全问题。因此，合作区的互联网网络监管制度，在内容治理上适当趋同于内地，参考内地的互联网网络空间法律制度更具有适用性。就内地网络安全法律而言，更多的是从国家整体出发，体现国家整体安全与政治稳定。就澳门网络安全法律而言，其也是以维护国家整体安全与特区安全为目的。但从澳门网络安全的顶层政策设计、机构设置、法律内容安排等可以看出，澳门网络安全的发展模式逐渐向内地模式靠拢，尤其是在澳门特区行政长官贺一诚的任期中，他强调澳门主动对接国家关于网络安全的规划。此外，合作区网络安全的问题技既是国家安全问题也是社会治安问题，因此这属于合作区的属地管理范畴。据此，不管是从内地的角度切入，还是站在澳门的立场，对于合作区趋同互联网环境的治理工作均须以《总体方案》为指引，由广东省委和省政府的派出机构根据内地网络安全法律法规治理横琴粤澳深度合作区网络安全问题。

本章执笔人：袁乌日嘎

第十章　横琴粤澳深度合作区人民法院新职能研究

一　合作区的司法保障

横琴粤澳深度合作区人民法院（以下简称"横琴法院"）的前身珠海横琴新区人民法院于 2013 年 12 月 26 日揭牌成立，2014 年 3 月 21 日正式履职收案，横琴法院于 2021 年 12 月更名设立。横琴法院除管辖合作区范围内常规的刑事、民事和行政案件外，最高人民法院还指定横琴法院集中管辖珠海市辖区内的一审涉外、涉港澳台民商事案件及合作区范围内的部分知识产权民事案件。横琴法院以其特殊的区位优势将逐步成为办理涉外案件，尤其是涉澳案件的地区性示范法院。2021 年横琴法院新收涉外、涉港澳台民商事案件 1165 件，其中涉澳民商事案件 733 件，涉澳案件在总体涉外案件中占据主导地位。横琴法院的设立旨在服务于合作区作为"一国两制"背景下粤澳合作新模式的示范区目标，实现"法治先行"，为合作区国际化、法治化的营商环境贡献力量。横琴法院的筹建目标是综合改革示范法院，成立之初就彰显了改革创新的底蕴，最早实行法官员额制、人员分类管理和行政管理机构简化等，推行包括审判权运行机制、内设机构管理模式在内的法院综合改革，并不断强化司法职能，服务横琴高质量发展。①

　　随着《横琴粤澳深度合作区建设总体方案》（以下简称《总体方案》）的出台，横琴粤澳深度合作区（以下简称"合作区"）正式步入创建阶段。横琴在国家发展大局中的功能地位进一步深化，包括横琴法院在内的原横琴各个机构和职能部门的功能地位也迎来转变的契机。合作区是丰富"一国两制"实践的重大部署，是为澳门长远发展注入的重要动力，是前所未有的创举，合作区的制度设计和相关法律问题都是全新的。《总体方案》在"强化法治保障"章节中明确提到"研究强化拓展横琴新区法院职能和作用，为横琴合作区建设提供高效便捷的司法服务和保障"。横琴法院如何强化拓展职能和作用是全新的课题，应围绕《总体方案》关于强化法治保障的部署逐步推进。根据《总体方案》，强化合作区的法治保障的举措包含多个方面，但如制定合作区条例及用足用好珠海经济特区立法权等都属于立法层面的问题，并不与法院职能直接相关，横琴法院可以在构建民商事规则衔接澳门、接轨国际的制度体系，加强粤澳司法交流协作，以及建立完善多元化的商事纠纷解决机制等方面发挥重要的职能作用。为贯彻落实《总体方案》以及为合作区深度发展提供优质、高效、精准的司法服务与保障，最高人民法院结合人民法院的工作实际，制定了《最高人民法院关于支持和保障横琴粤澳深度合作区建设的意见》（以下简称《建设意见》）。《建设意见》对于合作区完善域外法查明适用机制、构建多元化纠纷解决机制、简化涉澳案件诉讼程序、增进粤澳司法交流与协作等方面给出了具体举措，对于强化横琴法院职能也给出了明确的意见。

---

① 横琴法院的改革创新举措参见横琴粤澳深度合作区人民法院网站：http://www.hqcourt.gov.cn/list/1.html；参见钟小凯《论司法审判与司法行政的界限——基于横琴新区法院的实证分析》，《法治社会》2016 年第 1 期。

本章在《总体方案》和《建设意见》的指导下，拟从多个方面探讨横琴法院进一步强化拓展职能作用的举措。并在此基础上，秉承构建与澳门一体化高水平开放的新体系，不断健全粤澳"共商共建共管共享"的新体制的指导思想，进一步探索在合作区内更深入的司法体制创新的可能性。

二　完善国际商事纠纷多元化解机制

纠纷多元化解机制是指社会中由包括诉讼和非诉讼的各种不同性质、功能和形式的纠纷解决方式，相互协调互补，共同组成的纠纷解决和社会治理系统。其强调诉讼和非诉讼、司法制度和社会制度、国家权力和社会自治等相互协调配合，充分发挥各种解纷方式的特点和优势，有效化解矛盾纠纷。[①] 在粤澳深度合作的背景下，国际商事纠纷将是合作区面临的重要纠纷类别之一。《总体方案》明确指出在合作区法治保障方面应建立完善国际商事审判、仲裁、调解等多元化商事纠纷化解机制。横琴法院在多元化国际商事纠纷化解方面已经取得诸多实践成果，在此基础上可以根据合作区的定位，借鉴国内外的成熟模式，进一步拓展职能作用。

（一）横琴法院在国际商事纠纷多元化解机制方面的实践

广东省为多元化国际商事纠纷的化解提供制度和技术上的支持，打造商事纠纷多元化解的"大湾区样本"。[②] 2020 年 1 月，广东省高院联合省司

---

① 参见龙飞《论多元化纠纷解决机制的衔接问题》，《中国应用法学》2019 年第 6 期。
② 参见林晔晗、马卓尔《商事纠纷多元化解的"大湾区样本"》，《人民法院报》2021 年 3 月 2 日，第 8 版。

法厅发布《广东自贸区跨境商事纠纷调解规则》，规定当事人可自愿选择国际公约、惯例及域外法律调解商事争议，人民法院可以特邀具有专门经验的人员进行调解，调解的期限、地点和方式均由当事人约定；达成调解协议后，当事人还可申请人民法院进行司法确认。这一规则体现了大湾区特色，借鉴了港澳商事调解的方法，为港澳法律专业人士参与调解粤港澳跨境商事纠纷提供了遵循和便利，进一步完善了广东多元化解跨境商事纠纷的机制，对促进粤港澳三地商事调解规则的衔接和联通产生重要影响。横琴法院、广州市南沙区人民法院与深圳前海合作区法院三家广东自贸区法院已对港澳地区调解员建立了共享名册，调解员可根据当事人选择或由法院指定，进行诉前委派调解和诉中委托调解。港澳调解员的参与，极大地丰富和拓展了大湾区多元化国际商事纠纷解决机制。除此之外，广东省司法系统也上线了"粤公正"、"ODR 线上调解平台"和诉讼服务网等网络平台，充分运用互联网技术为线上调解提供便利。

横琴法院在此基础上发挥国家级新区、自贸区先行先试优势，在纠纷多元化解机制方面不断作出有益探索，搭建了诉调对接平台，建立了特邀调解机制，先后与横琴新区法律服务中心、横琴公证处和珠海仲裁委等开展合作，有效拓宽纠纷化解渠道，提高纠纷化解质效。2019 年，横琴法院与北京融商一带一路法律与商事服务中心签署《建立诉讼与调解相衔接多元化纠纷解决机制合作协议》，建立合作机制，对案件委托、管理、多元化纠纷解决等内容进行诉调对接。2020 年底，横琴法院多元解纷中心揭牌成立，中国国际贸易促进委员会珠海市分会、珠海市金融纠纷人民调解委员会、珠海市涉港澳纠纷人民调解委员会和珠海市婚姻家庭纠纷人民调解委员会等 11 家调解机构与法院签约参与共建，成为横琴法院的特邀调解组织。诉讼服务中心有专门的诉调对接窗口，由专人按规程负责委派调解案件的分配，同时多元解纷中心公示了详细的调解流程，调解员收到调解案件后可根据实际需要灵活开展工作。

随着合作区的发展，矛盾纠纷经常涉及港澳，呈现多发性、多领域、多主体的发展态势。横琴法院通过打造一站式多元解纷平台，让跨境纠纷化解走上集约化、专业化、便捷化的道路，对于横琴法治化营商环境建设具有非凡的意义。① 横琴法院依托广东省司法系统支持和自身的多元化商事纠纷化解机制，在国际商事案件尤其是涉港澳案件纠纷的多元化解方面积累了丰富的实践经验，例如，线上跨境立案、邀请港澳调解员参与线上线下调解、组建内地调解员与港澳调解员共同参与调解的联合调解措施、有效衔接网上诉前调解和线上司法确认等。

（二）横琴法院完善国际商事纠纷多元化解机制的设想

我国在国际商事审判、仲裁、调解等多元化商事纠纷解决机制方面无论是在学术探讨还是实践层面都取得了一定的成果。随着改革开放的深入和"一带一路"倡议的贯彻实施，从国家到地方都进行了国际商事纠纷多元化解机制方面的探索。2015 年 12 月，中共中央办公厅、国务院办公厅联合印发《关于完善矛盾纠纷多元化解机制的意见》，从顶层设计层面对多元化纠纷解决机制建设进行战略安排。2016 年 6 月，最高人民法院出台《关于人民法院进一步深化多元化纠纷解决机制改革的意见》，为完善诉讼和非诉相衔接的纠纷解决机制提供了司法操作指引。2018 年 1 月，中央全面深化改革领导小组通过《关于建立"一带一路"争端解决机制和机构的意

---

① 《携手聚力 多元共治——珠海横琴法院与 11 家调解机构共建多元解纷中心》，横琴粤澳深度合作区人民法院网站，2020 年 12 月 23 日，http://www.hqcourt.gov.cn/list/info/973.html#anchor。

见》，要求整合国内外法律服务资源，建立诉讼、调解、仲裁有效衔接的多元化纠纷解决机制。这些政策文件都为横琴法院完善国际商事纠纷多元化解机制提供了指引，在此基础上还应该结合合作区的实际，因地制宜地进行体制机制创新。

1. 设置专门办理国际商事案件的内设机构

横琴法院可以探索设置国际商事法庭或审判庭，以增加对于国际商事案件审理的专业性。横琴法院成立之初便推行包括审判权运行机制、内设机构管理模式在内的法院综合改革，后续可根据法院组织架构和实际需要设置相关的国际商事案件专办内设机构，招募专业人士和有相关经验的法官等。

中央全面深化改革领导小组通过的《关于建立"一带一路"争端解决机制和机构的意见》提出，建立"一带一路"国际商事争端解决机制和机构，坚持共商共建共享原则，依托我国现有司法、仲裁和调解机构，吸收整合国内外法律服务资源，建立诉讼、调解、仲裁有效衔接的多元化纠纷解决机制，依法妥善化解"一带一路"商贸和投资争端。为此，最高人民法院在深圳和西安设立了国际商事法庭，并出台相关司法解释。最高人民法院所属的国际商事法庭是国家在"一带一路"建设背景下顺应时代发展、根据实际需要设立的国际商事专门法庭，在诉讼、调解、仲裁有效衔接的多元化"一站式"国际商事纠纷解决机制中处于核心地位。[①] 目前，仅有北京和苏州各自依托中级人民法院设置了国际商事法庭。海南也有类似的设置，但稍有不同，海南创新依托全国首个省级跨区域集中管辖涉外民商事案件并实行"立、审、执一体化"运行的海南第一、第二涉外民商事法庭，

---

① 参见薛源、程雁群《以国际商事法庭为核心的我国"一站式"国际商事纠纷解决机制建设》，《政法论丛》2020年第1期。

吸纳境内外仲裁机构、调解机构进驻法庭，线上线下联动打造国际商事纠纷多元化解平台。这种国际商事法庭模式依托审判职能，处于纠纷解决的主导地位，能够与国际商事调解机构、国际商事仲裁机构有机衔接，对多元纠纷解决机制的深入发展发挥能动作用。目前，中级人民法院以上普遍设立了专门从事涉外民商事审判或国际商事纠纷案件审判的内设机构，培养了一批专业化、职业化、有国际视野的法官队伍。地方各级人民法院亦可参照设置专门的审判机构，包括单独的审判庭或合议庭，如果案件量不大则可以只设置一个单独的合议庭。

合作区要深入发展，规则衔接澳门、接轨国际，以特定机构统筹国际商事案件势在必行，并且该特定机构还可以兼顾域外法、区际司法协助等与涉外案件相关的职能。最高人民法院指定横琴法院集中管辖珠海市辖区内的一审涉外、涉港澳台民商事案件，因此横琴法院已经具备了国际商事法庭管辖特定区域或特定类别的国际商事案件的属性，但横琴法院作为地方基层法院，还需要管辖合作区内的各类常规案件，以特定机构统筹国际商事案件显然可以提升办案效率，提升专业性，从而更好地为合作区提供优质的法律服务。

2. 推进国际商事解纷体系化建设："三位一体"的多元化解机制

随着多元化纠纷解决机制的深入推进，现行政策法律规范或商事纠纷化解实效，均需大力推动商事纠纷化解体系化改革。在实践方面，经贸合作、知识产权、投资经营等商事争端的解决在不同领域体现的性质和表现形态有一定的复杂性，因而必须整合各种纠纷解决制度，实现商事纠纷的合理分流。较为理想的模式是构建体系化的"一站式"纠纷解决平台，整合人民法院、司法行政机关、行业组织以及公益组织等各种机构的人力资源，打破部门壁垒，实现对接。海南在国际商事案件体系化建设方面起到了一定的示范作用。2020 年 6 月，在国家尚未出台专门的商事调解法律的情况下，海南出台了《海南省多元化解纠纷条例》，首次以地方立法的形式确立了诉讼、仲裁、调解国际商事纠纷多元化解机制。海南涉外民商事法庭实行省级跨行政区域"立、审、执一体化"集中管辖运行机制，法庭可独立完成涉外民商事案件的立案、审判和执行，大大提高司法效率和管理效能。法庭专设仲裁机构、调解机构窗口，邀请调解机构、仲裁机构选派调解员、仲裁员定期值班，参与诉前调解或受理仲裁申请，使当事人在立案现场享受选择多种纠纷解决方式的便利。国际商事纠纷诉讼、调解、仲裁"三位一体"的多元化解机制可以有效分流案件，促进诉源治理，提升案件质量，彰显法治形象，同时节省诉讼成本，节约司法资源。① 海南的国际商事纠纷"三位一体"多元化解机制对海南自贸港法治化、国际化、便利化营商环境建设发挥了积极作用，荣获"海南自贸港第十三批制度创新案例"。

横琴法院通过现有一站式多元解纷平台，已经在国际商事纠纷化解的体系化建设方面取得了一定成果，但仍然有深化空间。未来需进一步有针对性地对接国内外商事仲裁机构、调解组织及其他法律服务机构，推动解纷资源的合理配置和高效利用。

3. 加强与境外调解、仲裁和其他法律服务组织的合作

国际商事纠纷不仅涉及中方当事人，也涉及外方当事人。为各方当事人提供更好的化解纠纷服务，是法律部门应尽的职责。横琴法院多元解纷中心与多家调解机构展开合作，积极聘请港澳调解员参与纠纷化解。同时，考虑到境外已经存在不少成熟的国际商事调解机构，应当允许境外发展成熟、专业性强、经验丰富的国际商事调解机构参与调解合作区商事纠纷。

---

① 参见黄艺《海南自贸港如何化解国际商事纠纷?》，中国新闻网（海南），2021 年 11 月 17 日，http://www.hi.chinanews.com.cn/zt/14/2021/1117/90341.html。

横琴法院可参照国际惯例、国际做法同更多符合条件的境外商事调解机构开展合作，为更多国际商事纠纷的当事人提供更加完善的服务。对符合条件的境外商事调解机构，同其签订合作协议或建立认证模式，以法院邀请调解的规则委派相应机构对国际商事、知识产权等领域的纠纷进行调解，探索由横琴法院受理该类型调解协议的司法确认。例如积极与港澳商事调解机构签署诉调对接合作协议后，可通过法院的 ODR 平台线上委派给港澳的调解机构调解，调解成功后也可采取线上的方式落实相应的司法确认。

　　横琴法院也应积极与葡语系国家（地区）相关机构开展合作。随着中国与葡语系国家的经贸合作、人员往来日益密切，双方在国际商事方面会有更多的联系。随着琴澳进一步融合，澳门在葡语系国家（地区）中的连接作用被放大，这将激发更多葡语系国家（地区）与合作区的商事往来。《总体方案》明确提到要充分发挥澳门对接葡语系国家的窗口作用，支持横琴合作区打造中国 – 葡语系国家金融服务平台。鼓励社会资本按照市场化原则设立多币种创业投资基金、私募股权投资基金，吸引外资加大对合作区高新技术产业和创新创业的支持力度。横琴合作区人民检察院已经率先与葡语系国家展开了交流合作。2019 年，广东省人民检察院向最高人民检察院报送《关于在广东省珠海市横琴新区设立中国与葡萄牙语国家检察交流合作基地的请示》，目前"中国与葡萄牙语国家检察交流合作基地"筹备建设进展顺利，建成后该基地将为中国与葡萄牙语国家间的检察文化交流、司法协助合作和检察信息共享提供重要平台。未来横琴法院不仅可以开展类似的交流平台和基地建设，还可以与葡语系国家（地区）的仲裁、调解等法律服务组织直接开展司法合作，应对国际商事纠纷。横琴法院与葡语系国家（地区）相关机构开展合作，积极应对可能的国际商事纠纷，是合作区未来发展的必然要求，符合国家对外开放大局。

4. 履行法院准则输出作用，推动规则创新发展

多元纠纷化解机制的构建、运行及其功效的充分激发是一个系统工程，法院在这个系统中应该发挥协调作用、准则输出作用、指导作用和监督作用。① 法院是多元纠纷化解机制的统筹者，其作用为法律导向，法院处理纠纷的过程既是为当事人提供法律服务，也是在社会层面为社会提供公共产品，法院裁决的过程向社会传递了纠纷化解的规则信息。国际商事纠纷多元化解机制中的非诉讼纠纷化解机制的运行客观上存在准则诉求与既定准则供给不足的矛盾。合作区是前所未有的创举，为全方位的体制机制创新创造机遇。横琴法院在与国内外诉讼、仲裁等法律服务组织相互协作，完善国际商事纠纷多元化解机制的过程中，可以根据合作区的实际情况，合理制定创新性的规则制度，向外界输出准则，打造多元纠纷化解的横琴法院模式，也能为后续的相关立法提供借鉴。

三　完善域外法查明和适用机制

合作区民商事规则与澳门衔接、接轨国际的制度体系是一个需要立法、执行和审判等全方位多个部门共同发挥作用的系统化的工程，法院在其中的作用应当是，在法律规则范围内对以澳门法律为代表的域外法律做到完全查明和正确适用。截至 2021 年 9 月，横琴法院已适用域外法审理案件 21 件，其中 16 件涉及澳门法律查明和适用。适用澳门法律逐渐迈向常态化，体现了近年来横琴法院在司法实践中加大查明和适用澳门法律力度初显成效，为构建成熟的体系打下了良好的基础。但在涉外、涉港澳案件数量庞

① 参见杜承秀《论多元纠纷解决机制中法院的作用》，《河南财经政法大学学报》2015 年第 3 期。

大的情况下，适用涉外法律案件的数量很少说明横琴法院在涉外民商事法律适用中适用本地法的倾向较为突出，但域外法律的查明和适用一直是制约涉及外国或者港澳台地区民商事案件审判工作的难题之一。

域外法的查明是适用域外法的前提，是法院为适用域外法而查明或者确定域外法内容的制度。2011 年开始实行的《涉外民事法律关系适用法》规定"涉外民事关系适用的外国法律，由人民法院、仲裁机构或者行政机关查明。当事人选择适用外国法律的，应当提供该国法律"。具体查明途径、后续的相关政策和法律规范都有不同程度的指引和拓展。例如，2018 年颁布的《最高人民法院关于设立国际商事法庭若干问题的规定》明确最高人民法院国际商事法庭审理的案件应当适用域外法律时，可以通过以下途径查明：一是由当事人提供；二是由中外法律专家提供；三是由法律查明服务机构提供；四是由国际商事专家委员提供；五是由与我国订立司法协助协定的缔约对方的中央机关提供；六是由我国驻该国使领馆提供；七是由该国驻我国使领馆提供；八是其他合理途径。由此可见，对于域外法的查明方式和途径可以灵活运用。

横琴法院加强域外法律查明的途径主要包括以下几个方面：第一，在横琴法院设立域外法查明内设机构。内设机构可以和审理涉外案件的其他相关机构整合起来，发挥一体化优势。最高人民法院下的国际商事法庭根据国际商事案件的需要打造专门的域外法查明平台，整合专家委员和专业机构在域外法查明方面的力量，建立法律查明案例库并定期推出法律查明研究报告等。横琴法院在条件允许的情况下可以借鉴相应的模式。第二，与域外法查明服务机构和中外法律专家形成成熟的合作模式。当前社会上有相当丰富的对域外法律查明有专业知识的学术人员、官方机构和民间组织等，与其开展法律查明合作是切实可行的方案。深圳前海在域外法查明方面走在前列。2014 年 5 月,深圳市蓝海现代法律服务发展中心成立,前海借助民间组织的力量,建成全国首个提供法律查明服务的专业平台;2015 年 9 月 20 日,由最高人民法院、中国法学会和国家司法文明协同创新中心共同支持设立的"中国港澳台和外国法律查明研究中心""最高人民法院港澳台和外国法律查明基地""最高人民法院港澳台和外国法律研究基地"落户前海,入选了"广东自贸试验区首批制度创新案例",奠定了前海在域外法查明中的重要地位。① 2016 年,全国首家内地与香港、澳门三地律师事务所合伙联营的中银 - 力图 - 方氏(横琴)联营律师事务所在横琴成立,解决了涉及粤港澳法律事务的诸多难题,之后在珠海市司法局的支持下成立了香港、澳门法律查明服务中心。大湾区的法律服务机构都可以为横琴法院的法律查明及涉外案件的办理提供助力。第三,境内外法律专家可以在横琴法院出庭提供法律查明协助。出庭协助不仅可以提供法律查明服务,还可以对相应的域外法律条文进行权威的解释,确保法律适用的准确性。

在法律查明的内容方面,应重点加强包括澳门和葡语系国家(地区)在内的域外法查明服务。2021 年横琴法院接收涉外、涉港澳台民商事案件 1165 件,其中涉澳民商事案件就有 733 件,涉澳案件在总体涉外案件中占据主导地位,加强澳门法律查明和适用机制的探索是拓展法院职能作用的重中之重。横琴法院与澳门联系紧密以及澳门法律与内地法律同属成文法系都是澳门法律查明的有利条件。应继续确立人民法院作为查明澳门法律的责任主体,提升查明和适用澳门法律的效率、降低查明和适用澳门法律的成本。充分利用合作区的区位优势,促进查明和适用澳门法律的系统化、规范化,强化涉澳案件审理的示范引领作用,打造涉澳案件审理的示范地,

---

① 参见马培贵《前海:打造域外法律查明高地》,《深圳特区报》2016 年 3 月 8 日,http://sztqb. sznews. com/html/2016 - 03/08/content_3473633. htm。

营造稳定公平透明的法治化营商环境。

法律适用方面，横琴法院可申请授权试点探索域外法适用机制，在不违反我国法律基本原则或者不损害国家主权、安全和社会公共利益的前提下，允许在合作区注册的港资、澳资、台资及外商投资企业协议选择域外法解决合同纠纷，或者适用国际条约、国际惯例和国际商事规则化解纠纷。

四　加强粤港澳司法交流协作

（一）区际司法协助

粤港澳之间的司法交流协作的方式，首先应指比较正式的区际司法协助，其次是非正式的与司法相关的交流合作。在区际司法协助方面，香港和澳门回归之后，根据两地基本法的规定，内地与港澳逐步达成了多项民商事方面的区际司法协助安排。内地与香港共签订了7项司法协助安排，分别是1999年1月签署的《内地与香港特别行政区法院相互委托送达民商事司法文书的安排》、1999年6月签署的《内地与香港特别行政区法院相互执行仲裁裁决的安排》、2006年7月签署的《内地与香港特别行政区法院相互认可和执行当事人协议管辖的民商事案件判决的安排》、2016年12月签署的《关于内地与香港特别行政区法院就民商事案件相互委托调取证据的安排》、2017年6月签署的《关于内地与香港特别行政区法院相互认可和执行婚姻家庭民事案件判决的安排》、2019年1月签署的《关于内地与香港特别行政区法院相互认可和执行民商事案件判决的安排》、2019年4月签署的《关于内地与香港特别行政区法院就仲裁程序相互协助保全的安排》。内地与澳门共签署了 3 项民商事司法协助安排，包括 2001 年签署、2020 年修订的《关于内地与澳门特别行政区法院就民商事案件相互委托送达司法文书和调取证据的安排》、2006 年生效的《内地与澳门特别行政区关于相互认可和执行民商事判决的安排》、2008 年生效的《内地与澳门特别行政区相互认可和执行仲裁裁决的安排》。这些正式的民商事区际司法协助安排构成了内地法院与港澳之间司法协助的法律基础，但仍存在制度实施缓慢、领域局限、方式相对保守、制度建设碎片化等诸多问题，这与加快大湾区融合要求的发展更加高效、范围更加广泛、制度更加完备及规则对接更加顺畅的区际司法协助的现实严重脱节。① 2021 年横琴法院办理涉港澳司法协助案件 144 件，其中，委托澳门送达 117 件、委托香港送达 26 件、协助澳门调查 1 件，区际司法协助的内容和形式都比较单一。尽管区际司法协助制度的完善有赖于内地和港澳之间签署更多的正式协议，但这不代表地方法院在区际司法协助方面无用武之地。相反，在合作区建设背景下，横琴法院被赋予制度创新和职能拓展的使命。完善区际司法协助，有必要在合作区建设的背景下，从横琴法院的角度专门探讨其在与澳门区际司法协助方面的职能和作用，打造区际司法协助的示范地，乃至引领制度的突破与创新。

1. 与澳门法院建立直接委托送达和调取证据机制

《香港特别行政区基本法》第 95 条和《澳门特别行政区基本法》第 93 条将与港澳特区开展区际司法协助的主体确定为"全国其他地区"。这个"全国其他地区"既可以被解读为全国其他地区的法域，也可以被认为是某法域的某个地区。因此区际民商事司法协助主体可以是一个整体法域，也可以是法域下的地方区域。从这个意义上讲，地方法院直接与港澳开展司

---

① 参见张淑钿《粤港澳大湾区民商事司法协助的现状与未来发展》，《中国应用法学》2019 年第 6 期。

法协助是具备合理性的。政策法规也有所体现，《关于内地与澳门特别行政区法院就民商事案件相互委托送达司法文书和调取证据的安排》（2020 年修正）中明确规定"经与澳门特别行政区终审法院协商，最高人民法院可以授权部分中级人民法院、基层人民法院与澳门特别行政区终审法院相互委托送达和调取证据"，即经过授权，部分中级人民法院、基层人民法院可与澳门特别行政区终审法院相互委托送达和调取证据，无须再经各省高院审批。届时，双方还可通过内地与澳门司法协助网络平台以电子化方式转递有关材料。在此基础上，《最高人民法院关于支持和保障横琴粤澳深度合作区建设的意见》支持横琴法院与澳门特别行政区法院建立直接委托送达和调取证据机制。在此之前，横琴法院与澳门法院之间的委托送达和调查取证都需要经过广东省高级人民法院，程序比较复杂，耗时较长。在横琴法院与澳门法院之间建立直接委托送达和调取证据机制，尤其是采用电子化措施之后，横琴与澳门地区间的司法协助将更加便捷，涉澳民商事纠纷诉讼效率也将提高，从而极大地推动琴澳一体化进程。

2. 司法协助模式和内容的多样化探索

区际司法协助的模式可以是多样的。《香港特别行政区基本法》第 95 条和《澳门特别行政区基本法》第 93 条均规定，特别行政区可与全国其他地区的司法机关通过协商，依法进行司法方面的联系和相互提供协助。据此，内地和港澳间的司法协助模式都是相互协商后签署有关司法协助的安排，然后由最高人民法院以司法解释的形式公布，港澳则将安排转化为本地法律后予以实施。但这种模式耗时较长，缺乏效率，并且基本上是对司法协助的某些事项达成框架性的安排，在实际操作层面还需要进一步探索。因此通过协商达成司法协助安排并不一定是最佳的区际司法协助模式，也不是区际民商事司法协助的唯一模式，在未达成司法协助协议的领域，可以根据互惠关系请求和提供司法协助。在模式方面，可以通过个案协助的方式推进民商事司法协助制度发展，对于目前区际司法协助制度中不完善的领域和具有现实急迫性的领域先行先试，尤其就当前国际商事、知识产权和仲裁相关案件判决认可和执行领域等，充分发挥个案探索的作用，形成区际民商事司法协助的事实互惠。随着大湾区的加速融合发展，已有的协议安排往往无法应对新出现的各类区际司法协助需求，个案协助作为对现实需求或特殊情况的一种灵活变通方式，是对现有政策法规的有力补充。对于在实践中先行探索并已经形成有效经验的领域，则应及时上升为具有普遍效力的规则，形成在全国范围内可推广的经验。在具体的技术层面，可以利用信息技术，探索建立民商事司法协助网络平台，实现区际民商事司法协助案件的全流程在线文书转递、资料交换与信息通报、案件查询和网络取证等功能，实时管理，动态追踪。

区际司法协助的内容也可以是多样的。《香港特别行政区基本法》第 95 条和《澳门特别行政区基本法》第 93 条规定全国其他地区的代表为司法机关，协商范围是司法方面的联系和相互提供协助。"司法方面的联系和相互提供协助"是比较广义的范畴，可以理解为包括区际与民商事相关的联系、协助与合作等，实践中可以探索更加丰富的区际司法协助的内容。例如，更进一步深化已经达成协议安排的司法协助内容，如改进委托送达程序，丰富文书送达的路径等；积极试行未达成协议安排的内容，如区际民商事管辖权冲突问题；探索达成大湾区民商事管辖权冲突协调协议，或者采取案件移送制度等，避免平行诉讼问题。除此之外，还有构建诉讼与仲裁平行程序解决机制、司法信息通报制度、法律查明机制等。

3. 全面简化涉港澳案件的诉讼程序

横琴法院在简化涉港澳案件诉讼方面积累了一定的经验。例如，横琴法院曾试行以港澳居民居住证为依据确定管辖权，有效地填补了当前内地法律尚未就必要管辖问题作出明确规定的空白。同时，这一举措显著提高了港澳居民参与诉讼的便捷度，进而更加有利于保护在内地居住的港澳居民的合法权益，切实增强港澳居民对内地司法的认同感。横琴法院速裁团队试行速裁机制办理涉澳简易程序民事案件，仅历时十多天就审结案件。法院建立了更有针对性、更加科学的资源配置机制，将部分涉澳简易程序民事案件纳入速裁团队的办理范围，实现简案快审，繁简分流。在以往探索的基础上，横琴法院还应进一步全面简化涉港澳案件的诉讼程序，探索简化港澳诉讼主体资格司法确认、授权委托见证、送达程序及诉讼证据审查认定等。

（二）区际司法协助之外的司法交流合作

合作区要继续加强与港澳地区司法交流的力度。落实珠澳法院互访和日常交流机制，推动简化跨境司法交流合作审批程序，加强粤港澳三地司法部门的交流合作，就粤港澳司法资源共享、业务培训与课题研究等方面加强交流学习，培养具有国际化视野、专业化能力的人才队伍。

五　横琴法院其他方面的职能拓展

深化体制机制改革。支持横琴法院根据自身职能定位和合作区发展需要，依法申请授权在组织体系、机构设置、功能定位等方面深化改革创新，努力打造彰显"一国两制"优势的新型示范法院。

推动优化法治营商环境。妥善审理公司、金融、知识产权及消费者权益保护等类型案件，平等保护合作区各类市场主体合法权益，维护市场主体的投资信心，构建以保护产权、维护契约、公平竞争、有效监管、统一市场为基本导向的市场化、法治化、国际化营商环境。

提升智慧法院诉讼服务水平。支持横琴法院加强智慧法院建设，以"一网通办""一次办好"为目标，完善国际化、标准化、智能化诉讼服务平台建设，着力构建全流程在线诉讼新机制和诉讼服务新模式，加强与港澳诉讼服务对接，为境内外当事人提供便捷、高效、低成本的纠纷解决服务。

积极延伸司法职能。与合作区职能部门建立会商研究、风险预警机制，加强对于涉港澳企业案件的梳理分析，定期通报典型案例或相关情况，为企业防范法律风险提供参考，发挥司法引导功能。

六　横琴法院"司法共治"的可能性

（一）"司法共治"的提出

"共治"，顾名思义就是共同参与治理，"司法共治"是两方在一定的区域或范围内，在司法领域共同参与治理。根据《总体方案》的部署，合作区要着力构建与澳门一体化高水平开放的新体系，不断健全粤澳共商共建共管共享的新体制，其中"共商共建共管共享的新体制"虽未明确指出在司法层面也应该实现共商共建共管共享，但随着合作区的深入发展，司法领域已不可避免地出现了"共治"特征，例如澳门和内地共同参与制定

《珠海经济特区横琴新区条例》、澳门法律界人士在横琴执业参与纠纷的解决等。从法学的逻辑来看，广义的司法包括立法、执法、审判和司法机关的运作等诸多方面，在合作区内各个领域全面实现"司法共治"的情况既不可能，也无必要。但如果将共治的实施范围限定在横琴法院，则"司法共治"就显得更具操作性，也更易实现。涉外民商事审判不仅涉及管辖权、法律适用、域外法查明，而且涉及送达、取证、域外法院判决和仲裁裁决的承认与执行等诸多事项。横琴法院"司法共治"可以理解为粤澳双方在法院职能相关事项内，共同参与涉澳民商事案件解决过程中的各事项，最大限度地优化涉澳案件办理全过程，营造优良的法治环境，服务于合作区发展。前文关于横琴法院职能拓展举措的论述，无论是国际商事纠纷多元化解机制、域外法查明和适用还是与港澳间的司法交流合作等，其核心都是围绕如何更好地解决涉澳案件，与澳门更好地合作以服务合作区发展，都可以被视为"司法共治"的具体内容。在此，"司法共治"的提出并非要创造一个法律概念，而是要描述和概括合作区内粤澳双方在司法领域开展共同治理的一种理想模式，是对前述各类横琴法院职能拓展举措的深化总结，并在此基础上提出合理的创新性构想。

（二）为什么要实现"司法共治"

《总体方案》指出，合作区要立足新发展阶段，贯彻新发展理念，构建新发展格局，紧紧围绕促进澳门经济适度多元发展，坚持"一国两制"、依法办事，坚持解放思想、改革创新，坚持互利合作、开放包容，创新完善政策举措，丰富拓展合作内涵，以更加有力的开放举措统筹推进粤澳深度合作，大力发展促进澳门经济适度多元的新产业，加快建设便利澳门居民生活就业的新家园，着力构建与澳门一体化高水平开放的新体系，不断健全粤澳共商共建共管共享的新体制，支持澳门更好地融入国家发展大局，为澳门"一国两制"实践行稳致远注入新动能。合作区的战略定位是促进澳门经济适度多元发展的新平台，便利澳门居民生活就业的新空间，丰富"一国两制"实践的新示范，推动大湾区建设的新高地。合作区未来发展的目标包括顺畅的粤澳共商共建共管共享体制机制，与澳门经济高度协同、规则深度衔接的制度体系全面确立。

基于合作区的使命和定位，横琴法院职能拓展的逻辑起点是要服务合作区的发展目标，所有职能拓展的举措应紧紧围绕这个中心展开。法院的核心职能是审判，以审判及其相关职能起到社会治理的作用。合作区成立后法院在案件方面最大的变化将是涉外案件尤其是涉澳案件的增多。只有服务好涉澳案件才能充分发挥审判职能在社会治理方面的作用，实现服务合作区发展的目标。同时，只有办好涉澳案件才能为涉港台和其他涉外案件积累经验，全面完善法治保障体系。办理涉澳案件的最佳方式必然是在现有法院设置基础上，从纠纷的解决、案件的审判到后续的执行等流程全面引入澳门的法律专业和服务人士，达成"司法共治"的效果。

（三）"司法共治"的实现途径：粤澳共建的涉澳涉外案件综合办理机构

前文从国际商事纠纷多元化解机制、域外法查明和适用及与港澳间的司法交流合作等方面探讨了横琴法院在合作区背景下拓展职能的具体措施，在各个方面都体现了粤澳双方"共治"的特征。但大多数举措都是在现有体制框架内的合理发展，在"共治"的层面，主要是粤方处于主动地位，澳方更多是被动接受的角色。例如接受澳门调解员承担纠纷调解工作、内地法院与澳门地区的调解或仲裁机构展开合作等，表面上看粤澳双方都有人员或机构共同参与司法事务，有"共治"的特征，但都需要粤方在制度层面先予以放开，澳方人员或机构再作为被动一方接受邀请参与具体的司法事务。"共治"的基本含义是双方共同参与，需要同时具备一定的主动性。为了克服现有的制度弊端，在横琴法院范围内实现"司法共治"的措施是由粤澳双方共建涉澳涉外案件综合办理机构。

1. 涉澳涉外案件综合办理机构的设置

在横琴法院内部设置一个专门负责涉澳涉外案件的综合办理机构，负责所有涉澳涉外案件的调解、审理、执行等。该机构由内地和澳门法律专业人士共同组成，包括调解员、陪审员和法官等，根据案件需要适用的法律和具体情况，选择委派内地或澳门调解员或法官进行调解或审理。该机构的核心任务是办理涉澳案件，澳门法律专业人士的全面参与，能够在机构设置方面发挥主动性，在粤澳双方协商下构建合理的运行体系。在运行上，该机构具有一定的独立性，不影响法院办理其他常规案件，如国内的民商事案件、行政案件和刑事案件等，但又需依托法院现有的制度架构，与内地的司法系统有机对接。在横琴另外开设一个独立的专门法院也许能够解决类似的问题，但一方面，创立成本高，另一方面，可能不如现有法院内设机构那样能够完美衔接已有的司法系统，尤其是横琴法院经过多年发展，在办理涉澳涉外案件方面已经形成了成熟的运转体制。

2. 涉澳涉外案件综合办理机构的优势

横琴法院职能拓展的诸多方面，包括国际商事纠纷多元化解机制、澳门法律的查明和适用、与澳门的司法交流合作等，并不是分割的独立板块，而是紧密联系，不可分割。设立涉澳涉外案件综合办理机构，除了能够在单个事项方面提高法院解决问题的能力，还能有效串联案件审理的全流程，进一步提高案件审理效率。可以说，涉澳涉外案件综合办理机构能够统筹横琴法院职能拓展。

3. 涉澳涉外案件综合办理机构的产生路径

涉澳涉外案件综合办理机构产生的理想路径是澳门特别行政区终审法院和内地最高人民法院签署一定协议，共同授权在横琴法院共同建设这个机构，双方共同为机构运转提供制度和人员的支持，在民商事司法上实现琴澳一体化。例如，澳门委派澳门法官常驻横琴法院，在涉澳纠纷的化解、澳门法律的查明和适用、涉澳案件的审理等方面的难度都将大大降低；又如，澳门委派专门的法律服务人员，负责横琴法院与澳门之间的文书送达、协助调查等工作，在制度上开通绿色通道等，将极大消除司法协助方面的障碍。当然，签署协议共同授权是比较困难的，需要大量前期的协商及梳理诸多制度上的障碍，还需要长时间的论证过程。

即便在澳方未参与授权的情况下，横琴法院也可以积极在体制机制创新方面先行先试，这在制度和实际操作层面都存在一定的基础。在制度层面上，《总体方案》明确指出要强化拓展横琴法院的职能和作用，这为横琴法院的创新提供了制度保证。《最高人民法院关于支持和保障横琴粤澳深度合作区建设的意见》也为横琴法院的职能拓展提供了全方位的支持，例如支持横琴法院在完善域外法查明和适用机制方面可以设立域外法查明机构，支持境内外法律专家在横琴法院出庭提供法律查明协助，以及支持横琴法院申请授权试点探索域外法适用机制。最高人民法院支持横琴法院设立一定的机构，及申请授权对某些方面开展试点的意见为横琴法院设立类似的机构和开展试点提供了一定的参考意义。另外，在法院层级问题也存在突破的可能性。横琴法院可以仿照横琴检察院的设置模式，转为广东省高级人民法院的派出机构，委托珠海市中院作为横琴法院的上级法院。其优势在于横琴法院在现有日常工作不受影响的情况下，可以承接高级人民法院的部分职能。以横琴法院与澳门的区际司法协助为例，以往横琴法院与澳门法院之间的委托送达和调查取证都需要经过广东省高级人民法院，程序比较复杂，耗时较长，如果横琴法院能够承接高级人民法院的部分职能，设置专门的机构，则可以实现与澳门法院的直接司法协助。当然，《关于内地与澳门特别行政区法院就民商事案件相互委托送达司法文书和调取证据的安排》（2020 年修正）明确规定"经与澳门特别行政区终审法院协商，最高人民法院可以授权部分中级人民法院、基层人民法院与澳门特别行政区终审法院相互委托送达和调取证据"，即经过授权部分中级人民法院、基层人民法院可与澳门特别行政区终审法院相互委托送达和调取证据，无须再经各省高院审批。届时，双方还可通过内地与澳门司法协助网络平台以电子化方式转递有关材料。在此基础上，《最高人民法院关于支持和保障横琴粤澳深度合作区建设的意见》支持横琴法院与澳门特别行政区法院建立直接委托送达和调取证据机制，消除了区际司法协助在程序上的一些障碍。这个过程说明在制度层面，横琴法院通过获得授权等方式，在体制机制创新方面正逐步获得更大的支持力度。

在实践层面上，横琴法院对于创建涉澳涉外案件综合办理机构也有一定的基础。横琴法院在涉澳案件的各个事项方面都积极吸纳澳门法律专业人士或机构共同参与，如聘请澳门调解员、查明和适用澳门法律及引入澳门陪审员参与审判等。下一步可以申请授权或推动立法，允许澳门资深律师或退休法官参与审理适用澳门法律的民商事案件，构建由澳门法律人士参与涉澳民商事案件审理的全流程体系。横琴法院在创立之初就进行了机构改革，具备机构改革的基因优势，在涉澳案件审理的所有实践基础上，可以率先设置案件综合办理机构，统筹涉澳涉外案件的办理，在模式成熟之后形成"横琴经验"向外推广。

本章执笔人：汪晓翔

参考文献

一　著作类

1. 〔英〕安迪·派克、安德烈·罗德里格斯－珀斯等：《地方和区域发展》，王学峰等译，格致出版社、上海人民出版社，2011。

2. 蔡定剑：《中国人民代表大会制度》，法律出版社，1998。

3. 曾祥华：《立法过程中的利益平衡》，知识产权出版社，2011。

4. 陈道华主编《"一国两制"与国家理论》，中共中央党校出版社，2002。

5. 陈端洪：《宪治与主权》，法律出版社，2007。

6. 陈光：《区域立法协调机制的理论建构》，人民出版社，2014。

7. 陈俊：《区域一体化进程中的地方立法协同机制研究》，法律出版社，2013。

8. 陈欣新：《"一国两制"决策研究》，党建读物出版社，2000。

9. 陈秀山、张可云：《区域经济理论》，商务印书馆，2003。

10. 程卫东、李婧堃译：《欧洲联盟基础条约：经〈里斯本条约〉修订》，社会科学文献出版社，2010。

11. 程信和：《粤港澳法律关系》，中山大学出版社，2001。

12. 崔浩：《行政立法公众参与制度研究》，光明日报出版社，2015。

13. 崔卓兰等：《地方立法实证研究》，知识产权出版社，2007。

14. 戴炳然译：《欧洲共同体条约集》，复旦大学出版社，1993。

15. 董皞：《论法律冲突》，商务印书馆，2013。

16. 董皞主编《中国判例解释发展与构建之路》，中国政法大学出版社，2014。

17. 董礼胜：《欧盟成员国中央与地方关系比较研究》，中国政法大学出版社，2000。

18. 封丽霞：《中央与地方立法关系法治化研究》，北京大学出版社，2008。

19. 葛洪义主编《法理学》（第四版），中国人民大学出版社，2015。

20. 〔美〕汉密尔顿等：《联邦党人文集》，程逢如等译，商务印书馆，1980。

21. 〔德〕赫尔曼·哈肯：《协同学：大自然构成的奥秘》，凌复华译，上海译文出版社，2005。

22. 何渊：《区域性行政协议研究》，法律出版社，2009。

23. 洪世健：《大都市区治理：理论演进与运作模式》，东南大学出版社，2009。

24. 黄龙云主编《广东地方立法实践与探索》，广东人民出版社，2015。

25. 蒋朝阳：《澳门基本法与澳门特别行政区法治研究》，社会科学文献出版社，2016。

26. 金太军、赵晖等：《中央与地方政府关系建构与调谐》，广东人民出版社，2005。

27. 李步云：《中国立法的基本理论和制度》，中国法制出版社，1998。

28. 李步云：《走向法治》，湖南人民出版社，1998。

29. 李林：《立法理论与制度》，中国法制出版社，2005。

30. 李培传：《论立法》，中国法制出版社，2004。

31. 刘光华等：《运行在国家与超国家之间——欧盟的立法制度》，江西高校出版社，2006。

32. 刘秀文、埃米尔·J. 柯什纳等：《欧洲联盟政策及政策过程研究》，法律出版社，2003。

33. 娄胜华、潘冠瑾、林媛：《新秩序：澳门社会治理研究》，社会科学文献出版社，2009。

34. 骆伟建：《"一国两制"与澳门特别行政区基本法的实施》，广东人民出版社，2009。

35. 骆伟建：《澳门特别行政区基本法新论》，社会科学文献出版社，2012。

36. 吕志奎：《区域治理中政府间协作的法律制度：美国州际协议研究》，中国社会科学出版社，2015。

37. 慕亚平主编《区域经济一体化中的法律问题研究：以粤港澳大湾区为例》，社会科学文献出版社，2017。

38. 聂安祥：《社会交往行为与认同——澳门社会结构探析》，广东人民出版社，2009。

39. 戚渊：《论立法权》，中国法制出版社，2002。

40. 齐鹏飞：《邓小平与香港回归》，华夏出版社，2004。

41. 乔晓阳主编《中华人民共和国立法法讲话》（修订版），中国民主法制出版社，2008。

42. 宋小庄：《论一国两制下中央和香港特区的关系》，中国人民大学出版社，2003。

43. 孙育玮等：《完善地方立法立项与起草机制研究》，法律出版社，2007。

44. 滕宏庆、张亮编《粤港澳大湾区的法治环境研究》，华南理工大学出版社，2019。

45. 汪全胜：《法律绩效评估机制论》，北京大学出版社，2010。

46. 王爱声：《立法过程：制度选择的进路》，中国人民大学出版社，2009。

47. 王春业：《区域合作背景下地方联合立法研究》，中国经济出版社，2014。

48. 王春业：《区域行政立法模式研究——以区域经济一体化为背景》，法律出版社，2009。

49. 王春业：《我国经济区域法制一体化研究——以立法协作为例》，人民出版社，2010。

50. 王名扬：《美国行政法》，中国法制出版社，2005。

51. 王禹：《授权与自治》，濠江法律学社，2008。

52. 王振民：《中央与特别行政区关系：一种法治结构的解析》，清华大学出版社，2002。

53. 〔美〕文森特·奥斯特罗姆等：《美国地方政府》，井敏、陈幽泓译，北京大学出版社，2004。

54. 文正邦、付子堂主编《区域法治建构论——西部开发法治研究》，法制出版社，2006。

55. 吴玉章：《法治的层次》，清华大学出版社，2002。

56. 吴志良、金国平、汤开建主编《澳门史新编》（第三册），澳门基金会出版社，2008。

57. 吴志良：《澳门政制》，澳门基金会出版社，1995。

58. 吴志良：《生存之道：论澳门政治制度与政治发展》，澳门成人教育学会，1998。

59. 武增主编《中华人民共和国立法法解读》，中国法制出版社，2015。

60. 肖蔚云主编《一国两制与澳门特别行政区基本法》，北京大学出版社，1993。

61. 熊文钊：《大国地方：中央与地方关系法治化研究》，中国政法大学出版社，2012。

62. 薛刚凌：《中央与地方争议的法律解决机制研究》，中国法制出版社，2013。

63. 杨丽艳：《区域经济一体化法律制度研究：兼评中国的区域经济一体化

法律对策》，法律出版社，2004。

64. 杨允中、饶戈平主编《基本法与澳门特区的第二个十年：纪念澳门基本法颁布 17 周年学术研讨会论文集》，澳门基本法推广协会，2010（内部会议文集，未正式出版）。

65. 张春生主编《中华人民共和国立法法释义》，法律出版社，2000。

66. 张千帆：《权利平等与地方差异：中央与地方关系法治化的另一种视角》，中国民主法制出版社，2011。

67. 张永和主编《立法学》，法律出版社，2009。

68. 中国国民党革命委员会中央委员会祖国和平统一促进委员会编《邓小平论祖国统一》，团结出版社，1995。

69. 周旺生：《立法学》，中国法制出版社，2002。

70. 朱贵昌：《欧盟超国家治理与成员国治理互动关系研究》，山东大学出版社，2016。

71. 朱世海：《香港立法机关研究》，国家行政学院出版社，2006。

72. 朱最新：《府际合作治理的行政法问题研究》，人民出版社，2017。

73. Angela K. Bourne ed. , *The EU and Territorial Politics within Member States*：*Conflict or Co-Operation*? Boston：Brill，2004.

74. Bryan A. Gamer ed. , *Black's Law Dictionary*, St. Paul：Minn Press, 7th edition, 1999.

75. David Rusk, *Cities without Suburbs*, Woodrow Wilson Center Press, 1993.

76. Deirdre Curtin, Alfred E. Kellermann and Steven Blockmans eds. , *The EU Constitution*：*the Best Way Forward*? Cambridge University Press, 2005.

77. Frankfurter F. and Landis J. M. C. , *The Compact Clause of the Constitution*, Yale Law Journal Company, Incorporated, 1925.

78. Grainne De Burca, *The EU Constitution：in Search of Europe's International I-dentity*, Groningen：Europa Law Publishing, 2005.

79. Howard W. Hallman, *Small and Large Together：Governing the Metropolis*, Sage Publishers, 1979.

80. John Bachtler ed., *EU Cohesion Policy：Reassessing Performance and Direction*, New York：Routledge, 2017.

81. José Luís da Cruz Vilaça, *EU Law and Integration：Twenty Years of Judicial Application of EU Law*, Oxford：Hart Publishing, 2014.

82. Joseph F. Zimmerman, *Interstate Cooperation：Compacts and Administrative Agreements*, Praeger Publishers, 2002.

83. Joseph F. Zimmerman, *Interstate Relations：The Neglected Dimension of Federalism*, Praeger Publishers, 1996.

84. Markku Suksi, *Sub-State Governance through Territorial Autonomy：A Comparative Study in Constitutional Law of Powers, Procedures and Institutions*, New York：Springer, 2011.

85. Patrick Birkinshaw and Mike Varney eds., *The European Union Legal Order after Lisbon*, The Netherlands：Kluwer Law International, 2010.

86. Roger L. Kemp ed., *Forms of Local Government*, Mc-Farland Publisher, 1999.

二　期刊论文、文章类

1. 蔡红、吴兴光：《美国〈统一商法典〉：创新、成就及对我国的启示》，《国际经贸探索》2014 年第 2 期。

2. 柴茜、宋樱：《港珠澳大桥交通管理相关问题初探》，《公路》2014 年第 8 期。

3. 陈丹：《我国区域法制协调发展的若干宪法问题思考》，《云南大学学报》

（法学版）2008 年第 4 期。

4. 陈端洪：《"一国两制"的智慧》，《中国法律评论》2015 年第 3 期。

5. 陈光、梁俊菊：《论我国区域立法委托起草机制》，《中南大学学报》（社
会科学版）2013 年第 3 期。

6. 陈光、孙作志：《论我国区域发展中的立法协调机制及其构建》，《中南
大学学报》（社会科学版）2011 年第 1 期。

7. 陈光：《论区域立法协调委员会的设立与运行——兼评王春业〈区域行政
立法模式研究〉》，《武汉科技大学学报》（社会科学版）2012 年第 1 期。

8. 陈光：《论我国区域立法协调的必要性与可行性》，《齐齐哈尔大学学报》
（哲学社会科学版）2009 年第 5 期。

9. 陈广汉、谢保剑：《粤港澳合作制度变迁动力研究》，《澳门理工学报》
（人文社会科学版）2012 年第 2 期。

10. 陈建平：《国家治理现代化视域下的区域协同立法：问题、成因及路径
选择》，《重庆社会科学》2020 年第 12 期。

11. 陈金涛、张传峰：《大图们江区域各国法律的冲突与协调》，《行政与
法》2007 年第 4 期。

12. 陈欣新：《大湾区框架内澳门与珠海法律衔接与协同立法》，《港澳研
究》2020 年第 1 期。

13. 陈振光、宋平：《城市化竞争的区域发展与协调》，《国外城市规划》
2002 年第 5 期。

14. 程卫东：《多元法律秩序与欧盟法治的局限性》，《欧洲研究》2016 年第
1 期。

15. 崔伟、邓永明：《关于地方立法程序的几个问题》，《晋阳学刊》1998 年
第 6 期。

16. 邓伟平、李少速：《论香港立法会制约"拉布"的法理基础与实践进路》，《当代港澳研究》2019 年第 2 期。

17. 丁祖年：《关于我国地区间立法协作问题的几点思考》，《人大研究》2008 年第 1 期。

18. 董皞：《"特区租管地"：一种区域合作法律制度创新模式》，《中国法学》2015 年第 1 期。

19. 樊明捷：《区域协同：旧金山、纽约与东京湾区借鉴》，《城市开发》2019 年 11 期。

20. 范利平：《借鉴香港法治经验，在粤港澳紧密合作中创新——香港专业立法起草制度分析》，《太平洋学报》2009 年第 1 期。

21. 冯玉军：《法律供给及其影响因素分析》，《山东大学学报》（哲学社会科学版）2001 年第 6 期。

22. 高秦伟：《美国法上的行政协议及其启示——兼与何渊博士商榷》，《现代法学》2010 年第 1 期。

23. 公丕祥：《法治中国进程中的区域法治发展》，《法学》2015 年第 1 期。

24. 官华、李静等：《区域合作中的中央权威与区域协调——港珠澳大桥协调机制变迁案例分析》，《地方财政研究》2015 年第 8 期。

25. 何渊：《泛珠三角地区行政协议的评估及建议》，《广东行政学院学报》2006 年第 2 期。

26. 何渊：《论美国〈宪法〉"协定条款"的法律变迁及对中国区域法律治理的启示——从二元联邦主义到合作联邦主义再到新联邦主义》，《比较法研究》2016 年第 2 期。

27. 何渊：《美国的区域法制协调——从州际协定到行政协议的制度变迁》，《环球法律评论》2009 年 6 期。

28. 贺海仁：《我国区域协同立法的实践样态及其法理思考》，《法律适用》2020 年第 21 期。

29. 胡健：《区域立法协调的法治示范意义》，《政府法治》2006 年第 17 期。

30. 黄国宬、江雪秋：《区域研究在全球化时代的定位》，《黄埔学报》2008 年第 54 期。

31. 黄金荣：《"规范性文件"的法律界定及其效力》，《法学》2014 年第 7 期。

32. 黄金荣：《大湾区建设背景下经济特区立法变通权的行使》，《法律适用》2019 年第 21 期。

33. 黄夕彪：《区域立法协调基本原则之探讨》，《法制与社会》2011 年第 32 期。

34. 回颖：《欧盟法的辅助性原则及其两面性》，《中外法学》2015 年第 6 期。

35. 焦洪昌、曹舒：《全国人大常委会授权暂停法律适用的合宪性分析》，《人大研究》2020 年第 5 期。

36. 李淳燕、杨复兴、李为华：《构建成果共享和区域协调发展的新体制》，《重庆工商大学学报·西部论坛》2006 年第 6 期。

37. 李宏：《欧盟层面政党：构成、功能及其走势》，《当代世界社会主义问题》2010 年第 1 期。

38. 李林：《关于立法权限划分的理论与实践》，《法学研究》1998 年第 5 期。

39. 李迁、朱永灵等：《港珠澳大桥决策治理体系：原理与实务》，《管理世界》2019 年第 4 期。

40. 李适时：《进一步加强和改进地方立法工作》，《中国人大》2016 年 18 期。

41. 李智超、黄吉霖、黄小霞：《国家治理中的工作组模式——基于〈人民日报〉（1978－2016）相关报道的分析》，《公共行政评论》2018 年第 4 期。

42. 刘彩虹：《区域委员会：美国大都市区治理体制研究》，《中国行政管理》2005 年第 5 期。

43. 刘钢柱：《加强地方政府立法程序建设问题研究》，《国家行政学院学报》2016 年第 5 期。

44. 刘松山：《国家立法三十年的回顾与展望》，《中国法学》2009 年第 1 期。

45. 刘松山：《区域协同立法的宪法法律问题》，《中国法律评论》2019 年第 4 期。

46. 罗瑞芳：《区域一体化与区域立法问题探讨》，《理论导刊》2014 年第 12 期。

47. 骆伟建：《论澳门特别行政区立法法的几个问题——与内地立法法的比较分析》，《社会科学》2010 年第 3 期。

48. 骆伟建：《论特别行政区政治体制与现实政治的关系》，《港澳研究》2017 年第 3 期。

49. 吕志奎：《州际协议：美国的区域协作性公共管理机制》，《学术研究》2009 年第 5 期。

50. 马耀添：《香港回归以来立法会议事规则的状况》，《港澳研究》2017 年第 3 期。

51. 苗静：《欧盟宪法辅助原则的历史与当代含义》，《广西社会科学》2007 年第 2 期。

52. 莫纪宏：《宪法解释是推进合宪性审查工作重要的制度抓手》，《法学论坛》2020 年第 6 期。

53. 裴洪辉：《合规律性与合目的性：科学立法原则的法理基础》，《政治与法律》2018 年第 10 期。

54. 饶戈平：《依法保障"一国两制"实践》，《中国人大》2018 年第 7 期。

55. 石佑启、陈可翔：《粤港澳大湾区治理创新的法治进路》，《中国社会科学》2019 年第 11 期。

56. 史国普：《"超国家法"与"国家法"——欧盟法与欧盟成员国国内法的关系》，《安徽师范大学学报》（人文社会科学版）2007 年第 1 期。

57. 宋方青、朱志昊：《论我国区域立法合作》，《政治与法律》2009 年第 11 期。

58. 眭鸿明：《区域治理的"良法"建构》，《法律科学》（西北政法大学学报）2016 年第 5 期。

59. 孙浩康：《我国区域政策法制化路径选择初探》，《中国行政管理》2013 年第 21 期。

60. 孙久文：《实现区域协调发展，努力解决我国发展不平衡、不充分问题》，《党的文献》2020 年第 5 期。

61. 谭玲、罗熙：《论区域经济立法机制——从政府信息公开的角度切入》，《广西政法管理干部学院学报》2007 年第 2 期。

62. 陶希东：《美国"特别区"政府之经验与启示研究——兼论中国设置跨界功能区的基本思路》，《城市规划》2010 年第 12 期。

63. 陶希东：《美国旧金山湾区跨界规划治理的经验与启示》，《行政管理改革》2020 年第 10 期。

64. 滕宏庆、赵静：《我国城市群的法治差序研究——以粤港澳大湾区城市群法治指数为例》，《探求》2018 年第 3 期。

65. 王称心：《立法后评估标准的概念、维度及影响因素分析》，《法学杂志》2012 年第 11 期。

66. 王春业、丁楠：《论粤港澳大湾区合作中法治壁垒及其消解》，《天津行政学院学报》2019 年第 21 期。

67. 王春业：《将示范方法引入我国经济区域地方立法协调之中》，《公法研究》2011 年第 2 期。

68. 王春业：《长三角经济一体化的法制协调新模式》，《石家庄经济学院学报》2007 年第 6 期。

69. 王春业：《自组织理论视角下的区域立法协作》，《法商研究》2015 年第 6 期。

70. 王敬波：《面向分享经济的合作规制体系构建》，《四川大学学报》（哲学社会科学版）2020 年第 5 期。

71. 王腊生：《地方立法协作重大问题探讨》，《法治论丛》（上海政法学院学报）2008 年第 3 期。

72. 王万里：《从域外经验看粤港澳大湾区的法治统合问题》，《港澳研究》2018 年第 3 期。

73. 王旭：《国家权威、自治与公共理性——一种当代中国行政法学思想观念的叙事》，《求索》2010 年第 5 期。

74. 王旭：《专区：美国地方政府体系中的"隐形巨人"》，《吉林大学社会科学学报》2005 年第 5 期。

75. 王学栋、张定安：《我国区域协同治理的现实困局与实现途径》，《中国行政管理》2019 年第 6 期。

76. 王禹：《全面管治权理论：粤港澳大湾区法治基石》，《人民论坛·学术前沿》2018 年第 21 期。

77. 王玉明:《粤港澳大湾区环境治理合作的回顾与展望》,《哈尔滨工业大学学报》(社会科学版) 2018 年第 1 期。

78. 翁国民、曹慧敏:《论示范法在中国的应用》,《浙江大学学报》(人文社会科学版) 2006 年第 4 期。

79. 吴英姿:《"大调解"的功能及限度 纠纷解决的制度供给与社会自治》,《中外法学》2008 年第 2 期。

80. 席涛:《立法评估:评估什么和如何评估(上)——以中国立法评估为例》,《政法论坛》2012 年第 5 期。

81. 谢耿亮:《法律移植、法律文化与法律发展——澳门法现状的批判》,《比较法研究》2009 年第 5 期。

82. 谢晖:《论规范分析方法》,《中国法学》2009 年第 2 期。

83. 徐静琳:《论澳门法域的基本框架及其特色》,《上海大学学报》(社会科学版) 2006 年第 2 期。

84. 宣文俊:《关于长江三角洲地区经济发展中的法律问题思考》,《社会科学》2005 年第 1 期。

85. 姚魏:《论香港特别行政区立法权行者的性质与特征》,《地方立法研究》2017 年第 5 期。

86. 叶必丰:《基于区域合作思维的跨界污染纠纷处理》,《法学家》2017 年第 4 期。

87. 叶必丰:《论地方人大的共同立法》,《政治与法律》2021 年第 3 期。

88. 叶必丰:《论地方事务》,《行政法学研究》2018 年第 1 期。

89. 叶必丰:《区域经济一体化的法律治理》,《中国社会科学》2012 年第 8 期。

90. 叶必丰:《长三角经济一体化背景下的法制协调》,《上海交通大学学报》（哲学社会科学版）2004 年第 6 期。

91. 叶一舟：《粤港澳大湾区协同立法机制建设刍议》，《地方立法研究》
2018 年第 4 期。

92. 叶依：《长三角政府协调：关于机制与机构的争论及对策》，《现代经济
探讨》2004 年第 7 期。

93. 俞荣根：《立法后评估：法律体系形成后的一项重要工作》，《西南政法
大学学报》2011 年第 13 期。

94. 张斌：《现代立法中利益衡量基本理论初论》，《国家检察官学院学报》
2004 年第 6 期。

95. 张劲文、朱永灵：《港珠澳大桥主体工程建设项目管理规划》，《公路》
2012 年第 3 期。

96. 张亮、黎东铭：《粤港澳大湾区的立法保障问题》，《地方立法研究》
2018 年第 4 期。

97. 张千帆：《从二元到合作——联邦分权模式的发展趋势》，《环球法律评
论》2010 年第 2 期。

98. 张文显：《法治与国家治理现代化》，《中国法学》2014 年第 4 期。

99. 郑磊：《"较大的市"的权限有多大——基于宪法文本的考察》，《国家
行政学院学报》2009 年第 1 期。

100. 周旺生：《论法案起草的过程和十大步骤》，《中国法学》1994 年第
6 期。

101. 朱得旭：《美国旧金山湾区轨道和公交警察局一览》，《现代城市轨道交
通》2015 年第 5 期。

102. 朱孔武：《粤港澳大湾区跨域治理的法治实践》，《地方立法研究》2018
年第 4 期。

103. 朱最新:《粤港澳大湾区区域立法的理论建构》,《地方立法研究》2018
　　　年第 4 期。

104. 邹平学、冯泽华:《粤港澳大湾区立法协调的变迁、障碍与路径完善》,
　　　《政法学刊》2019 年第 5 期。

105. F. Zimmerman and Mitchell Wendell,"The Law and Use of Interstate Com-
　　　pacts",*The Council of State Governments* 355,1976.

106. Hugh D. Spitzer,"Decentralization:How a Hidden Provision in the U. S.
　　　Constitution Could Remake America",*NW Lawyer* 72,2018,pp. 34 – 40.

107. Nesper C.,"Legitimate Protection or Tactful Abandonment:Can Recent Cali-
　　　fornia Legislation Sustain the San Francisco Bay Area's Public Lands",
　　　Golden Gate University Environmental Law Journal 1,2012,p. 153.

图书在版编目（CIP）数据

横琴粤澳深度合作法治问题研究 / 贺海仁主编；黄金荣副主编. -- 北京：社会科学文献出版社，2022.9
ISBN 978 - 7 - 5228 - 0514 - 6

Ⅰ. ①横… Ⅱ. ①贺… ②黄… Ⅲ. ①法治 - 研究 - 中国 Ⅳ. ①D920.4

中国版本图书馆 CIP 数据核字（2022）第 143786 号

横琴粤澳深度合作法治问题研究

主　　编 / 贺海仁
副 主 编 / 黄金荣

出 版 人 / 王利民
组稿编辑 / 刘骁军
责任编辑 / 姚　敏
文稿编辑 / 刘　扬
责任印制 / 王京美

出　　版 / 社会科学文献出版社·集刊分社 （010）59367161
　　　　　地址：北京市北三环中路甲 29 号院华龙大厦　邮编：100029
　　　　　网址：www.ssap.com.cn
发　　行 / 社会科学文献出版社 （010）59367028
印　　装 / 三河市东方印刷有限公司

规　　格 / 开　本：787mm×1092mm　1/16
　　　　　印　张：24.25　字　数：310 千字
版　　次 / 2022 年 9 月第 1 版　2022 年 9 月第 1 次印刷
书　　号 / ISBN 978 - 7 - 5228 - 0514 - 6
定　　价 / 138.00 元

读者服务电话：4008918866